KB233661

시험성적과 민주주의

시험성적과 민주주의

정 기 오

한국학술정보㈜

머 리 말

이 책을 내면서 민주주의가 교육이며 교육이 곧 민주주의라고 간결하게 생각하고 이를 미국의 현실로 고스란히 성취했던 존 듀이의 위대함을 다시 생각한다. 필자가 보기에 그동안 우리나라의 교육은 우리사회 깊숙하게 뿌리박은 관료주의의 확대재생산 과정에서 결정적인 연결고리가 되어왔다. 과장하여 말하면 우리의 현실에서는 교육이 관료주의이며 관료주의가 곧 교육이 아니었나 싶다.

필자의 고민은 왜 우리나라에서는 교육이 민주주의요 민주주의가 교육이라는 자신에 찬 선언을 할 수가 없는지 그 이유를 찾아내야 한다는 것이었다. 필자의 학위논문도 이러한 고민의 산물이었으며 이때의 아이디어에 그동안 우리사회에서 벌어진 몇 가지 핵심적 교육논쟁의 이면에 깔린 문제에 관한 논의들을 엮어 책으로 펴냈다. 같은 고민을 가진 연구자들의 동참을 바란다.

이 책의 출간을 누구보다 기뻐할 아내에게 이 책을 바친다.

정 기 오

목   차

표 목차

그림 목차

Ⅰ. 시험과 민주적 제 제도

　한국에서는 전통적인 신분 사회가 무너지고 근대화를 성취하는 과정에서 교육이 평등한 사회적 이동과 신분상승의 기회를 보장하는 중추기제 역할을 해왔다. 그 과정에서 각종의 지필시험은 누구나 이를 통하여 새로운 진로를 개척할 수 있는 평등한 기회의 상징이었으며 평등에 대한 신념이 강화됨에 따라 지필시험은 학교뿐 아니라 취직, 공무원 채용, 국가자격 취득 등에까지 더욱 확대되어 왔다. 최근 기업 등에서 지필평가를 지양하고 면접 등 다양한 선발 방식을 사용하기 시작하였으나 아직도 지필평가는 국민들 간에는 공정과 평등의 상징처럼 간주되고 있다.

　한편, 시험에 대한 우리 사회 전반적인 신뢰와 믿음에도 불구하고 대학 본고사의 금지와 허용을 둘러싼 근래의 논쟁은 지필시험이 지닌 또 다른 성격을 드러내 주고 있다. 교육정책당국은 왜 대학본고사를 금지시키는 것일까 그리고 각 대학 당국은 왜 대학본고사를 더 큰 목소리로 당당하게 요구하지 못하는 것일까 하는 의문을 제기해 보는 것이 이 문제의 이해에 도움이 될 것이다. 교육정책당국이 대학본고사를 금지시키는 이유는 이러한 형태의 지필시험이 단순히 대학의 자율권을 넘어 특정 대학들의 패권을 유지 강화하는 수단으로 작용하고 있으며 이로 인해 중·고등학교 교육에 악영향을 미치게 된다고 판단하기 때문이다. 그리고 이러한 명분에 개별 대학들이 쉽사리 항변하지 못하기 때문이다.

　그렇다면 개별 대학의 본고사가 아닌 국가적 기구에 의한 대입수능시험은 그러한 폐단이 없는가하면 사정은 그렇지 못하다. 대입수능시험 또한 고등학교교육과정과는 유리되어 있으며 그 유리된 만큼 고등학교교육과정을 왜곡하거나 그 차이만큼을 학생들이 학교 밖 사교육을 통해 준비할 수밖에 없다. 그래서 생겨나는 것이 고교교과서 내용의 범위 내로 수능시험의 출제를 한정해야 하느냐 마느냐의 논란이다. 이러한 논쟁의 이면에는 수능시험을 학생을 받아들이는 대학교수 측이 주도하느냐 아니면 고교교사 측에서 주도하느냐 하는 수능시험주도권이라는 패권의 문제가 깊이 개재되어 있다. 아직까지는 대학교수 측이 주도하는 수능시험의 기본 성격이 유지되고 있으며 그에 따라 생겨나는 필연적이 논쟁이 이른바 수능의 출제범위 논쟁인 것이다.

수능시험이 대학교수의 주도로 이루어짐에 따라 고교교사 측에 그에 대응하여 주어진 것이 학교 내신 성적이라는 것이다. 교육정책당국은 개별 대학들에게 학생선발 시 고교 내신 성적 반영을 강제함으로써 고교교사와 대학교수 간의 학생선발을 둘러싼 힘겨루기에서 균형을 추구하고자 하였다. 그러나 이러한 정책은 또 다른 논쟁으로 이어진다.

먼저 야기되는 것은 고교 내신 성적이 매학기의 중간고사와 기말고사라는 지필시험에 따라 결정되는 이상 학생들이 고교 3년 내내 시험점수의 노예가 되고 학생 상호간의 협력과 신뢰 대신 경쟁과 불신만을 조장하는데 다른 교육적 병폐가 심각해지는 데 따른 논란이다. 또 다른 논쟁은 고교 내신을 실질적으로 얼마나 반영하느냐(내신의 실질반영률)를 둘러싼 것이다. 고교 내신 성적과 대학수능시험성적의 상관관계가 실제 그리 많지 않은 상황에서[1] 어느 것에 더 비중을 둘 것이냐 하는 논란이 상시 벌어지며 급기야는 고교 내신 성적을 고교의 등급에 따라 달리 평가해야 한다는 이른바 〈고교등급제 실시〉 가부(可否)라는 훨씬 골치 아픈 논란으로 이어지는 것이다.

결국, 논쟁과 문제의 해답이 새로운 논쟁과 문제로 대체 이행되고 더욱 복잡하고 까다롭게 될 뿐 문제의 본질은 전혀 바뀌지 않고 있다. 즉 ① 〈시험지옥〉이라는 사회현상과 ② 그 시험지옥에서 〈누가 주도권과 영향력을 갖느냐〉 하는 두 가지 문제가 바로 그 핵심이다. 이러한 인식에 착안하여 나온 교육개혁정책의 하나가 이른바 수행평가이다. 즉 단순한 지필시험으로부터 벗어나 학생의 수행성과를 판단하여 평가한다는 것과 전문가로서

---

1) 김충회(1993). "대학입시제도의 타당성 분석" 교육발전논총 14-1, 41-85쪽.

의 교사에게 그 판단의 전권을 준다는 점에서 수행평가가 이른바 〈새 학교
문화 창조〉2)의 해법으로 제시된 것이다.

  이러한 사회적 맥락에서 도입된 수행평가는 그 내용은 다소 다르지만
미국과 유사하게 교육개혁의 일환으로 정책적으로 도입되었고, 그 집행에
있어 형평의 문제가 제기되고 있다. 수행평가의 도입 시에는 과열과외를
야기하고, 그에 따른 교육 형평의 문제를 일으키는 전통적 평가방식에 의
한 학교시험이나 대학 입학시험을 없애고 수행평가를 도입함으로써 나름의
공교육을 정상화하고 교육의 평등을 실현한다는 소박한 정책의도가 있었
다. 하지만, 실제로는 학교현장에서의 수행평가는 과외의 도움을 받을 수
없는 기왕의 교육상 불이익집단에게 더욱 불리한 것이 아닌가 하는 문제가
제기 될 수 있다. 이런 문제의 기초에는 평등과 공정의 상징이던 지필평가
를 과연 수행평가가 대신할 수 있을 것인가 하는 의문이 깔려 있다. 차제
에 우리 사회에 광범하게 침투해 있는 시험제도와 시험문화를 자유와 평등
이라는 민주주의의 기본 원리와 함께 검토해 볼 필요가 있다.

1. 시험만능주의 – 점수만능주의의 연원과 결과

  우리나라 사람들은 모든 종류의 시험에서 좋은 성적을 올리는 것에 대
해 우선적으로 가치를 부여하고 있다. 이는 과거에 의한 인재선발 전통을
지닌 동북아시아의 일반적 문화전통이기도 하지만 특히 우리나라에서 이러
한 경향이 강화되어 있다. 흔히 "시험만능주의"로 지적되는 것처럼 우리나
라 사람들은 시험을 이용해 사람을 평가하고, 시험을 통해 자신의 진로를
개척하는 일에 매우 긍정적이다. 이러한 사회풍토와 문화 전통 속에서 우
리나라 학생과 국민들은 각종 시험에서 좋은 성과를 올리는 것에 대한 사

---

2) 〈새학교문화 창조〉는 1998에 교육부가 발표한 공교육정상화 정책패키지의 명칭
   이다.

회적 압박을 받고 있으며 개인의 성취동기의 구현에 있어 주된 통로이자 목표가 각종의 시험이다.

시험이란 무엇인가? 간명하게 말해서 시험이란 사람의 주관적 판단이 아닌 객관적 외양을 갖춘 특정한 도구를 이용하여 학습에 의해 획득된 인간의 특성에 대한 측정과 평가를 수량화된 척도-즉 점수를 통해 행하는 것이다. 그러면 우리는 왜 무슨 목적으로 인간의 특성을 측정하고 평가하는가? 한마디로 그 사람에 대해 판단하고 그에 대한 우리의 행동-예를 들어 채용이나 진학 여부 등을 시험 결과를 가지고 결정하기 위해서이다.

우리나라 사람들이 시험만능주의라고 불릴 만큼 시험에 대해 높은 신뢰를 부여하는 궁극적 이유는 시험이야말로 가장 공정하고 믿을 만한 수단이라고 믿기 때문이다. 즉, 봉건적이고 인간을 억압하는 모든 인습과 "구제도(ancient regime)"를 타파하고 만인의 평등이라는 민주주의적 이념을 구현하는 데 있어 가장 효과적인 수단이 시험이라고 생각하기 때문이다.

바로 이러한 이유로 서구의 문물을 받아들여 시작한 근대화 이후 우리나라에서는 정부가 먼저 나서서 시험을 적극적으로 채택 보급하는 데 앞장서 왔다. 즉, 모든 공무원의 채용과 진급에 있어 시험에 의한 공개채용을 확고한 원칙으로 채택할 뿐 아니라 정부의 영향력이 미치는 모든 부문-학교, 군대, 경찰, 공기업 등에 이를 보급한 것이다. 이러한 시험 중시 시험만능 가치관은 급기야는 시험 이외에 그 어떠한 조건과 기준도 타파하는 데까지 이어졌다. 즉, 공무원 채용에 있어 시험점수 이외에 학력조건이나 기타의 요건을 부과하는 것은 평등의 원칙을 심각하게 해치는 것으로 타기의 대상이 되고 있는 것이다.

우리나라 교육의 치명적인 문제점을 대표하는 용어인 "시험지옥"이라는 말은 비록 그 결정적인 역기능 현상이 교육의 장면에서 나타나고 있지만 이를 학교와 교육계가 야기한 것이 아니다. 오히려 이를 야기한 것은 우리나라의 일반 국민들과 이들의 피상적 판단과 무책임한 여론에 따르는 정부의 정책이다. 즉 국민과 정부가 시험에 우선적인 가치를 부여하고 이를 교육부문에도 강제한 결과 나타나는 역기능이 바로 〈시험지옥〉이며 이로 인해 정상적인 교육과 학습이 심각한 피해를 보는 것이다.

우리나라 사람들이 철석같이 믿고 있는 시험이란 것이 사실은 그리 믿을 만한 것은 못되며, 오히려 그에 따른 부작용이 더 크다는 것이 본 저자의 생각이다. 더 나아가 시험에 대한 맹신이야말로 향후 한국사회의 발전을 가로막고 있는 가장 큰 장애물이라는 점을 지적하고자 한다. 우선 사람들이 잘못 알고 있거나 정반대로 알고 있는 점들에 대해 주의를 환기한다.

첫째로, 시험은 그 결과로서 숫자에 의한 점수만을 제공할 뿐 시험응시자에 대해 알려주는 것이 거의 없다. 숫자라는 것은 원래 고도의 추상이다. 예를 들어 77점 또는 65점이라는 것은 숫자로 표현된 그 이외의 것을 전부 지워버린 즉 사상(捨象)한 결과 남아 있는 최소한의 정보이다. 따라서 정보로서는 매우 제한적이고 빈약한 것이다. "여기에 사과 3개가 있다"고 말할 때 이 언술은 사과에 관한 한 아주 극소의 빈약한 정보만을 전달하고 있다. 거기에는 사과의 여러 가지 특성의 다양성도 사라졌으며, 사과와 나의 관계 및 나의 관점도 지워지고 없으며, 아무튼 거의 쓸 만한 정보를 제공하지 않고 있다 해도 과언이 아니다. 따라서 시험점수가 무엇인가 쓸 만한 정보를 제공할 것이라 믿는 것은 환상이다.

둘째로, 숫자 또는 점수를 사용하면 투명성과 정확성이 높아진다는 것은 진실이 아니며 그럴 듯한 허구에 가깝다. 오히려, 시험점수는 이미 지적한 것처럼 극히 제한된 정보만을 제공하고 나머지는 모두 지워서 어둠 속에 던져 버리기 때문에 대상을 다양한 각도에서 드러내고 밝히기보다는 감추고 은폐하는 데 더욱 적합하다. 따라서 숫자를 사용하여 점수화할수록 불투명성이 높아지게 된다. 숫자를 즐겨 제시하고 점수로 표현하는 것을 즐기는 사람을 조심해야 한다. 그들은 의식적으로 또는 무의식중에 무엇인가를 당신에게 감추거나 당신의 눈을 가리고 있을 가능성이 대단히 높다.

셋째로, 우리나라 국민들은 만인이 법 앞에 평등하다는 것은 믿지 않는 반면 시험 앞에 만인이 평등하다는 환상이 한국인의 일상을 지배하고 있다. 그러나 이것이야 말로 대단히 잘못된 것이다. 모든 시험이란 그 시험이 중시하는 것만을 점수로 인정하고 그 이외의 다른 것들에 대하여는 영점으로 처리한다. 즉 애당초부터 차별을 시작하는 것이다. 즉 시험은 그 최초 의도에서부터 평등을 위한 도구가 아니라 차별을 위한 도구이다.

넷째로, 모든 시험과 평가는 시험을 치르는 자와 시험을 내는 자 사이의 관계를 관료주의적 권력관계로 전화(轉化)시킨다. 관료주의는 일반적 규칙에 대한 복종을 그 핵심적 특징으로 하고 있다. 문서에 의한 시험과 평가는 관료주의적 규칙과 같은 효과를 발휘한다. 시험 결과에 대한 복종은 관료주의의 규칙에 대한 복종과 같은 것으로 받아들여지며 이를 통해 특정인의 주관과 자의로부터 벗어난 객관적인 질서의 토대가 구축된다고 가정된다. 그러나 앞서 지적한 것처럼, 시험과 평가는 수많은 것을 은폐하고 버린 결과 나타나는 최소한의 정보만을 산출하며 이를 토대로 어떤 질서를 구축하는 것은 대단히 위험하다. 따라서 자유와 평등, 인권과 같은 실질적인 가치관의 실현을 이념으로 하여 오랜 세월에 걸쳐 구축된 법규범에의 복종과 특정한 시험결과에의 복종은 질적으로 천양지차의 차이가 있다. 후자의 위험성은 시험과 평가가 외형상의 평등성과는 달리 실질적으로는 지극히 특정한 가치관에 지배적인 힘과 권력을 부여해 버릴 가능성이 대단히 높다는 데 있다.

한편, 우리나라 교육의 커다란 문제점 중의 하나는 일반국민들의 신뢰를 받지 못하고 있다는 점이다. 그러한 불신의 내용은 여러 가지가 있지만, 그 중 가장 큰 것은 교육체제와 제도가 자유와 평등을 보장하는 제도가 아니라 교육을 통해 개인 능력의 자유로운 구현이 억압되고 불평등이 조장 확대되는 것이 아닌가 하는 불신에 있다. 바로 이러한 이유에서, 학교나 대학에서의 교육과정 이수를 불신하거나 배제하고 학력과 무관하게 치러진 시험 및 학습평가 결과를 정부부터 나서서 우선시 하는 것이다.

"학력이 아니라 자격이 중시되는 능력중심 사회"는 우리나라에서 심심하면 정부나, 사회운동단체들이 내세우는 구호 중의 하나이다. 이러한 구호가 던지는 메시지는 명료하다. 우리나라에서 학력은 능력의 지표로 볼 수 없으며, 자격만이 능력의 지표라는 것이다. 바꾸어 말해, 단번의 자격시험에 의해 실력이 검증되어 획득되는 자격은 믿을 수 있어도 학교에서 일정한 교육과정을 이수한 것은 믿을 수 없다는 것이다. 바로 학교에 대한 불신과 함께 시험에 대한 맹신이 그 밑바탕에 깔려 있는 것이다.

이 책에서 본 저자가 지속적으로 추구하는 질문은 바로 여기에 있다. 과연 학교는 불평등하고 시험은 평등한가하는 질문이 그것이다. 이 질문은 보다 넓은 맥락하에서 우리나라의 전반적 사회질서의 기초에 대한 질문으로 이어진다: 과연 우리는 어떤 근거하에서 타인의 역량을 믿고 나의 행동을 결정하는가, 모든 공개된 잣대가 과연 무조건 믿을 만 한 것인가, 보이지 않는 모든 것과 감추어진 비밀은 무조건 나쁜 것인가, 자유와 평등은 사람의 능력에 대해 과연 무엇을 시사하는가 등등.

이와 같은 문제들은 단순히 개인의 궁금증이나 문제제기에 그치는 것이 아니다. 이러한 문제에 대한 해답을 개인의 판단에만 맡겨두고 공동체 전체적으로 합의된 해답을 제시하지 않는 사회가 있다면 그 사회는 아마도 곧 야만적인 무질서로 떨어지고 말 것이다. 또는 그 해답의 수준에 따라 그 사회의 수준이 결정될 것이다. 이 점에서 우리나라는 아직까지 원시적 야만을 확실하게 넘어서서 문화적으로 개명된 수준에 도달했다고 보기 어렵다.

2. 시험점수의 본질 및 학습평가의 기능과 교육제도

시험점수의 본질

시험점수에 높은 가치를 부여하는 현대사회의 흐름은 분명히 학습을 통하여 획득된 지식과 기능 태도를 개인적으로나 사회적으로 가치 있는 자원이자 자산으로 간주하는 것이다. 즉 학습이 가치 있는 실체로서 측정 평가되고 있는 것이다. 인적자원이라는 용어는 이러한 새로운 흐름에 따라 그 사용이 확대되고 있는 용어이다. 여기서도 평가를 통한 점수화의 대상인 학습된 지식과 기능 태도를 〈인적자원〉이라는 용어로 총칭할 것이다. 시험점수는 앞에서 지적한 것처럼 이러한 가치 있는 실체를 대상으로 행해진 수량화된 척도에 의한 평가의 결과이다. 간명하게 말해서 일종의 〈가치 계산〉이다. 이 점에서 〈회계〉가 화폐척도에 의한 재화와 경제적 활동에 대한 계산인 것과 마찬가지이다.

시험점수가 이처럼 하나의 계산이라고 할 때 그에는 두 가지 기능을 구분할 수 있다. 회계적 계산의 경우 토지평가에 따른 특정 토지의 평가결과는 그 토지의 자산가치로서 장부에 기록되어 토지와 그 토지 소유자에게 귀속되어 버린다. 반면, 이른바 〈관리회계〉의 주요 방식인 원가계산의 결과는 단지 경영자의 투자나 판매 등 경영상 의사 결정에 참고가 될 뿐 평가대상과 일체로 귀속되어지지 않는다. 시험점수의 경우도 마찬가지이다. 한편으로는 점수의 측정과 계산 결과를 특정의 대상과 그 보유자에게 완전히 귀속시키는 경우가 있으며 다른 편으로는 단지 의사결정의 참고자료로만 하는 경우가 있는 것이다. 시험점수를 과연 어떻게 취급하느냐 하는 것은 한 인적자원의 개발과 관리 활용에 관한 한 사회의 운영시스템의 성격과 직접 관련이 있다. 이러한 이유로 시험점수의 본질과 그 사용방식에 관하여 심층적인 검토가 우선적으로 필요한 것이다.

인적자원의 기의(記意:signifiee)와 기표(記標: signifiant)

모든 기호와 의미를 다루는 데 유용한 분석수단을 제공하는 것은 구조주의자들이다. 기호학자 레비스트로스는 기의(記意:signifiee)와 기표(記標: signifiant)의 구분을 제시함으로써 존재의 세계에 속하는 실체와 그에 대응한 인간의 언명(言明) 간의 상호 구분을 확립하였다. 이러한 구분을 통해 우리는 시험점수의 본질과 성격을 통찰할 수 있을 것이다.

〈학습〉이란 학습의 활동을 지칭하는 동시에 그 활동의 결과로서 축적된 학습결과를 지칭하기도 한다. 전자는 활동이며 후자는 실체이다. 이렇게 획득된 실체로서의 학습결과는 지식 기능 태도 등 개인에 전속된 특성으로서 측정 평가될 수 있는 것이다. 이렇게 측정 평가된 결과에 따라 비로소 눈에 보이지 않는 인적자원이 눈에 보이는 인적자산으로 전화되게 된다. 눈에 보이지 않는 인적자원은 〈기의〉이며 측정과 평가를 거쳐 이에 부여된 점수 등의 언표는 〈기표〉에 해당한다. 여기서 주목할 것은 기의에 상당하는 인적자원은 그야말로 〈존재〉의 심연에 속하는 보이지 않는 세계의 것이지만 일단 가시화된 〈기표〉는 존재의 세계를 넘어 〈사회제도〉의 구성부분이 된다는 점이다. 이렇게 제도적으로 가시화된 인적자원을 우리는 보다 구체화된 표현으로 〈인적자산〉이라고 명명할 수 있을 것이다.

어떤 인적자원은 제도화되지 않은 채 남아있을 가능성이 높다. 따라서 이 경우에는 자산 이전의 자원으로 남는다. 인적자원에는 공공재 성격을 지닌 것과 개인이 그에 따른 이익을 향수하는 사적인 자산 성격을 지닌 것이 함께 있다. 그에 비해 일단 제도화된 기표를 통해 자산화된 인적자산은 그 개인적 속성이 보다 분명히 드러난다. 개인이 소지한 자격, 커리어, 신용 등이 그것이다. 이를 특히 그 사적재(私的材)로서의 성격에 주목하여 인적자산이라고 정의할 수 있다. 〈인적자원〉은 〈인적자산〉으로 가시화됨으로써 비로소 관리가능해지며 인적자원관리(HRM)는 보이지 않아 관리가 힘든 인적자원을 보이게 함으로써 제도적으로 관리하는 활동이라고 정의할 수 있다. 용어상으로는 〈인적자원〉을 사적인 성격의 인적자산과 공동체나 조직이 가용하거나 그 구성원의 공동자원이 되는 인적자원을 총칭하는 용어로 사용하는 것이 좋을 것이다. 또한, 국가는 인적자산을 넘어서 인적자원 전부에 관심이 있으므로 정책논의에 관한 한 인적자원이라는 용어가 적당할 것이다.[3]

---

3) 예를 들어서 하천 또는 그 부지, 바다 등 공유수면은 등기할 수 있는 부동산 자산은 아니나 중요한 〈수자원〉 또는 국유지로서 국가가 관리하는 것과 같다.

인적자원의 속성

이상과 같이 정의된 인적자원의 속성과 특징을 간략히 설명하자면 다음
과 같다.

① 학습의존성(learning dependency)
인적자원 또는 인적자산은 학습에 의해 형성 획득된다. 지식 기능 태도
등 대부분의 인적자산은 인적자산 보유자 스스로의 학습에 의해 획득된다.
이때의 학습이란 교육학 이론이 상정하는 것처럼 자연인 개인의 학습뿐 아
니라 조직과 단체의 학습-즉 조직학습도 포함된다. 반면 신용, 명성, 리더
십 등 어떤 종류의 인적자산은 상기와 같은 보통의 인적자산과는 달리 신
용거래의 상대방, 명성을 인지하는 상대방, 리더십에 따르는 자 등 인적자
산보유자가 상대하는 바로 그 상대방의 학습에 의해 형성된다. 여기서는
전자를 실체적 인적자산(substantial human assets) 후자를 관계적 인적자
산(relational human assets)이라고 명명하고자 한다.[4]

② 일신전속성(一身專屬性) - 불가양성(不可讓性)
인적자원의 가장 중요한 속성은 특정의 개인 쪼는 조직에 체화되어 있
다는 특성 즉 일신전속성이다. 이로 인해 인적자원은 타인에게 양도하거나
매수가 불가능하다는 성질을 지닌다.

③ 다양성
인적자원은 그 다양성이 매우 중요한 이념이자 가치가 된다. 제도적으로
인적자원은 획일화되거나 그 다양성이 축소되는 것은 바람직하지 않으며
이는 전체주의적 지배로 이어지게 된다.

---

4) 관계적 인적자산의 존재는 교육과 인적자원개발이 정확하게 일치하거나, 전자가
   후자에 포섭된다는 논의가 적절하지 않음을 보여 준다. 양자는 서로 부분적으로
   중첩되는 개념이라고 보아야 할 것이다.

또한 인적자원의 다양성은 인적자원의 활용가치를 높이는데 매우 중요한 요소가 된다. 예를 들어 한 조직 또는 사회에는 다양한 분야의 인재들이 있어야 하는 것과 같다.[5]

④ 한계효용체증과 공급효과(supply effect)

인적자원은 사용되고 활용될수록 고갈 소모되는 것이 아니라 더욱 양적으로 증가하며 질적으로 고도화된다. 신용은 성공적으로 활용될수록 증가하며 더욱 고도화되며 지식 또한 활용되면서 그 현장적합성과 유효성이 높아지는 것이다. 그 결과 인적자원은 활용을 통해서 그 효용이 더욱 체증되며(한계효용체증), 이에 대한 수요가 더욱 창출(공급의 수요창출효과)되는 것이다. 이 점에서 인적자산은 다른 소비함에 따라 고갈되며 한계효용이 체감되는 경제적 재화와는 근본적으로 다른 성질을 지니고 있으며, 스스로 수요를 창출하지 못하는 보통의 재화와는 다르다.

기표로서의 시험점수의 생성과 그 유통

시험점수는 인적자원을 기의로 하는 기표로서 일종의 상징이자 기호이다. 모든 상징과 기호는 그를 만든 사람의 손을 떠나 유통의 세계로 떠날 수 있다. 상징이자 기호라는 점에서 시험점수 역시 그를 측정 산출한 사람의 주관적 목적과 사용방식을 떠나서 객관적인 상징으로서 여러 사람에게 유통될 수 있다. 물론 그 점수의 유통범위와 유효기한은 크게 다를 수 있다. 예를 들어 토플 시험성적은 그 점수 산출 획득 시기로부터 상당히 장기간 유효하게 전 세계적으로 유통되는 반면 우리나라의 대입수능시험성적은 시험 실시 후 첫 우리나라 대학입시에서 입시의 장에서만 유통된다. 그 유통기한과 범위가 길고 넓을수록 시험점수는 당초의 기의와 분리되어 객

---

5) 이러한 인적자원의 속성은 다른 생물자원의 속성과 동일하다. 예를 들어 種의 다양성이 보호 추구되는 것과 마찬가지이다.

관적인 실체화하게 된다. 이렇게 객관적 실체화하게 되면 이른바 〈자격〉과 거의 도일한 성격을 갖게 된다. 따라서 시험과 자격은 완전히 분리할 수 없는 유사한 실체가 된다.

다음은 학습자가 평가를 통하여 점수와 자격을 획득하고 이를 활용하는 과정을 그림으로 요약한 것이다.

〈그림-1〉 평가와 점수·자격 기능 이해의 기본틀[6]

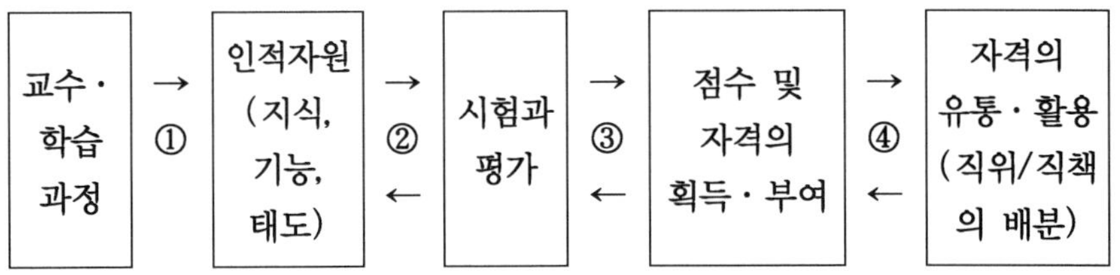

위 그림에서 볼 때, 지금까지 교육 및 인적자원 이론과 연구들 중 미시적 기능을 다룬 것들은 지식 기능 태도의 실체형성을 목표로 하는 ①의 교수학습과정, 또는 형성된 지식 기능 태도를 평가하여 점수화하는 ②의 과정에 초점을 둔 것이며, 거시적 기능의 연구와 이론들은 ④의 과정에 관심을 둔 것들이다. 시험과 평가결과에 따라 일정한 자격을 부여하고 획득하는 위 ③의 과정에 대한 연구와 설명은 그동안 매우 부족하였으며, 그 결과 시험과 평가의 기능에 대한 종합적 이해가 아닌 교육적 기능·사회적 기능이라는 이원화 분절화된 설명이 지배적일 수밖에 없었다.

전통적인 교육학자들은 평가의 기능을 주로 학습과 교수활동의 틀 속에

---

6) 이러한 인적자원의 형성·평가·자산화 과정은 토지와 건물의 경우에도 동일하다. 즉 다음 그림과 같이 건축 및 토지개량을 통해 형성된 실체를 지적측량과 평가를 거쳐 구획 및 토기건물대장기록화 하고 이를 기초로 등기부가 만들어져 비로소 부동산 권리의 대상이 되는 것이다.

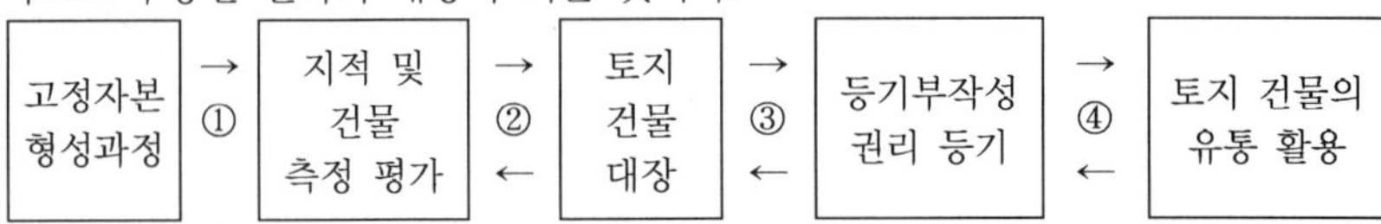

서 개념화하고 이해한다. 평가는 교육목표와 교육내용, 교수활동, 평가의 순차적 단계를 거쳐 다시 앞 단계로 환류가 행해지는 전체적 교육활동의 한 부분으로 파악하는 것이다. 즉, 평가는 교사의 교육행위의 한 부분으로 관념화되는 것이다. 김신일(2000)은 교육적 기능이란 교수·학습과정의 핵심적 부분으로서 평가가 교육과 학습에 영향을 미치는 것을 의미한다면서, 몽고메리의 분류에 따라 평가의 교육적 기능을 다음 여섯 가지로 정리한다. ① 자격부여, ② 경쟁촉진, ③ 교육적 선발, ④ 목표제공과 유인, ⑤ 교육과정 결정, ⑥ 학습성취의 확인과 미래의 예언이 그것이다. 이러한 평가의 교육적 기능은 달리 표현하자면 교육체제 내에서 평가가 담당하는 기능이라고 할 수 있다.

그러나 이러한 관점을 가지고는 모든 문제가 교육과정상의 문제로 축소된다. 예를 들어 수행평가와 교육의 형평의 문제는 교사의 차별적 행동의 문제라는 차원을 넘기 어렵다. 즉, 이 문제가 교사의 개인적 문제로 개인화되거나 교사라는 직업집단이 보유하는 직업적 편견의 문제로 축소되는 것이다.

니스벳(Nisbet, 1993)은 OECD 각국의 학생평가 실태를 조사한 후 평가에 대한 여러 가지 접근 방식을 다음의 둘로 나누고 있다. ⅰ) 학교의 성과를 확인하고 그에 대한 정치적 지지와 또는 책임을 담보하기 위한 학생평가, ⅱ) 학생의 학습성과를 확인하고 이를 보다 학습성취개선에 활용하기 위한 학생평가가 그것이다. 그런데 이러한 니스벳의 분류는 의도적으로 사회적 선발을 위한 학생평가의 기능을 무시하고 있다. 이는 자칫하면 시험만능주의로 흐를지 모를 시험점수의 사회적 유통과 사용에 대한 선진국 일반의 부정적 가치판단을 반영하는 것이다.

우리나라의 경우, 일반적으로 학습평가는 교육적 기능뿐 아니라 제도적 사회적 기능을 가진 것으로 간주되고 있다. 김신일은 평가의 사회적 기능을 ① 사회적 선발, ② 지식의 공식화와 위계화, ③ 사회통제, ④ 사회질서의 정당화와 재생산, ⑤ 문화의 형성과 변화의 다섯 가지로 정리하고 있다.

전체적으로 평가의 사회적 기능에 대한 논의는 한 사회 내에서 지식과 그에 입각한 헤게모니의 기능에 대한 맑스, 그람시, 부르디외 등의 사회학적 분석에 기초하고 있다. 그중 교육의 기능에 대한 제도론적 분석의 대표적 분석은 1970년대 마이어와 로완(John Meyer and Brian Rowan, 1977)에 의해 행해 졌다. 이들에 의하면, 지금까지도 그래왔고 앞으로도 변하지 않을 교육 －학습체제의 본질적 성격 중의 하나는 그것이 사람과 문화의 정통적인 분류체계를 제공한다는 점이다. 이때 말하는 정통성(legitimacy)란 통용성과 같은 의미로서 국가가 전적으로 좌우할 수는 없는 현상이지만 국가가 강력하게 영향을 미칠 수 있는 현상이다. 교육이 사람의 사회화(socialization), 선발(selection), 분배(allocation) 등의 기능을 수행한다는 것은 교육사회학자들에 의해 많이 알려져 있지만 그런 기능을 수행한다는 것이 교육체제가 주도적으로 모든 역사상의 시기에 수행해온 것인지는 상당히 불분명하며 설사 그렇다 하더라도 그러한 인식은 너무 거대한 이론들(Grand Theories)이어서 교육정책에 주는 의미는 분명하지 않다. 그 이전에 보다 확실하게 교육정책에 의미를 가지며 시대와 장소를 넘어 분명한 사실은, 사람들을 분류하는 그 사회 내에서 가장 광범한 통용력을 갖는 표지들을 교육체제가 공급해 왔고 그 분류표지들은 동시에 문화의 분류표지이기도 하다는 점이다. 교육학석사, 경영학박사, 모모학교 졸업생, 토목기사1급등이 바로 사람의 분류표지의 예(例)이며 이들을 이면을 뒤집어 보면 그 시대에 정통성을 가지고 통용되는 지식/기술/상징들의 분류이기도 하다는 점이 쉽게 간파된다. 기업/정부 등 대규모 조직에서의 인사업무에 조금이라도 지식을 가지고 있는 사람이라면 그 조직 내에서만이라도 통용되는 이 같은 성격의 표지 하나를 만들어 내고 부여한다는 것이 얼마나 복잡하고 엄청난 영향을 가진 일인지를 잘 알 것이다. 마찬가지로 예를 들어, 무인가 신학교 하나가 정규대학의 신학과로 바뀌는 일이 어느 정도의 중요한 영향을 그 사회에 미칠 것인가를 짐작해 보면 정통성을 가진 문화의 분류체제 내에 편입된다는 것이 무엇을 의미하는지 알 수 있을 것이다.

이와 같은 교육적·사회적 평가의 기능 구분은 사실은 평가의 기능에 대해 미시적 관점에서 검토하는가 아니면 거시적 관점에서 검토하는가 바구어 말해 교수·학습과정 이론가로서 접근하는가 아니면 교육사회학자로서 접근하는가 하는 접근 방식의 차이에 따른 구분이다. 따라서 평가의 형평성에 대한 논의 역시 학교체제 내에서나 교수·학습과정 내에서의 미시적 형평과 사회체제 내에서의 거시적 형평 문제로 나뉘게 된다. 미시적 형평 문제는 시험에 교육이나 학교운영 과정에서 유발하는 부당한 차별성 효과에 관한 논의가 되기 쉽고, 거시적 형평 문제는 평가 내용이나 학교지식 자체의 타당성 정치적 편향성 문제가 되기 쉽다.

평가의 기능에 대한 이러한 두 가지 방식의 이해는 서로 접합점이 없는 별개의 이해 방식이자 패러다임이며, 과거 지식중심의 교육과정과 그에 따른 시험체제하에서의 이론으로서 전통적인 평가에서 수행평가로의 이행과 같은 현상에 따른 기능변화의 성격과 사회적 의미를 일관된 시각에서 설명하기에는 설명력이 부족하다.

평가의 미시적 기능과 거시적 기능을 종합적으로 이해하려면 양자를 접합시키는 연결고리 부분에 대한 보다 정확한 이해가 필요할 것이다. 이를 위해서는 평가에 의해 개인에게 부여되는 자격에 대한 이론적인 해명과 이해의 틀이 필요하다.

김신일(2000)은 자격부여를 평가의 교육적 기능의 하나로 꼽았으나, 평가가 교수학습에 영향을 미치는 것은 반드시 자격부여를 하지 않더라도 가능하다. 오히려, 형성평가 또는 저부담평가(low-stake assesment)라는 용어가 시사하듯이 교수·학습에 영향을 주는 것은 자격부여와 상관없는 종류의 평가에 더욱 기대되고 있는 기능이다. 평가의 미시적·거시적 기능과 함께 평가와 자격이 연결되는 단계를 검토의 초점으로 삼을 필요가 있다.

뒤에 소개하는 것처럼 존 롤즈가 두 가지 정의의 원칙 중의 하나를 재산이 아닌 모든 직위와 직책에의 개방된 기회균등에 할당했을 때, 이미 현대사회에서 자격의 사회적 배분이 정의가 구현 되어야 할 핵심적인 영역임을 시사한 것이다. 평가는 바로 이 자격의 배분을 결정하는 가장 중요한 메커니즘이다. 그렇기 때문에 평가는 교수 학습의 도구이기 이전에 정의를 책임지는 정치적 공동체의 정책수단이며, 가치창출과 성장의 도구이기 이전에 교환과 분배의 도구일 수밖에 없다.

교육평가가 교환과 배분의 메커니즘이라는 분명한 인식은 비교적 최근에 유럽통합에 의해서 비로소 생겨난 것이다. 유럽이 통합되어 화폐뿐 아니라 사람들도 자유롭게 이동하게 되면서 그 역내에서는 국적과 같은 인적지표가 무의미해지고 그 사람이 가진 자격이 중요한 지표가 되어 버렸다. 이제는 그동안 국민국가의 국내에 한정되어 유통되던 인적지표들이 통합유럽 전체에 유통되기 시작하면서 혼란과 갈등의 원천이 되기 시작한 것이다. 즉, 화폐의 통일만이 시급한 것이 아니라, 자격의 통일도 못지않게 시급한 것임을 인식하게 된 것이다. 이러한 인식과 정책적 관심은 자연히 자격부여의 메커니즘을 구성하는 학습평가로 이어졌으며 통합유럽의 교육정책의 핵심은 평가정책에 집중되어 있다. 상기 도표를 효과적으로 이해하기 위해서는 먼저 일종의 화폐 현상으로서의 이와 같은 자격의 본질에 대한 인식이 필수적이다.

자격이란 사회 내에서 유통되는 형태로 정형화된 정보의 묶음이며 일정한 평가를 거쳐 개개인들에게 부여되는 것이다. 예를 들어, 고등학교 졸업장, 각종 학위, 자격증 등이 바로 자격인 것이다. 개개인들은 진학과 취업 등을 위해 자격을 사용하며 학교 기업 정부 등 조직들은 자격을 통해 사람을 충원한다. 진학, 취업, 사람충원과 같은 사람의 이동과 관련된 행동을 우리가 인적 거래(personnel transaction)라고 명명한다면, 자격은 이러한 인적거래의 매개기능을 담당하는 것이다. 시장거래에 있어서는 화폐가 교환의 매개 역할을 하고 있으며 화폐로 표시된 가격이란 기본적으로 수요자와 공급자 간에 교환되는 정보의 묶음이다. 이러한 의미에서 화폐와 자격은 본질적으로 동일한 기능을 수행하고 있다.

그런데 자격 역시, 화폐와 마찬가지로, 교환의 매개 이외에 추가적인 기능을 수행하게 된다. 즉, 가치의 척도 기능, 가치의 저장 기능을 수행하는 것이다. 교육과 학습을 통해 개인에게 획득되고 형성된 인적 가치는 최종적으로 사회적으로는 그 사람이 획득한 자격으로 측정되고 대표되는 것이다(자격의 척도 기능). 또한, 자격의 획득으로 이어지지 않은 학습은 원래의 가치가 보존이 되지 않고 상실된다. 그 예를 학교교육과정의 중도 탈락자나 각종 자격시험의 중도 탈락자를 통해 전형적으로 찾아 볼 수 있다. 즉, 획득된 자격은 개인이 학습한 성과를 사회적으로 보존하는 가장 확실한 방법인 것이다.

앞서 평가의 기능에 대한 여러 가지 논의를 소개하였지만 가장 직접적 구체적으로 확인되는 평가의 기능은 학습자에 대한 정보의 생산이라는 것이다. 평가에 의해 생산된 정보에 기초하여 자격이 부여되는 것이다. 이런 점에서 보면 각종의 시험이란 자격이라는 화폐의 발행 과정을 구성하는 핵심적 요소이며, 학습자가 성취한 학습이라는 가치를 계량화된 정보 형태로 표시한다. 여기서 과연 무엇이 진정한 학습인가라는 가치판단의 문제가 개입된다. 평가에 있어서 이러한 가치판단은 평가자 개인의 판단이 아니라 정치 또는 사회적으로 합의된 가치관에 입각한 것이어야 하며, 평가 정보의 사용자의 필요성과 요구를 반영한 것일 수밖에 없다. 이러한 가치판단은 마치 사회적 정책적으로 합의된 회계기준이 특정한 경제적 가치재(價値材)를 과연 자산으로 평가하여 장부에 기록할 것인가를 정하는 것과 다를 바 없다.

사실 진정한 경제적 가치가 무엇인지는 바야흐로 철학적 정책적 문제이다. 노동가치설과 효용가치설의 대립에서 우리는 이 문제가 가진 철학적 정책적 성격을 알 수 있다. 그러나 현실 사회에서는 진정한 가치가 유통 사용되는 것이 아니라 그 대용물(proxy)로서 화폐가 사용되는 것이다. 마찬가지로 진정한 학습과 교육적 가치가 무엇인가 하는 것은 철학적 정책적 질문이며, 현실의 세계에서는 그 대용물로서 평가점수와 자격이 사용되는 것이다.

과거 금본위제하에서는 철저히 지금(地金)의 유입에 맞추어 그만큼의 화폐를 발행하는 것을 원칙으로 하였다. 나름대로 중요한 경제적 가치물과 교환하여 그만큼의 통화 발행을 원칙으로 한 것이다. 오늘날 통화당국의 가장 큰 고민은 무엇을 어떻게 평가하여, 그것을 통화발행의 기초로 삼을 것인가라는 고민이다. 과거로부터 전래된 기본 원칙은 오늘날에도 기본적으로 옹호되고 있다. 통화주의자(monetarists)들의 주장처럼 생산이 늘어나는 만큼의 통화증가가 화폐발행의 원칙으로 옹호되는 것이다.

자격 또한 동일하다. 자격의 발행과 부여는 학습성과를 평가하여 인정되고 획득된 교육적 가치만큼만 발행하는 것이 기본 원칙이다. 화폐를 마구 발행하면 인플레이션이 초래되는 것처럼 자격을 마구 발행하면 졸업장과 학위 자격증의 인플레이션이 초래되기 때문이다. 교육평가 당국의 고민은 어떤 교육적 가치를 평가하여 그것을 기초로 자격을 발행할 것인가의 문제와 자격을 얼마나 많이 발행할 것인가의 두 가지로 집약된다. 이 점에서 교육평가정책은 교육 분야의 통화정책의 성격을 지닌 것이다.

일종의 통화정책으로서 교육평가정책이 갖는 어려움은 평가와 자격부여가 단지 선행된 교육과 학습의 결과를 사후에 측정하여 인정하는 데 그치는 것이 아니라는 데 있다. 다시 화폐에 비유하자면, 통화발행이 단순히 생산의 증가에 맞추어 화폐를 공급하는 데 그치는 것이 아니라 거꾸로 생산활동에 영향을 주는 것처럼 평가와 자격부여 행위가 교육적 가치의 창출 즉 학습에 결정적인 영향을 주기 때문에 평가정책이 어려움에 직면하는 것이다. 즉, 생산과 서비스 등 실물적 경제 현상과 화폐의 공급 유통이라는 화폐적 현상의 관계에 있어 후자가 단순히 전자의 반영(veil)이 아닌 것처럼 평가는 이루어진 학습을 사후적으로 측정해서 표현하는 데 그치는 것이 아니다. 즉, 평가와 자격부여는 교육·학습과 서로 영향을 주고받기는 하지만 그 와는 별도의 독자적인 사회제도이자 현상인 것이다.

통화로서 시험점수와 자격의 가치 비교

자격과 시험점수가 반드시 일치하는 것은 아니다. 예를 들어 미국에서 시험점수가 나빠도 대학입학자격을 갖게 되는 소수민족이나 군복무 이수자들의 경우가 그러하며, 우리나라에서도 대학입학에서의 농어촌특별전형의 경우에는 시험성적이 나빠도 대학입학허가를 획득하게 되는 것이다. 따라서 시험점수는 통상 유통되는 자격부여의 전제가 되어 그 사회적 기능을 수행하지만 양자는 별개의 것이다.

또한, 자격에 흡수되지 않고 시험점수 그대로ー바꿔 말하면 "날 것으로" 유통되는 경우도 많다. 이미 언급한 것처럼 토플 시험성적과 같은 경우가 바로 그것이다. 시험점수의 위력이 가장 강하게 나타나는 경우가 바로 이러한 경우이다. 따라서 문제는 시험만능주의로 이어질 수 있는 이러한 "날 것으로" 유통되는 시험점수의 힘에 아무런 사회적 규제도 가하지 않고 그대로 유통시킬 것이냐 하는 데 있다. 선진국의 사회 시스템이 일반적으로 지니는 특징은 이렇게 자격 형태로 가공되지 않고 "날 것으로" 유통되는 시험점수에 대하여 다양한 견제와 규제 장치가 발달해 있다는 것이다.

이러한 견제와 규제의 형태 및 근거는 여러 가지이다. 우선적으로 중요한 것은 사생활의 비밀 보호 필요성이다. 똑 같이 사람에게 귀속된 인적 속성이지만 자격은 비교적 공개된 지표로서 특정의 사람과 특정의 자리를 매개한다. 그 반면 시험점수는 특정의 자리와 직접적 연관이 없이 오로지 특정인에 귀속되는 사적 지표이다. 따라서 이를 함부로 사용하거나 공개적으로 취급하는 것은 민주주의적 가치관에 정면으로 반하는 것이다. 따라서 시험점수를 사람의 선발에 사용하는 과정을 공개하는 것은 지극히 예외적인 경우에 한정되며 선발자의 업무상비밀로 보호되어야 하는 것이다.

둘째로 공정하고 정당한 가치기준으로서 수량화된 시험점수에 대한 근본적인 불신이다. 이미 언급한 것처럼 수량화된 점수 자체가 과연 정보가치 면에서 쓸모 있는 것이냐 하는 데는 커다란 의문이 있다. 더 나아가 시험점수가 과연 무엇에 의해 결정되느냐 하는 데 대한 근본적인 의문이 있는 것이다. 우리나라에서도 시험점수로 나타나는 학업성취도의 결정요인에 대한 다수의 연구가 있지만 연구자들 스스로 왜 그러한 연구를 하는지에 대한 인식은 결여되어 있다. 즉, 선진국에서 그러한 연구가 계속되는 이유는 시험점수라는 것이 과연 그렇게 중하게 쓰이기에는 문제가 많다는 것을 지속적으로 확인하기 위한 것이라는 인식을 공유하지 못하고 있는 것이다.

선진국이나 우리나라 공히 아무도 쉽게 입에 담지 못하는 것 중의 하나는 시험점수가 많은 부분 유전적 요인에 의해 좌우될 수 있다는 엄연한 사실이다. 이는 전통적 학업성적이 지능지수(IQ)와 크게 상관관계가 있으며, IQ는 유전적 요인에 의해 상당부분 결정된다는 것은 이미 널리 알려진 사실이다. 선진국에서는 이미 생물학적 결정론 논쟁이나, 우생학 논란을 거쳐 이 문제를 건드리는 것은 민주주의적 가치관에 반한다는 것에 확고한 사회적 합의가 이루어져 있다. 바로 그렇기 때문에 시험점수의 공개적인 사회적 유통과 활용에는 엄청난 사회적 압력과 규제가 존재하는 것이다.

그러나 우리나라에서는 학교교육과정을 불신하고 오로지 시험에 의한 선발을 옹호하는 것이다. 시험점수의 사회적 활용가치를 논쟁하는 그 어떤 담론도 이러한 문제를 언급하지 않고 있다. 마치 그러한 문제가 존재하지 않는 것처럼 천연덕스럽게 〈시험 앞의 평등〉을 옹호하고 이를 어떻게 더욱 발전시킬 것인지를 논쟁하는 것이다. 우리 사회의 후진성과 야만성의 숨겨진 모습이 바로 이것이다.

시험점수나 학업성취도의 결정요인을 연구하는 것은 결국에는 시험점수의 사용용도를 제한하고 규제하기 위한 것이다. 이 목적과는 별개로 자연과학자가 자연현상의 요인을 분석하듯 시험점수에 대하여 가치중립적인 태도를 가지고 연구하는 것은 우리가 민주주의적 양식에 입각하여 유전적 요인을 언급하지 않는 바로 그 이유에서 허구에 불과 하며 교육의 발전과 사회 시스템의 개선에 아무런 도움도 되지 않는다. 시험점수의 결정요인을 논하고 평가하는 것은 바로 이러한 이유에서이다.

시험점수의 결정요인

평가점수는 이중의 의미를 갖는다. 한편으로는 특정 평가방법에 의해서 학습자 개인에게 부여된 사회적 지표이자 정보의 묶음이며 다른 편으로는 학생의 노력에 의해서 획득된 명목적 가치이다. 교육의 형평이라는 관점에서 보면 평가방식을 선택하는 정부도 또 평가에 응하는 학생도 통제할 수 없는 요인에 의해 점수가 결정되는 것이 많을수록 그 평가는 불공평한 제도인 것이다.

평가점수는 수많은 요인들의 영향을 받겠지만 기본적으로는 평가방법과 학습자가 상호작용하여 생겨나는 산출물이다. 평가방법과 학습자가 독립변인이라면 평가결과인 점수는 종속변인이다. 평가방법으로서 본 연구에서 경험적 자료를 가지고 분석하려는 것은 학교 수행평가, 학교 지필평가, PISA성취도 검사의 세 가지이다.

한편, 평가점수의 또 다른 변인은 학습자가 제공한다. 평가의 목적이 되는 학습자의 특성 이외의 학습자의 내면적 특성들이 평가점수에 영향을 미치는 것은 당연하다. 이들 중 과거에는 지능과 평가점수와의 관계를 많이 연구하였고, 최근에는 학습자의 메타인지 자기주도성 등이 학업성취에 주는 영향이 연구자들의 관심이 되고 있다. 본 연구에서는 교육 형평의 차원에서 평가점수의 불평등을 정당화하는 요인으로 적합한 자기주도성에 따른 평가점수의 차이에 주목하여 경험적인 분석을 하고자 한다.

학습자 요인 중 교육 형평과 관련 가장 문제되는 것은 학습자가 속한 환경요인이다. 환경에 따라서 평가점수가 달라져서는 안 된다는 공평성의 관념 때문이다.

평가와 자격 부여가 교수·학습과는 구별되는 독자적인 화폐적 현상이라는 본 연구의 관점에 따르면 학업성취도의 차이의 원천은 무엇보다도 척도 자체에 있다. 평가방법이 달라져 척도가 바뀌면 그 평가결과의 분포와 격차도 달라지는 것이다. 즉, 평가방법은 그 자체가 독립변인이며 정책수단인 것이다.

일반적으로 가정적 배경과 거주지역의 요인이 전통적인 평가에 의한 학업성취도에 커다란 영향을 주고 있는 것으로 나타나고 있다. 지금까지 전통적 학력평가 방식에 의해 측정된 학업성취도 또는 그에 의하여 부여된 자격인 교육기회의 배분이 어떻게 학생의 가정적 배경, 거주지역, 인종적 요인에 따라 일관된 집단적 편향을 보여주며 그로 인한 교육불평등의 문제를 야기하는가에 대하여는 많은 연구가 축적되어 있다. 이러한 연구들이 시사하는 바를 요약하면 다음과 같다(김신일, 2000).

① 사회계층이 높은 집단은 그렇지 않은 집단보다 높은 성적과 많은 교육기회를 갖는다.
② 도시지역 거주집단은 농촌지역 거주집단보다 높은 성적과 많은 교육기회를 갖는다.
③ 부모학력이 높은 집단은 그렇지 않은 집단보다 높은 성적과 많은 교육기회를 갖는다.
④ 지능이 높은 집단은 그렇지 않은 집단보다 높은 성적과 많은 교육기회를 갖는다.

지능과 같은 요인을 제외하면 부모의 계층, 학력, 거주지역과 같은 가정배경, 지역 요인들이 전통적인 평가에 의한 점수 차이를 나타내는 큰 원인이며 전통적인 평가는 이러한 요인에 의한 편차만큼 교육 형평의 문제를 가지고 있다는 것이다.

이에 비해 학교의 크기, 교사의 수 등 학교교육여건, 교사의 일반적 수준 등 학교 내 요인들이 전통적 평가에 의한 학업성취도에 뚜렷한 긍정적 영향을 준다는 확증은 아직 발견되고 있지 못한 실정이다(김신일, 2000). 학생들의 교육에 대한 지각, 태도, 사기 등으로 구성되는 학생풍토 혹은 학교풍토가 전통적인 평가에 의한 학업성취도에 큰 영향을 주는 것으로 나타나고 있으나 이 풍토는 학교 스스로의 노력보다도 앞서 지적한 가정 지역 부모학력 등의 영향을 더욱 많이 받는 것으로 여겨지고 있다(김신일, 2000).

이미 검토한 것처럼 세계적으로도 수행평가에 의한 평가점수가 이들 요인에 의해 얼마나 영향을 받는지에 대해서는 극히 제한된 조사결과가 있을 뿐이다. 특히, 한국에서는 직접적으로 이를 조사한 선행연구는 거의 없다. 다음 장에서는 이러한 학교 수행평가가 기존 지필평가에 비해 얼마나 부모의 학력이나 학생 거주지역에 따른 영향을 받는지를 경험적 자료를 가지고 분석할 것이다.

현재 시행되고 있는 한국의 학교 수행평가는 교사들에 의해서 수행과제와 평가기준이 작성되고 있으며 교사들은 교육부의 교과별 수행평가도구 개발 연구 결과나 인터넷 등을 통한 다른 교사들의 수행평가도구들을 참고하여 수행평가를 실시하고 있다. 경우에 따라서는 수행평가가 숙제를 잘해 오는지 수업태도는 양호한지 등과 같은 학교와 학급의 규율 준수 여부를 평가내용으로 포함하기도 한다. 전체적으로 보아 현재의 학교 수행평가는 지필 검사에 반영되기 어려운 교사와 학교의 가치판단이 많은 영향을 미칠 것이라는 추측이 가능할 것이다.

이상과 같은 논의를 토대로 학습자, 평가방법, 평가점수, 학습자의 사회적 배경 간의 관계를 〈그림-2〉로 나타낼 수 있다.

먼저, 이 그림이 시사하는 몇 가지 메시지를 다음과 같이 정리하고자 한다.

우선, 평가방법과 학습자는 지속적으로 상호작용을 한다는 점이다. 즉 특정의 평가방법은 학습자를 특정 방향으로 동기화시키며, 학습자는 평가방법에 응한다. 학습자가 평가방법에 응한다는 측면을 강조하는 것은 특히 수행평가에서 중요하다. 이미 앞의 논의에서 언급한 것처럼 수행평가에서는 학습자가 평가과제를 놓고 선택하거나 자기주도적으로 평가자와 수행과제를 협의한다는 국면이 강조되기 때문이다. 이런 관점에서, 자기주도성은 학습자와 평가방법이 상호작용하는 과정에서 중요한 매개변인이 되는 학습자의 특성이다.

<그림-2> 학습성취도 영향요인들 간의 관계

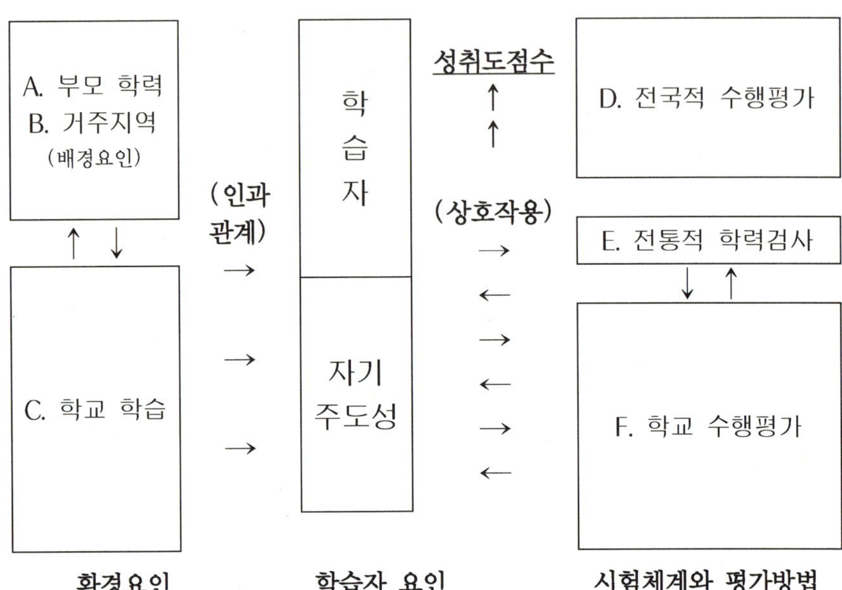

둘째, 평가점수는 특정의 평가방법과 학습자 간 상호작용의 결과이다. 이는 연구자들이 흔히 무의식중에 가진 관념과 같이 수동적 물리적 대상에 척도를 갖다 대서 객관적·일의적으로 산출되는 것이 평가점수가 아니라는 것이다. 바꾸어 말해서, 평가점수는 학습자의 개인적 심리적 특성이라고 생각하기 쉽다. 그러나 평가점수는 단지 학습자 행동의 영향을 받기는 하지만 학습자 자체와는 별개의 사회적 구성물이라는 점이다. 평가점수는 자격과 함께 학습자에게 할당되고 귀속되는 사회적 실체(social property)인 동시에 평가방법과 함께 사회제도(<그림-2>에서 "시험체계와 평가방법")의 일부를 형성한다. 우리가 평가방법과 교육의 형평을 문제 삼는 근본 원인이 여기에 있다.

마지막으로 지적할 것은 부모의 학력, 거주지역 등 배경 변인에 영향을 받는 것은 학습자와 평가점수이지 평가방법이 아니라는 점이다. 평가방법 그 자체는 사회제도의 일부로서 학습자 또는 학습자의 배경과는 독립적인 것이며 평가정책 당국자에 의해 선택되는 것이라는 점이다.

3. 교육의 형평과 학생의 학습성취

사회정의론(正義論)의 뉴프론티어

개인의 자유와 창의의 이념과 함께 민주주의 사회의 또 다른 주요한 이념은 평등이다. 교육에 있어서의 평등은 근대사회 이래 공교육 제도가 발전시켜온 중요한 이념이었다. 지금까지 자유주의 이념을 바탕으로 하는 민주주의 질서 속에서 교육의 평등이란 〈교육기회의 평등〉으로 단순하게 이해되어 왔다. 여기에는 평등한 교육 기회를 제공한 것으로 평등의 이념은 충족되며, 그 이후에 생겨나는 개인 간의 차이는 개개인의 선천적 자질과 후천적 노력에 따른 차이이며 개인의 책임에 귀속될 차이라는 판단이 내재해 있다.

그러나 교육에 있어 평등의 개념은 차별의 금지와 경쟁과 같은 단순한 공정성을 넘어 교육기회의 평등에서 시작하여 교육조건의 평등단계를 지나 교육결과의 평등을 추구하는 단계에 이르러 있다. 이러한 평등개념의 진전은 공교육 발전에 따른 자연스런 결과이다. 즉, 공교육의 확대를 통해 교육기회가 충분히 보장되고 나면 공립학교 간 교육조건상의 유·불리 차이를 극복하고자 하는 노력이 행해지게 된다. 그런데 이러한 학교 간의 교육조건 차이가 학업성취에 별로 영향을 주지 못하고, 오히려 1960년대 들어 미국 콜맨 보고서(Coleman Report)에 의해 가정배경과 지역환경 등이 학업성취에 부정적 결과를 미친다는 것이 널리 알려지면서 학업성취의 지나친 편차를 해소하고자 하는 교육결과의 평등 개념이 대두되기 시작하였다(김신일, 2000). 교육결과의 평등이라는 개념이 보편화되면서 이와 관련한 평가의 기능이 교육평등 논의의 핵심적인 주제가 되게 되었다.

그러나 문제는 그렇게 간단치 않다. 시험성적에 의해 평가된 인적자산이 개인과 사회의 발전에 중요한 기반이 되는 오늘날의 시대에는 시험점수로 평가된 자신의 가치가 과연 공정하고 합당한 것이냐 하는 정의의 감정이 모든 사람의 마음속에 일고 있다. 바꾸어 말해 시험점수라는 인적자산의 배분에 있어서의 공정성에 대한 관심이야말로 현대적 사회정의에 대한 관심의 커다란 부분이 되고 있는 것이다. 따라서 평가와 교육의 형평 문제를 검토하려면 앞서 기술한 바와 같은 평가의 기능에 대한 전반적 검토가 선행되어야 한다. 시험점수의 배분이란 결국 평가가 수행하는 기능이기 때문이다. 문제는 특정한 학습성취도 검사가 그 검사결과에 있어서 얼마나 사회경제적 지위, 거주지역, 부모학력과 같은 사회경제적 요인들에 민감한 것인가 하는 문제뿐 아니라 서로 다른 평가의 내용과 방법 각각이 결과적으로 인적자산의 배분을 달리 함에 따라 평가의 내용의 합당성에 대한 사회적 합의를 이룰 수 있는가에 오늘날 교육의 형평문제의 본질이 있는 것이다.

'형평과 평등' 개념의 발전

서구의 역사에서 평등(equality)의 개념이 강조되기 시작한 것은 근대적 발전의 소산이다. 이보다 더욱 오랜 관념이 형평(equity)의 관념이다. 영국에서는 중세 이래 형평재판소를 중심으로 보통법(common law)에 입각한 정의(justice)로서도 만족시킬 수 없는 구체적 타당성과 공정성의 구현을 위한 별개의 정의의 체계가 형평법(equity)의 형태로 발전하여 왔다.

한편 사회철학과 사회윤리사상의 역사에서는 형평의 관념이 계약 등에 기초하는 인간관계에서 공평한 배분의 기준 형태로 발전되어 왔다. 그러한 공평성(fairness)의 기준은 실적에 의한 배분을 의미하는 실적주의(meri-ticism), 필요에 의한 배분을 의미하는 필요성의 원칙(needs principle), 그리고 배분의 평등(equality)과 같은 서로 충돌되는 원칙들이 혼합된 형태로 발전되어 왔다. 현대에 와서는 더 나아가 형평이란 단순히 결과적으로 공정한 배분만으로는 충족시킬 수 없고 배분과정에의 참여, 의사결정의 일관성, 편견의 배제 등과 같은 과정적인 공평성 즉, 절차적 정의의 관점까지를 만족시켜야 하는 것으로 인식되고 있다(Levanthal, 1976).

형평 관념의 이러한 변화와 발전은 불공평(inequity)의 발생을 조장하는 사회적 상황과 깊은 관련이 있다. 근대 산업사회 이후처럼 경제적 계층화와 사회적 계급화가 심화될 때에는 소득과 권력 등 사회 경제적 가치의 배분에 있어서의 평등(equality)이 형평의 주된 기준으로 등장한다. 한편 현대에 들어 와서처럼 다문화적(multi-cultural)이며 다양성을 기초로 하는 공동체의 형성이 급격히 진행되는 상황에서는 문화적 인종적 편견의 배제, 대표성 등이 형평의 기준으로 중요하게 부상하게 되는 것이다.

교육의 형평 관념에 있어서도 이와 같은 상황의 변화는 여지없이 반영되고 있다. 특히, 미국에서 교육의 형평을 위한 기존 사회운동과 정책에 변화를 가져오고 있다. 예를 들어, 흑백 통합교육(desegregation)에 대한 반성과 분리교육의 선호, 교육재정의 배분을 위한 과도한 소송의 문제점에 대한 반성, 간문화(inter-cultural) 교육에 대한 관심, 개인의 권리보다 협력을 강조하는 협동학습, 각종 교육 관련 서비스의 통합, 교육의 권리보다 수월성 있는 교육에 대한 강조 등이 이러한 새로운 형평관념의 반영이다(Hubert, 1999).

그러나 한국 상황은 이러한 교육의 형평 관념의 최신 동향을 논의하기 이전에 선진국들에서는 이미 살아 있는 사회적 원칙으로 자리 잡고 있는 개인의 자유 보장과 함께 교육의 평등 특히 교육결과의 평등 관념에 입각한 교육의 형평 개념의 도입과 확산이 더욱 시급한 과제이며 수행평가와 교육의 형평에 관한 검토 역시 이러한 두 가지 관점에서 논의되어야 할 것이다.

결과의 평등으로서의 교육 형평

미국의 한 교육사회학 세미나에 제출된 보고서에 따르면 교육의 형평에 대한 오늘날의 가장 일반적 포괄적인 정의는 ① 평등, ② 불평등을 허용할 경우 그것을 정당화하는 사유, ③ 절차상의 공정이라는 3가지 차원이 포함된다(Boocock & Predow). 교육 형평에 대한 이러한 개념 정의에는 평등과 공정한 절차를 핵심으로 하는 현대적 형평 개념이 그대로 반영되어 있다.

교육결과의 평등을 지향하는 대표적인 정책조치는 미국의 "Head Start" 계획으로 본격화된 보상교육(compensatory education)이다. 저소득층의 가정배경을 가진 어린이에 대한 보상적 차원의 특별한 교육지원이 행해지게 된 것이다. 마찬가지 이유에서 지역적으로 낙후된 곳의 학생교육을 위한 보상적 교육정책이 유럽에는 보편화되어 있다. 일례로 영국의 '교육 우선 지역(Educational Priority Area)', 프랑스의 '교육 우선 투자지역(Zone de Priorite Educationale)'과 같은 것이 바로 이러한 보상교육정책이다.

보상교육은 진학에서의 우선권 부여라는 방식으로도 나타난다. 미국에서의 어퍼머티브 입법(Affirmative Action)에 의한 교육이 바로 그것이다. 이 조치에 의해 흑인 등 소수 민족이 다른 사람들과의 무차별한 경쟁을 피해 일정 비율 이상 고등교육기관에 진학을 할 수 있도록 보장을 하는 것이다. 일종의 입학정원할당제인 것이다. 이 경우는 결과의 평등을 지향하는 방법이 다른 보상교육과 두 가지 점에서 다르다. 하나는 가정, 지역이 아닌 인종에 따른 교육상의 불이익을 보상하기 위한 것이며 다른 하나는 보상방법이 재정투자가 아니라 입법적으로 진학자격을 완화하여 부여하였다는 점이다.

교육결과의 평등이라는 이념은 이상에서 본 것처럼 가정배경, 거주지역, 인종, 성의 차이와 같은 요인이 원천적으로 학업성취에 불이익을 초래하게 되는 경우 그러한 학업성취도 격차를 정당화할 수 없는 불평등으로 간주하는 방식으로 적용된다. 그 결과, 이를 시정하기 위해서 불이익을 받고 있는 집단에게 보상적 차원의 지원 또는 보상적 자격을 부여하는 방식으로 현대 공교육과 교육정책에 구현되고 있다.

　김신일(2000)은 롤즈(John Rawls)의 논리를 원용하여 보상교육의 도덕적 근거를 다음과 같이 요약하고 있다.

　　　"어떤 사람은 여러 가지 환경조건이 훌륭한 가정에 태어나지만 다른 사람들은 불우한 가정에 태어난다. 누가 어떤 잠재능력을 가지고 어떤 가정에 태어나느냐는 순전히 우연의 결과로 마치 "자연의 복권추첨"과도 같은 것이다. 그러므로 잠재능력을 잘 타고났거나 좋은 가정에 태어난 사람은 "복권"을 잘못 뽑아 불리해진 사람에게 어느 정도의 적선을 하는 것이 도리에 맞는다(김신일, 2000)."

　이와 같이, 선진국 교육에서 보상교육정책 등 현대의 공교육 평등 정책 원칙은 자유민주주의 정치체제가 교육에 있어서의 정의와 형평을 위해 취하는 정책으로서 정치적으로는 수정자유주의(revisionist)로 인정되는 롤즈(Rawls)와 같은 윤리학자의 지지를 받고 있다. 공교육 평등 정책 원칙의 기초가 되는 정의의 원칙은 롤즈의 두 원칙에서 찾을 수 있다(Rawls, 1993).

　　a. 각 사람은 평등한 기본 권리들과 자유들의 충분히 적절한 체계에 대한 평등한 청구권을 가지며 그러한 체계는 모든 사람에게 동일한 체계와 양립 가능해야 한다. 그리고 이러한 체계 내에서 평등한 정치적 자유들 그리고 오직 이러한 자유들만이 그 공정한 가치가 보장되어야 한다.(평등한 자유의 원칙; 연구자 주)

　　b. 사회적 경제적 불평등은 다음 두 조건을 만족시켜야 한다. 첫째, 그것은 공정한 기회균등의 조건 아래 모든 사람에게 개방된 직위와 직책에 결부되어야 한다(기회균등의 원칙; 연구자 주). 그리고 둘째, 그것은 사회의 최소수혜자 성원들의 최대이익을 위한 것이 되어야 한다.(최소극대화의 원칙; 연구자 주)

　롤즈의 위 두 원칙을 통해 자기의 정의론이 "민주주의적 평등"을 지향한다는 점을 분명히 한다. "최소수혜자의 최대이익"을 규정한 "차등의 원칙"은 많은 반향을 일으키며, 교육의 평등을 포함한 현대 정부의 사회적 약자를 위한 정책의 이론적 기반을 제공하고 있는 것이다. 이러한 롤즈의 정의의 원칙을 교육에 적용해 볼 경우, a의 원칙은 교육 및 학습의 자유와 근대 공교육제도의 법적, 도덕적 기초를 제공하고 있다. b의 원칙은 교육의 평등 정책을 뒷받침하고 있는데 이는 교육기회의 균등만이 아니라 최소극대화 원칙이 표현하듯이 교육에서의 불이익집단에 대한 우선적 고려를 정의의 원칙으로 채택하고 있는 것이다.

더 나아가, 모든 시민들의 기본적 욕구나 필요의 충족을 위한 사회적 최소치(social minimum)의 보장을 요구하는 것이 시민들이 정의의 제1원칙에 의해서 규정된 기본적인 권리들과 자유들을 이해하고 그것들을 실질적으로 행사하기 위한 필수적인 요건이 되며 정의의 두 원칙에 선행할 수 있음을 인정한다(Rawls, 1993). 롤즈의 이러한 원칙은 바로 국가교육과정운영에 있어서 모든 국민의 최소한의 수행성취기준을 정하고 이를 위한 학교의 책무성과 재원 및 기회보장의 충분성(sufficiency)을 강화하려는 각국의 교육개혁정책을 뒷받침하는 것이다.

최소한의 수행성취기준의 문제는 1993년 미국에서 열린 교육 형평에 관한 전문가 회의에서 새롭게 해석되었다. 즉, 교육의 형평은 단순히 최소수행기준의 평등한 보장이 아니라 개개인의 구체적 사정과 조건에 맞추어지고 그에 따라 개인의 성장을 충분히 보장(sufficiency)하는 것을 의미한다고 정의되었다(Rothman, 1994). 사실 자유시장체제하에서 특히 미국에서는 형평과 평등의 기준이 다른 부문에서보다도 교육 부문에서 더욱 훨씬 높은 수준으로 적용되고 요구되어 왔다. 그것은 학교가 민주주의와 평등의 가치관과 행동양식을 지탱하며 시장과 자본주의적 경쟁질서를 따르는 학교 밖의 사회와의 긴장 관계를 유지해온 미국의 전통을 반영하는 것이다. 학습자의 개인적 조건과 형편에 대한 충분한 고려가 교육 형평의 기준으로 채택되는 것은 교육의 형평 개념이 평등을 넘어 과정에서의 공정성 개념 즉 절차적 공정성의 개념으로 이행하는 것을 반영한다.

과정의 공정성으로서의 교육 형평

절차적 공정성이 일반적인 형평 관념의 한 요소가 되고 있음은 이미 앞에서 밝힌 바 있다. 다른 사회 부문에서의 형평 관념이 다분히 참여와 게임규칙을 중심으로 하는 절차적 공정에 치중되고 있는 데 비해 교육 부문에서는 과정상의 형평 관념이 구체적 타당성까지를 포함하여 훨씬 실질적 종합적으로 이해되고 있다. 이는 과정을 중시하고 개별화 교육을 지향해온 교육부문의 전통 때문인 것으로 생각된다. 미국의 경우에 한정하여 말한다면 교육의 형평은 이미 결과의 평등을 넘어선 교육의 전반적 과정 즉 교육행정, 교수·학습의 과정, 학업평가까지를 평가하고 판단하는 규준이 되어가고 있다.

예를 들어 Gosetti & Rusch(1994)는 관련 연구물들의 조사결과를 종합하여 기존의 교육행정가들의 리더십이 어떻게 교육에서의 다양성과 형평의 요청을 무시하는 방향으로 행사되고 있는지를 분석하고 있다. Martin(1988)은 사전에 치밀하게 구안되고 기술적으로 처치된 교육프로그램들이 구체적인 학습자들의 사정과 요구에 온전히 부응할 수 없음을 각종 조사결과와 함께 제시하면서 교육의 과정에서의 형평을 위해 교수설계자들이 더 이상 교수·학습의 모든 요인을 계획 통제할 수 있다는 환상을 버리고 교육의 형평을 위해서는 교사와 학습자에게 통제의 권한을 되돌릴 것을 주장하고 있다.

한편, 성취도 평가와 관련된 교육의 형평문제는 교육의 결과 및 과정을 함께 포함하는 공정성 논의의 전형적인 경우가 될 것이다. 이에 대하여는 절을 바꾸어 검토한다.

교육 평등 논의의 선·후진 - 그 분기점

한국에서는 교육의 평등에 대한 연구 및 정책상의 논의가 대체로 선진국의 1960년대 이전 수준에 머물러 있다. 즉, 기회균등과 교육조건의 평등, 채점의 공정성 정도의 개념을 넘어서지 못하고 있으며 이러한 상황에서는 평준화, 고액과외와 사교육비 등이 교육평등과 관련된 이슈일 뿐 수행평가와 같은 새로운 평가의 도입도 교육의 평등과 관련해서는 과외해소를 위한 〈새학교문화 창조〉 정도의 시각에서 인식되는 것이다.

그러나 우리나라에서도 1997년의 교육복지 종합대책을 필두로 해서 한국의 교육정책에는 교육결과의 평등과 격차 해소라는 관점이 분명히 채택되기 시작하였고 1999년부터는 정책 논의의 형태로 학습 부진아에 대한 〈기초학력 국가책임제〉까지 논의되기에 이르렀다. 그만큼, 교육의 평등 문제를 보는 시각이 심화된 것이다.

한편, 세계은행의 한 보고서는 개발도상국에서의 학생성적평가와 관련된 교육의 형평 이슈들을 다음과 같이 6가지의 유형으로 집약하고 있다. ① 학교별 서열화 논란 등 채점 관행에 따른 문제, ② 문화적으로 편향된 문항의 문제, ③ 과다한 시험수수료의 문제, ④ 시험을 대비한 개인과외의 문제, ⑤ 시험 언어의 문제, ⑥ 지역, 인종, 소수 언어민 등에 대한 별도의 정원할당제에 따른 문제 등이다(Vincent & Thomas, 1995). 이러한 교육 형평 이슈들을 볼 때, 시험 언어의 문제를 제외하면 한국에서 학교성적전형이나 상급학교 입학전형을 둘러싸고 벌어지는 핵심적 논란의 대부분이 일종의 개발도상국형 교육 형평 논란임을 알 수 있다. 그렇다면, 과연 선진국에서는 이러한 개도국들에서 일어나는 교육의 형평문제를 극복한 것인가, 극복했다면 어떻게 극복하였는가를 따져보아야 할 것이다.

우리나라에서의 고교등급제 논란 등에 비추어 가장 중요한 것으로, 과연 선진국에는 학교의 서열화 현상이 없는가, 과다한 시험수수료는 없는가? 그렇지 않다는 것을 금방 알 수 있다. 선진국에서는 다만 이를 문제 삼지 않을 뿐이다. 여기서 생각해 보아야 할 과제는 왜 그들은 이를 문제 삼지 않으며, 우리나라에서는 이를 문제 삼아서 이른바 〈개도국형〉의 교육형평 논란으로 유형화되는 것인지를 생각해 보아야 하는 것이다. 해답은 일종의 사회적 기표(記標)로서 〈시험점수〉를 다루는 제도적 방식과 관점의 차이에서 찾을 수 있다. 즉, 선진국형 시험점수제도와 개도국형 시험점수 제도의 차이가 분명히 존재하는 것이다. 다시 이 장의 처음으로 돌아가서 이 문제는 결국 〈시험만능주의〉의 지배 여부에 있는 것이다.

 "점수가 모든 것을 말한다"는 숫자의 지배로부터 벗어나 있는 것이 선진국의 특징이다. 바꾸어 말하면 질적인 정보의 중요성에 대한 인식이 사회 전체적으로 확립되어 있어야 선진국의 조건이 갖추어 지는 것이다. 질적인 정보를 믿고 활용하려면 질적인 정보를 생산하는 전문가의 판단과 전문성에 대한 존중이 확립되어 있어야 한다. 전문성(professionality)에 대한 존중이라는 것은 사회학적으로 형성된 구성물로서 용이하게 얻어지는 것은 아니다. 그러나 선진화의 과정에서 이에 의존하지 않고는 점수의 지배에 복종하는 위험을 피할 수 없다는 인식에 전 공동체가 합의하고 그 방향으로 전체적으로 전환할 수 있었던 것이 선진국들의 공통된 특징이다.[7] 선진국은 사회적 신뢰(social trust)가 확립되어 있으며 한국은 그렇지 못하다는 판정의 근거가 바로 여기에 있는 것이다.

---

7) 서구 선진국에서 의료 법조를 필두로 하여 근세 이래 전문직의 발전 경로의 사회학에 관하여는 많은 연구문헌이 쌓여 있다. 그 핵심은 합리적인 지식과 전문직의 윤리를 바탕으로 결과와 상관없이 이의 적용 과정에 대한 훈련을 거친 전문성에 대한 믿음을 고도화된 사회질서 형성의 기초로 삼을 수밖에 없다는 필연성에 있다.

<표 1-1> 시험만능주의와 그 극복

구 분	후진국형 사고와 제도	선진국형 사고와 제도
정보가치: 시험점수는 충분한 정보를 제공하는가?	점수가 모든 것을 말한다.	점수는 지극히 제약된 정보일 뿐이다.
활용장면: 시험점수는 누가 어디에서 주로 활용하는가?	관료적 권력이 선발과 배분의 장면에서 사용	시장에서의 거래에서 교환되는 정보이며, 점수의 사용은 민간 자율권의 행사
공개주의: 시험점수는 대외적으로 공개되어야 하는가?	점수의 기준과 과정 결과가 투명하게 공개되어야 함	점수는 학습자의 사적 비밀이자 활용자의 업무상의 비밀로 존중되어야 함
평등주의: 시험 앞에 만인은 평등한가?	시험 앞의 만인 평등: 형식적 평등주의, 획일주의	다양한 종류의 점수에 각각 상대적 가치 부여, 다양성 존중

두 번째로, 시험점수가 활용되는 정치·사회적 문맥의 차이가 있다. 선진국에서 시험점수의 본질은 근본적으로 사적(私的)인 것이다. 자율적으로 행동하는 시민사회의 참여자가 자신의 이익을 위해 자신의 판단과 의사결정을 위해 사용하는 것이다. 시험점수의 본질이 근본적으로 사적(私的)이라는 것은 그것이 당사자의 합의와 계약에 의해 사용된다는 것을 의미한다. 대학이나 학교가 이러한 점수를 사용할 경우에도 마찬가지이다. 시험점수를 얻고자 하는 학습자의 동의하에 대학의 자치, 교육의 자율성이 먼저 선행되고 이러한 자치권과 자율권 행사의 일환으로서 시험점수를 사용하는 것이다. 반면에 우리나라와 같은 후진 사회에서는 시험점수가 정부와 공공부문에서 사용하는 공적인 도구로 변질되어 있다. 즉 시험점수의 사용이 일방적 획일적 권력적인 상황에서 이루어 질 가능성이 높은 것이다.

세 번째로, 자유민주주의 사회가 지닌 핵심적 특징의 하나는 사적 비밀(privacy)과 영업비밀(business patent)의 보호에 있다. 시험점수가 근본적으로 사적인 것이라면 그의 산출과정과 활용 내역은 부당한 공개로부터 보호되어야 하며 국가권력과 제3자의 침해로부터 자유로워야 할 것이다. 우리나라가 시험만능주의로부터 벗어나지 못하는 근본적인 원인은 시험점수가 부당하게 공적인 것으로 간주되고 투명성(transparency)라는 미명(美名)하에 과정과 결과를 공개할 것이 강요되기 때문이다. 이러한 후진적인 의식수준이 시험만능주의를 낳는 것이다.

　마지막으로, "시험 앞의 평등"이라는 형식적 평등주의로부터 벗어나 실질적 평등주의로 관점이 전환된 것이 선진국의 교육평등이다. 관료주의적 평등 개념이 "법 앞의 평등"이라는 법치주의 원리를 법률의 형식을 지니기만 하면 무엇이든 다할 수 있다는 법률만능의 형식적 법치주의로 타락시킨 것은 근대 헌법 20세기 초의 역사가 잘 보여주고 있다. 법률의 형식을 갖추는 것이 문제가 아니라 법의 내용을 인권을 침해하지 않도록 보장하는 실질적 법치주의는 현대의 선진민주주의 국가가 지닌 근본적 특징이다. 시험의 경우도 마찬가지이다. 선진국에서 시험만능주의가 발을 붙이지 못하는 것은 바로 이러한 실질적 평등과 인권의 전통 때문이다. 결론적으로, 시험 앞의 평등은 모든 것을 시험에 획일적으로 의존하는 것을 떨치고 시험의 내용과 그 활용을 어떻게 평등하게 할 것인가가 우리 사회의 선진화에 있어서 관건이 되는 것이다. 시험성적과 교육의 형평문제는 우리나라에서 중요하게 논의되는 것처럼 과정의 투명성과 공개, 수능과 내신 등급의 급간 설정에 따르는 변별력, 족집게 과외 등의 영향 배제와 같은 지극히 기술적인 문제를 근원적으로 뛰어 넘어 시험 내용의 실질적 가치, 평가자의 전문성 존중 등 가치관과 신뢰의 문제인 것이다.

Ⅱ. 교육과정 개혁과 새로운 학습평가

1995년의 5.31 교육개혁안 이후 10년 동안의 교육개혁 추진으로 인해 과연 우리나라 교육에 있어 달라진 것이 무엇인가에 대하여는 하나도 달라지지 않았다는 주장부터 많은 변화가 있었다는 평가까지 극단적으로 대조적인 의견이 병존하고 있다. 대표적인 사례로 1998년에 당시 교육부 장관이 공언한 "2002년 무시험 대학입시"만 해도 그러하다. 한편에서는 교육부가 국민을 상대로 거짓말을 했다는 비난이 있는 반면, 5.31 교육 개혁 이전과 비교할 때 대학에 들어가는 다양한 방법들이 생겨났으며 시험 없이 원하는 대학에 들어가는 대학신입생이 다수 생겨난 것은 엄연한 성과가 아니냐는 평가도 있는 것이다.

그러나 이러한 논란의 이면에는 시험성적과 학생평가를 둘러싼 시험만능주의적 사고가 여전히 깔려 있으며 그보다 더 중요한 것은 기실 앞장에서 언급한 것처럼 과연 무엇을 평가하며, 평가의 실질적 평등을 어떻게 보장할 것인가 하는 문제에 있어서 그동안 우리 사회에 보이지 않게 진행된 변화－즉 교육적 가치관의 변화와 교육과정의 개혁이 진행되고 있다는 점을 이들 논쟁이 간과하고 있다는 점이다. 본 장에서는 세계적인 교육과정 개혁 동향과 그에 상응하는 우리나라에서의 변화를 음미하고 이것이 학생의 평가에는 어떠한 변화를 가져오고 있는지를 요약하고자 한다.

1. 학교교육과정 개혁의 세계적 동향

교육과정에 있어서의 인문주의

1980년대 후반 이후 전 세계적인 차원에서 교육과정의 개혁이 진행되고 있다. 특히 90년대 이후에는 초·중등 학교교육이나 대학을 막론하고, 교육과정 연구와 실제에 있어 기예와 인문(Arts and humanities: 이하 "인문"으로 사용)교과의 가치에 대한 재인식이 일고 있다.[8]

지금까지 인문교육에 대한 전래의 인식을 요약하자면, 대륙 유럽에서는 대학에 들어가기 전 고등학교까지에서 배우는 자유교육(liberal education)이었으며 미국과 우리나라에서는 대학의 교양교육의 핵심이었다. 초·중등에서 대학에 이르는 전체 교육과정에 있어서 인문사회 교과는 교사나 대학교수가 되기 위한 학생 외의 다른 학생에게는 단지 교양인이 되기 위한 필수적인 위한 과정일 따름이었다. 현재 교육과정개혁의 국제적 동향은 교과 단위로 파편화된 교육과정을 다시 기능 중심으로 통합하는 데 있다. 이는 어떤 의미에서 과거의 인문주의적 전통을 회복하고 있는 것이다. 이러한 인문주의적 전통의 회복은 우리나라에서 초등 1-2년의 통합교과, 중등 공통사회 공통과학 교과의 등장에서 보듯이 파편화된 교과들의 분리를 지양하고 시민으로서의 기능교육과 문제해결교육에 초점을 두고 있는 데서 나타난다. 오늘날 통합사회과, 통합과학과 교육 등 통합교과는 바로 고대 로마가 시행한 인문교육과 동일한 성격을 회복하고 있는 것이다.

바브 문(Bob Moon)은 교육과정에 있어 인문주의의 원형을 고대 그리스에서 조화와 균형을 이룬 인격을 나타내는 파이데이아(paideia)에서 찾고 있

---

8) Greene Maxine, "The Passion of Thoughtfulness: Arts Humanities and the Life of the Mind", in *Learning to Think: Thinking to Learn* edited by Stuart Macure and Peter Davis, Oxford UK, Pergamon Press는 이 방면의 기본적 자료이다.

으며, 로마는 이를 발전시켜 교육을 통치와 윤리(governance and ethics)에
초점을 둔 교육과정으로 구성했다고 지적한다. 그에 의하면 로마 시대에 있
어서도 교육은 인문(humanitas)과 동의어로서 자유기예(Liberal Arts)였으
며 학제적(inter-disciplinary), 통합적인 것이었고 이러한 전통은 코메니우스
에 이를 때까지는 비교적 충실히 지켜졌다. 그러나 그 이후 백과전서파에 의
한 계몽적 합리주의와 근대 자연과학에 의해 무너지기 시작하였으며 교육과
정이 여러 개의 교과로 분할되면서 인문주의가 쇠락하게 되었다는 것이다.9)

한편, 숀(Schon)은 대학에서의 전문직 교육에서의 인문사회 교과의 역할
을 검토하면서 전문직으로서 갖추어야 할 소양을 합리성(rationality)과 기
예(artistry)로 구분하고 있다. 그에 의하면 합리성은 문제, 정의, 분석, 방
법, 해답의 과정을 중시하는 반면 기예성은 문제가 아니라 상황, 정의가 아
니라 지각(perception), 분석이 아니라 상상, 방법이 아니라 반성, 해답이
아니라 판단을 그 과정적 특징으로 하고 있으며 이러한 기예성을 함양하는
것이 인문사회과학교과가 전문직교육에 채택되는 목적이라고 주장한다.10)
이러한 숀의 입장은 바로 현대 사회과 교육이 근대적 합리주의와는 상반된
인문주의적 전통의 회복이라는 맥락에서 검토될 수밖에 없음을 보여주는
것이다.

오늘날 실사회에서 필요로 하는 학습과 지식이 근대적 합리성에 기반을
둔 지식이 아니라는 점은 오늘날 학습기업의 이론이 잘 보여 주고 있다.
현대 기업조직은 바로 지식조직으로 간주된다.11) 이러한 조직에서는 지식
에 대한 이러한 새로운 관점이 새로운 기업조직 형태의 기반이 되고 있다.
아지리스에 의하면 정상과학의 이념에 입각한 근대적 관료제 모형의 조직

---

9) Moon, R.E. "Humanities and Arts Education A Review of Issues", prepared
as part of the OECD/CERI Project *The Curriculum Redefined*. Paris, 1993,
p.2.
10) OECD, "The Role of the Humanities and Social Sciences in Professional
Education: The Case of the Humanities and Social Sciences Complementary
Report", paper submitted to the *Higher Education and Employment*
Conference, Paris, June 1992, p.9.
11) World Bank, *Knowledge for Development*, World Bank Report 1997.

52

이론과 조직 관행이 기업조직에서 학습을 방해하는 주된 요인이다. 그가 말하는 정상과학의 이념이란 과학은 ① 세계의 실재를 기술하는 것이다. ② 내적/외적 타당도에 대한 위험을 극소화하는 것이다. ③ 가치중립적이다라는 세 가지 관념을 말한다.[12] 그는 기업에서의 학습을 기존 조직의 목표 정책에 대한 의문으로부터 시작하여 조직을 혁신하는 주된 수단으로 보고 있다. 그에 따르면 학습기업은 이러한 정상과학의 관념에 입각한 근대 관료제적 조직 내의 지식과 관행을 타파함으로써 가능하다고 보고 있다.[13]

사실, 아지리스가 말하는 정상과학의 이념은 근대적 조직의 이념적 바탕일 뿐 아니라 교과 교육과정을 중심으로 짜여진 근대 학교교육의 바탕이기도 하다. 기업조직과 경영의 변화에 따른 기업교육의 이념은 근대적인 정부, 기업 관료제의 수요에 따른 학교교육의 이념과 분명히 다른 바탕 위에서 있다. 오늘날 기호화된 지식과 체화된(embodied) 지식의 구별이 지식과 교육에 관해 새로운 사고를 하고자 하는 사람들 간에 널리 퍼져있다. 영어 사용권에서는 이러한 체화된 지식을 한마디 말로 TACITNESS라 표현하고 있으며 과학발전과 기술혁신을 위한 핵심적 요인으로 간주하고 있다. 이 용어는 기호와 논리로 표현되지 않는, 지식의 또 다른 존재 방식과 확산 형태를 가리킨다.

모든 기호와 개념은 그것이 지칭하는 대상의 많은 부분을 버리고 일부만을 추상화하여 보존한 것이다. 기호화된 지식, 전통적 대학에서 문자를 통해 전달되고 교육되는 지식은 그렇기 때문에 인류문명의 가치 있는 많은 부분을 전달하고 보존하지 못하고 있다. 인간은 사실 기호와 문장에 의하지 않고서도 오랫동안 문명을 전수해 왔다. 어느 한 사람에 체화된 지식이 직접적 경험의 형태로 다른 사람에게 전수되고 익혀지는 방식이 문명의 전달 통로였던 것이다. 근래에 들어 지식과 기술의 혁신에 관한 연구를 통해

---

12) Chris Agyris, *On Organisational Learning*, Cambridge MA: Blackwell Pblishing, 1992, pp.285-294.
13) Chris Agyris, "Double Loop Learning in Organisation", *Harvard Business Review* sept., 1997.

밝혀진 중요한 사실은 이러한 방식이 문화적 유산의 전달뿐 아니라 기술의 혁신과 확산을 통한 현대사회 발전 과정에서 광범하게 작동하고 있다는 점이다. 이러한 발견은 자연히 교육에 대한 전통적 관념을 다시 생각하고 새로운 교육의 개념과 학습조직의 새로운 형태를 추구하는 움직임을 야기하였다.

지식과 경험이 통합되어야 한다는 점은 심리학 인공지능 정보이론 등을 종합하여 최근 크게 발전해온 인지과학(Cognitive Science)에 근거한 학습이론의 기본적 관점이다. 이에는 모든 지식과 이론이 기본적으로 상황 의존적이라는 인식이 그 기초가 되어 있다. 인지과학을 원용하지 않더라도, 이론적 진술이나 개념은 현실과 경험에 입각한 先理解에 의해서만 의미 있게 해석되며 현실과 경험은 개념과 이론의 틀에 의해서만 인식될 수 있다는 해석학적 순환(Hermenutic Circle) 현상은 고대로부터 최근까지의 인류의 인문학적 사유의 일관된 결론이다. 이러한 관점에서 보면 현실과 환경에 대처하는 학습자의 주관과 창의성이야말로 지식과 경험의 통합을 성취하는 기본요인이며 요즘 거론되는 묵시적 지식(tacit knowledge)과 현시적 지식의 통합에 기초를 이루는 것이다.14)15)

지식에 대한 이상과 같은 새로운 관점은 분명히 근대적 합리성에 의해 그동안 가려져 왔던 인문주의적 전통의 회복이라는 관점에서 평가될 수 있는 것이다. 요즘 많이 인용되는 가드너의 다중지능이론 역시 근대적 합리성에 입각한 편협한 지능개념을 타파하고 지능개념을 기예적인 분야까지 확대한 것이다. 바브 문 또한 가드너의 이론을 집중적으로 소개하고 이를 인문교육 논의의 기초로 삼고 있는 이유가 여기에 있다.16)

---

14) Ikujiro Nonaka and Hirotaka Takeuchi, *The Knowledge Creating Company*, London: Oxford University Press, 1995.

15) National Center for Education Statistics US and Statistics Canada, *International Life Skill Survey: Project Advisory Group Briefing Materials*, Ottawa, 1998에 따르면 묵시적 지식은 개인에게 체화된 지식으로서 절차적 내용이며, 개인가치에 기반을 두고, 근본적으로 혼자 학습되며 집행가능한(executable) 지식으로 정의되고 있다.

16) Moon, R. E. "Humanities and Arts Education A Review of Issues", prepared

이상과 같이 전 세계적인 최근의 교육과정 개혁 움직임은 근대적 합리주의에 대한 회의와 인문주의의 회복이라는 성격을 지녔다. 교육과정개혁의 기본방향이 지식보다는 기능중심이라는 것은 우리나라에서도 분명히 인식되고 있다. 이렇게 미래의 학교교육의 내용이 기능 중심이라고 볼 때 그 기능은 근대적 과학적 합리주의에 입각해서는 정당화되기 힘들다. 이때의 기능은 숀이 말하는 기예이며 현시적 지식과 대조되는 묵시적 지식의 관점에서 정의되어야 한다고 본다.

오늘날 선진 각국 교육개혁의 저변을 지배하는 뚜렷한 흐름의 하나를 꼽는다면 그것은 수행(performance)의 강조로 나타나는 직업주의(vocationalism)적 경향이다. 유네스코의 21세기교육위원회의 보고서는 이를 한마디로 "하기 위한 교육"으로 요약한 바 있다. 수행능력을 강조하는 이러한 교육과정 추세는 일반 직장과 사회에서의 수행성과에 입각한 노동관행들의 확산과 그 궤를 같이 하는 것이다. 이에 따라 각국은 모든 국민들이 학교교육에 수행기준(performance standards) 형태의 국가교육과정을 도입하려 노력하고 있다. 한마디로 지식 그 자체가 아니라 지식을 사용하여 무엇을 할 수 있는가 하는 수행능력의 관점에서 교육을 다시 정의하고자 하는 것이다.

"하기 위한 교육"이 중시되면서 "알기 위한 교육"의 개념도 바뀌고 있다. 전통적인 관점에서는 "이유"를 알고 "원리"를 설명하기 위한 지식 즉 "왜(why)"에 관한 지식이 중요시되는 반면, "무엇", "누구", "어떻게", "어디서"에 관한 지식은 경시되었다. 그러나 오늘날 중시되는 지식은 사물 그 자체를 아는 것(what), 사람을 아는 것(who), 방법을 아는 것(how), 상황을 아는 것(when and where) 등이 중요해 지고 있다. 무엇인가 할 줄 알기 위해서는 이러한 모든 것들을 알아야 하기 때문이다.

수행중심의 교육과정은 교육방법 측면에서는 당연히 열린교육을 지향하게 되며 학업성취도 평가에 있어서는 수행평가로 나타나게 된다. 수행과제

---

as part of the OECD/CERI Project *The Curriculum Redefined*. Paris, 1993, p.30.

를 중심으로 교수-학습활동을 조직하고 학생들의 학습을 관리하려면 교사는 학습의 주도권을 학습자에게 돌려주고 학습의 제공자가 아닌 학습의 관리자, 학습의 평가자로서 그 역할을 새로이 하지 않을 수 없다. 이러한 새로운 교육 비전에 따르면 전통적인 교과별로 구획된 전통적인 학교시간표와 교실공간 역시 수행과제에 따라 교사의 전문적 판단에 입각하여 신축적으로 운영될 수밖에 없다.

"하기 위한 교육"은 이렇게 열린교육, 수행평가 등 최근의 교육과정개혁 흐름의 성격을 특징짓는 수행기반의 교육과정을 한마디로 요약하고 있다. 이러한 "하기 위한 교육"과는 반대로 전통적인 학교교육은 근대적 학문 개념에 입각한 아카데미즘의 기초 위에서 운영되어 왔다. 아카데미즘이란 체계적 지식과 그 획득의 방법론으로 이루어진 학문을 중시하는 것이었으며 학생들에게는 이러한 학문에 체계적으로 노출되는 학습과정을 통해 고도의 아카데미즘에 입각한 훈련에 입각한 지성과 교양을 쌓는 것이 기대되었다. 여기서는 일반적인 원리가 중시되고 보편적인 이성의 지배가 이념으로 간주된다.

그러나 이러한 아카데미즘에 입각한 교육은 그 결과적으로 철저한 사적인 이익을 위한 교육이 되고 만다. 모든 교육 중에서 가장 개인적 투자수익률이 높은 것이 이러한 아카데미즘에 입각한 교육이다. 이러한 교육을 성공적으로 이수한 사람은 정치인 기업경영자 고급관료 변호사 의사가 되어 오랫동안 높은 수익을 올리게 된다. 그러나 사회적 수익률 측면에서 보면 이러한 아카데미즘에 입각한 교육은 가장 수익률이 낮다. 우리나라 교육의 수익률 조사결과에 의하면 다른 나라에 비해 개인적 투자수익률은 매우 높고 사회적 투자수익률은 아주 낮은 것으로 나타나고 있다. 그만큼 우리 교육이 아카데미즘에 경도되어 있다는 것을 반증하는 것이다.

문제는 학교교육은 공교육이라는 점에 있다. 전통적 아카데미즘에 입각한 교육은 공공재가 아니라 사적재화로서의 속성이 그 어떤 교육보다 강하다. 그러므로 공교육에서 세금으로 조성된 공교육재정을 투입하여 아카데미즘에 입각한 교육을 하는 것은 사회적 형평을 크게 해치는 지름길이다.

오늘날 각국의 교육당국이 가진 기본 인식은 적어도 공교육은 더 이상 이러한 개인적 수익을 위한 교육으로서의 성격을 지속해서는 안 된다는 것이다. 그러한 교육이 필요하다면 그 부분은 다른 일반 사적 재화와 마찬가지로 시장에 맡기는 것이 바람직하다.

국가가 할 일은 모든 국민에게 자신의 투자에 의한 평생학습을 통해 그러한 기회를 가질 수 있도록 함과 동시에 이를 위한 기초적인 능력을 학교교육을 통해 보장하는 데 있다. 이제는 노동 여가 학습의 사회적 배분, 가정 학교 기업 정부 개인 간 기능 배분의 새로운 균형에 입각한 평생학습의 새로운 패러다임을 현실화하는 것이 우리 사회의 지속적 발전에 있어 선결요건이다. "하기 위한 교육"을 중심으로 지식과 문화, 사회조직, 발전과 진보의 패러다임을 서둘러 준비해야만 한다. 선진국들은 OECD를 중심으로 이러한 과제 앞에서 공동 전선을 취하고 있으나 현재 상황으로는 모두 동일한 출발선상에 있다. 바꾸어 말해 이제는 이 분야에 있어서도 모방으로는 불가능하고 우리 국민 우리 사회의 창의적 능력만을 믿을 수밖에 없는 것이다.

교육적 가치관의 변동

흔히 교육과정 변화의 계기는 3가지 측면에서 찾게 된다. 사회의 수요가 그 첫째요, 인간의 지식 가치 능력에 대한 철학의 변화가 그 둘째이며, 학습자로서의 인간의 발달과 생애 전망에 대한 고려가 그 세 번째이다. 21세기를 코앞에 둔 현재 각국에서는 교육과정의 전면적 쇄신에 대한 요구와 전망이 늘어가고 있다. 이러한 요구와 전망은 교육과정 변화를 위한 이상 3가지 측면에서의 변화에 의하여 뒷받침되고 있다.[17]

먼저 사회경제 및 정치적 측면의 변화를 들 수 있다. 현대의 경제는 비

---

17) OECD, *Curriculum Reform: An Overview of Trends*, Paris, 1990, pp.15-31.

물질화되고 추상화되어 가는 노동, 국경과 문화의 경계를 넘어 우수인력을 향해 흘러가는 자본, 다종다양한 중소기업과 서비스 부문 중심의 경제발전 등으로 특징지어 진다. 경제 사회체제의 이러한 변화는 모든 사람에게 보다 높은 수준, 구체적으로는 최소한 고졸에서 전문대학 수준의 교육과 평생에 걸친 학습능력과 자기갱신 능력을 요구하고 있다.

한편, 현대사회에서는 시민들의 적극적 참여에 의해 유지되는 정치체제가 확산 보편화되고 있다. 입법 행정 사법이나 지역사회와 국제사회를 막론하고를 참여와 공동의사결정은 정치적 공동체를 이끌어가는 일반화된 방식이 되어가고 있다. 시민적 질서를 지키고 투표소에서 의사표시를 할 줄 아는 정도 수준의 국민으로는 현대의 참여적 정치공동체의 구성원으로서 크게 부족한 것이다. 민주시민의 개념조차 적극적 능력을 그 핵심 요소로 하게 된 것이다.

두 번째로 지식과 가치, 인간 능력에 대한 인식의 근본적 변화가 있다. 지식에 대한 일원적 절대적인 기준과 통일과학적 개념은 점차 해소되고 있다. 과거 독일에서는 정신과학과 자연과학을 엄격히 구분하는 경향이 있었고 아직도 이 경향이 남아 있지만, 포스트모던의 흐름을 반영하듯 지식도 분야별 영역 별로 별개의 고유 논리와 기준에 따라 정의되는 경향이 대두하고 있다. 이에 따라 지식의 창출과 학습이 하나의 통일된 사고방법과 논리에 의존하는 것이 아니라 내용에 따라 달리 적용된 여러 가지 사고 방법과 논리에 의존한다는 관점이 확산되고 있는 것이다.

가치와 의미 영역에서도 이러한 분화와 다양화가 나타나고 있다. 도덕적 가치와 예술적 가치 또는 종교적 가치는 점점 서로 다른 논리와 근거에 입각하고 있으며 그들 간에 보편적으로 타당한 가치의 원리를 상정하는 사람들이 적어져 가고 있다. 절대적 가치관이든 자연주의적 가치관이든 결정적 보편적 타당성을 주장하는 입장은 점점 수용되기 어려워지고 있다. 가치와 의미의 영역에서도 하나의 방법, 하나의 길이 아니라 여러 방법, 여러 길이 존재한다고 생각해야 하게 되었다.

이러한 추세 속에서 인간의 능력에 관해서도 보다 다원적이고 복합적인

58

시각이 도입되는 것은 당연하고 필연적인 발전이다. 가드너가 인간의 지능 개념을 확대하고 이를 7개 영역 - 96 이후 자연주의적 지능: naturalistic intelligence를 추가하여 8개 영역으로 나누게 된 것은 이상과 같은 지식과 사고에 대한 관점의 변화와 궤를 같이 하는 것이다. 이 다중지능 이론이 특히 비판하는 것은 전통적 교육이 언어적 지능 수학적 - 논리적 지능에만 치중함으로써 다른 여러 인간 능력을 무시했을 뿐 아니라 언어적 수학적 논리적 학습이 본질적으로 구체적 상황과 유리되어 순수한 형식적 조작의 능력으로 가르쳐지며 상황과 통합된 진정한 학습(Authentic Learning)으로 부터 멀어진다는 점이다.[18]

세 번째로 언급되어야 할 것은 인간의 발달과정과 그 생애에 있어서 초래 된 변화들이다. 오늘날 점점 더 많은 기간을 학교에서 보내게 되는 인간은 결과적으로 사회적으로는 성숙기간이 더욱 길어지게 되었으며, 사회에 진출 한 이후에도 노동 시간의 단축에 따른 여가의 증대, 보다 잦아 질 수밖에 없 는 직업의 전환, 그에 따른 실업 기간과 회수의 증대가 현대인의 생애를 특 징짓게 되었다. 노동과 학습은 이제 불가피하게 현대인의 생애 전체에 걸쳐 반복 교체 통합되어 지속될 수밖에 없게 되어 가고 있는 것이다.

이러한 현대인에게 있어서 학습은 인생의 어느 특정 발달 단계와 시기 에 한정된 활동이 아니며 평생에 걸친 생활의 일부분이 된 것이다. 과거 학습과 발달의 심리학은 이점에서 큰 한계를 지닌 것으로 간주되고 있다. 예를 들어 피아제의 한계가 인간의 발달과 학습이 형식적 조작기 이후에 어떻게 되는지에 대한 무관심에 있었던 것으로 평가되는 것은 오늘과 같은 상황에서는 지극히 자연스런 일이다. 과거의 교육심리학과 발달심리학이 교육연구에 기여한 만큼을 이제는 산업심리학, 조직심리학, 성인심리학 등 이 교육연구에 기여할 것이 기대되는 상황인 것이다.

---

18) 김명희 김양분, "중등학생의 다중지능 분석" 교육논총 제12권, 한양대학교 한국교육문제연구소, 1996, pp.151-160.

교육과정개혁의 양상

이상에서 개괄한 세 가지 측면의 변화는 오늘날 각국에서 진행되는 교육과정 개혁 추세의 직접적 배경이 되고 있다. 각국에서의 이러한 교육과정개혁 움직임은 여러 중요한 특징을 공유하고 있다. 그중 특히 논의할 사항은 이른바 핵심교육과정(core curriculum)의 문제, 교과와 교수법의 이원론의 해소 경향, 수행과 능력에 대한 강조의 세 가지와 이에 따른 교육과정상의 의사결정 체제 변화이다. 장을 바꾸어 검토한다.

교과와 교수법(Subjects and Pedagogy)의 구분 해소

한편, 지금까지 교육과정의 이론과 실제에 있어 끈질기게 지속되고 유지되어온 교과내용(subjects)과 교수법(pedagogy)의 구분은 크게 도전 받고 있다. 미국에서는 유럽에 비해 상대적으로 교육과정 이론가들이 오래 전부터 양자의 구분을 회피해왔지만 학교현장의 관행은 교육과정 이론가들과는 동떨어져 양자의 구별을 지속하곤 했다. 그러나 이제 상황은 크게 바뀌어 가고 있다. 유럽에서조차 전통적인 교과와 교수법의 분리 경향은 사라져가고 있으며 미국식의 교육과정이론이 대학과 학교현장에 확산되어 가고 있다.[19]

교과내용과 교수법을 분리하던 과거 관행은 〈대상에 따른 여러 학문 분야 vs 공통의 과학적 방법〉이라는 구분에 대응하는 것이었다. 그러나 이제 공통의 과학적 방법에 대한 신념은 사라져 가고 있으며 분화된 여러 학문 분야는 앞장에서 지적했던바 문제 중심으로 재구성되고 있다. 과거의 국어, 산수, 사회, 자연, 음악, 미술, 체육 등 교과 중심의 구성은 언어적 수학 – 논리적 능력에 기초한 일원적인 공통의 방법과 지능을 전제로 하고 있었다. 그러나 가드너의 8개 다중지능 – 음악적 지능, 신체/운동적 지능, 논리/수학적 지능, 시각/공간적 지능, 언어적 지능, 대인관계지능, 개인이해 지능, 자연주의적

---

19) OECD, *Curriculum Reform: An Overview of Trends*, Paris, 1990, pp.35-42.

60

지능에 관한 이론은 다수 교과 – 하나의 방법에 입각한 전통적 교육과정을 8개 지능 8개 방법으로 재편할 것을 기대하고 있는 것이다.[20]

핵심교육과정(Core Curriculum)

오늘날 각국에서 특히 과거 국가교육과정(national curriculum)을 운영하지 않던 나라들에서 특정 교과내용을 떠난 공통핵심(core) 교육과정에 대한 관심이 매우 지속적으로 유지되고 있다. 사실 공통핵심 교육과정이란 그 연원이 헤르바르트와 듀이의 교육이론에까지 소급될 수 있을 정도로 교육이론에서 역사가 오랜 관념이다. 그런데 이 오래된 그러나 종종 잊혀지곤 하던 관념이 다시 집중적으로 제안되고 교육과정개혁의 초점이 되는 이유는 오늘날 사회 현실과 교육이론을 지배하는 해체와 분화의 추세를 극복하고 한편으로는 국민 공통, 또 한편으로는 생애 공통의 기초를 구축하고자 하는 정부와 교육전문가 학습자의 희망과 기대 속에서 찾을 수 있다. 과거와 같은 교과적 지식 중심의 교육과정으로서는 폭발적인 지식과 정보의 양적 증가와 분화를 더 이상 담아낼 수 없게 되었으며 현대를 살아갈 모든 사람에게 공통되는 그리고 전 생애에 걸쳐서 실천할 수 있는 공통적 능력이 교육과정의 기초로 요구되게 되었다.[21]

공통핵심교육과정은 또한, 공통 기초(basics)라는 면에서는, 전통적 3R 교육으로도 만족시킬 수 있었던 산업사회의 인력수요에 비해 오늘날 고도산업사회의 정부와 기업들이 보다 높은 수준의 공통기초를 새로이 요구하게 된 것을 반영한다. 이른바 새로운 기초교육(New Basics)의 요구에 대한 응답인 것이다. 3R이 산업사회의 기초교육이었다면 새로운 공통핵심교

---

20) Gardener, Howard and Mindy L. Kornhaber, "Critical Thinking Across Mutiple Intelligence", in *Learning to Think: Thinking to Learn* edited by Stuart Macure and Peter Davis, Oxford UK, Pergamon Press, pp.147-168.
21) OECD, *The Curriculum Redefined: Schooling for the 21st Century*, preport of the Meeting of National Representatives and Experts, Paris, April 1993, pp.95-103.

육과정은 후기 산업사회 이후의 기초교육을 구성하는 것이다.

수행과 능력(Performance and Competence)의 강조

마지막으로, 교육과정에 있어 지식과 기능의 분리 취급을 해소하고자 하는 강력한 추세가 있다. 지금까지 교육과정 목표 설정에 있어 지식 기능 태도를 각각 별개의 교육과정 목표로 상정하는 것은 교육과정 이론가들이나 학교현장의 확립된 관행이었다. 이러한 관행을 근본적으로 바꾸고 있는 것이 수행중심 교육(performance based education), 역량중심 교육(competence based education)이다. 과거의 교육과정이 사람의 주관과 행동으로부터 분리되어 객관화된 지식의 체계를 중심으로 조직되고 있었다면 새로운 교육과정은 구체적인 상황 속에서의 수행행위와 그 수행의 기반이 되는 능력을 중심으로 조직되는 것이다. 이러한 기본적 성격의 차이는 교육과정의 구체적 구성 실천 부분에 가서 더욱 분명히 드러난다. 즉 교과 단원과 수행 모듈 간의 차이가 그것이다.

과거의 교육과정에서 교과의 구성단위인 단원은 지식 중심의 교과의 성격을 그대로 반영한다. 단원은 전체 지식의 체계 속에 위치지어진 단위로서 분절화된 개념과 의미 이론 사실들로 구성된다. 이에 비해 수행 중심 역량 중심의 교육과정은 일정한 수행능력을 반영하는 분절화된 수행과정으로 설계된 모듈을 단위로 하게 된다. 교과 단원과 모듈의 가장 결정적인 차이는 이종(異種)의 교육과정 간에 그 구성단위가 상호 호환될 수 있는가에서 나타난다. 예를 들어 영국의 A+ 과정과 GNVQ(General National Vocational Qualification)과정, 또는 이종의 GNVQ 과정들 간에는 상호 호환되는 다수의 모듈을 공유하고 있는 것이다. 전통적인 교과단원의 경우 단원들은 기존의 지식체계에 묶여 이러한 호환성을 허용하지 않는다.

교과단원과 수행모듈 간의 또 다른 중요한 차이는 학습평가에서 나타난다. 교과 교육과정에서 단원은 분절된 교수-학습의 단위가 되기는 해도 평가 단위가 되지는 않는 것이 보통이다. 평가는 통상, 단원의 구분과 관련

없이 총괄적으로 행해지는 것이 보통이다. 그러나 수행 모듈은 교수－학습 단위인 동시에 언제나 평가 즉 수행평가의 기본 단위가 되는 것이다.

학습자의 자기주도성의 강조

선진국에서 자기주도적 학습에 대한 관심과 연구는 1970년대부터 시작되어 주로 성인학습을 위해 공헌하여 왔다. 즉, 스스로 학습하고 지식을 획득하는 성인들의 특징인 자기주도 학습은 학습자가 스스로 자신의 학습욕구를 진단하고 목표를 설정하며 필요한 자원과 학습 전략을 실행하는 것을 핵심으로 하며 성인 교육학 이론의 핵심 개념이 되었다.

그러나 80년대 후반 이후 평생교육이 교육개혁의 기본 관점으로 등장하면서 이러한 개념은 학교 학생들의 학습에까지 크게 확대되게 되었다. 이와 함께 실생활 능력 중심의 실용적 인지(practical cognition, practical intelligence)과정에 대한 연구가 축적되고, 학습자의 자기규제(self-regulation)가 지식 창출과 획득의 본질적 측면임이 알려지면서 적극적 학습(active learning), 구성주의 학습이론이 활발하게 보급되게 된 것이다. 이들이 1990년대 들어서면서 각국의 교육개혁정책과 학교교육과정혁신과 학교정책을 뒷받침하게 되었으며, 국내에는 수행평가의 기반이 되는 학습이론으로 소개되기에 이르렀다.

OECD(1994)는 선진국들의 교육과정 개혁을 움직임을 종합 평가하면서 회원국 내에서 널리 이용되는 자기주도적 학습, 진정한 학습의 주요 양상으로 협력학습(cooperative learning), 학생이 아닌 사람들에 대한 상품과 서비스의 공급(school enterprise learning), 학교 밖의 사회조직에서의 실제 근무실습(work experience in work organization)의 세 가지를 꼽고 있다. 이때의 자기주도성(activity)과 진정성(authenticity)은 다음과 같이 정의되고 있다.

자기주도성은 <u>학생들이 말하고 생각하고 일이 일어나게 하는 것</u>을 말한다. 그들은 다른 학생에게, 교사에게 말을 한다. 그들은 가설을 세우고 필요한 정보를 결정하며 그것을 찾아 획득한다. 그들은 알려진 사실, 절차, 알고리즘을 새로운 방식으로 통합한다. 그들은 의미와 조직된 관념을 적용하고 그들 자신의 고유한 사고 과정을 점검한다. 교사는 학생들을 안내할 권한과 책임을 지며 필요한 정보를 공급한다. 교수학습은 대부분의 교사설명이 학생들의 질문에 대한 반응으로서 이루어지도록 구조화된다.

진정성이란 학생이 <u>자신이 하는 일을 자신의 관심으로 돌보는 것</u>을 의미한다. 진정한 학습은 대부분의 경우 사회적 성격을 띤다. 학생들은 가족, 일, 친교, 지역사회 등 사회적 상황 속에서 필요한 정보를 가지고 유능해지기 위해 학습한다. 이러한 사회성은 종종 개인에게 내면화된 대화과정을 통해서 이루어진다. 가정과 직장에서의 학습에서 이런 특징이 나타나는데 학교 학습의 진정성도 이와 동일한 것이다.

OECD(1994)는 교육의 자기주도성과 진정성이 교육개혁의 핵심개념이 된 배경을 세 가지 점에서 찾고 있다.

그 첫째는 피아제, 비고츠키 및 그 추종자들에 의한 구성주의 이론이다. 구성주의적 관점에 의하면 세상에 대한 이해의 증진은 기존의 관념으로서 설명되지 않는 새로운 현상과 맞부딪침으로써 성취된다. 교사는 학생들에게 문제와 지원을 제공하여 새로운 관념을 획득케 함으로써 그들이 새로운 정신적 모델을 성취하게 도와주는 것이다. 구성주의적 관점에 입각한 학습의 자기주도성의 요구는 제 선진 국가들에 있어서 단순 노동인력이 사라지고 있다는 현실에 근거한다. 직업교육과 일반교육의 구분은 이제 사라지고 있다. 레스닉(1987)의 표현에 의하면 "사고력, 문제해결과 추론 그 자체가 새로운 것이 아니며, 그것들이 소수인에게 필요한 것이 아니라 모든 사람에게 필요한 교육과정이 되었다는 것이 새로운 것이다." 또한, 우수한 학습자만이 자기주도적 학습자가 되는 것이 아니라 학습지체자에게도 자기주도적 학습이 매우 효과적이라는 것이 중요하다.

둘째로 평생교육이라는 당위가 새로운 자기주도성과 진정성에 입각한 교육의 근거가 되고 있다. 빠른 기술과 사회변화에 따라 기초교육은 더 이상 평생에 걸친 생활의 기반이 될 수 없다. 다만 평생에 걸친 학습의 토대를 제공하는 일이 기초교육의 중요성을 더욱 높이고 있을 뿐이다. 학습은 점점 직업과 일의 중요한 구성 부분이 되고 있다. 새로운 정보와 지식의 보다 빠른 흡수를 위해 기업들은 학습을 기업조직의 통상적 기능의 하나로 내장해 가고 있는 것이다.

셋째로 학생들에 대한 조사결과는 그들이 자기주도적 학습을 즐기고 있는 것으로 나타나고 있다. 새로운 형태의 학습은 그 자체로 학습동기를 갖게 되는 반면, 점점 전통적 방식의 수업이 거부되어지고 있다. 특히, 소수민족이나 학교생활 실패의 위험에 처한 학생들에게 자기주도적 학습 진정한 학습은 전통적 학습에 대한 분명한 대안이 되고 있다.

학교학습에 있어서도 수행기반의 교육과정이 확대되면서 학교는 학습자의 목표 지향적인 자기 관리를 필수적으로 요구한다. 그에 따라 학교교육과정의 운영과 교육목표에 있어 학습자의 자기주도성 함양은 학교교육의 기본적인 목표로 새삼 강조되고 있다.

교육과정의 성격변화와 의사결정체제

지금까지 교육과정에 있어서의 의사결정을 어떻게 할 것인가에 관해 널리 받아들여진 암묵적 전제는 교과내용은 위에서 결정하고 교수법은 교사가 결정한다는 것이었다. 이러한 기준은 교육과정에 있어서 지식 내용분야의 학자와 교육학자의 역할 분담의 기준인 동시에 교육행정당국과 교사 간의 교육과정발전(curriculum development)에 있어서의 의사결정권 배분의 기준으로 사실상 작용하여 왔던 것이다. 그러나 공통핵심교육과정, 교과와 교수법 간의 구분 해소, 수행/역량 중심의 교육과정으로 특징지어진 교육과정의 새로운 동향은 이러한 전통적 역할 분담과 의사결정권한 배분에 커다란 변화를 초래하게 되었다.[22]

---

22) OECD, *The Curriculum Redefined: Schooling for the 21st Century*, preport of the Meeting of National Representatives and Experts, Paris, April 1993, p.51.

교육과정 의사결정에 있어 나타나는 변화는 우선 산업체, 지역사회, 노동조합 및 직종 단체들의 참여가 활발하여 지고 보다 용이해졌다는 점이다. 지식중심의 교육과정의 경우 교육과정은 소수의 전문가들이 모이는 "비밀의 화원"화하는 경향이 있다. 기능을 중심으로 교육과정 정책논의가 되면서 비로소 교육과정은 보다 많은 사람들이 참여하는 공개적 정책과정의 장으로 옮겨지게 된다. 한편 정책 당국과 교사 간의 역할 분담은 교과 내용과 교수법의 이분법에 따르는 것이 아니라 모듈의 결정과 모듈의 운영의 이분법에 따르게 된다. 즉 국가나 정책당국은 광범한 의견수렴과 협의를 통해 모듈에 입각한 교육과정을 결정하고 교사의 전문성과 자율성은 모듈의 실제 운용에서 발휘되게 된다.

2. 평가의 새로운 양상: 수행평가

교육과정의 개혁은 필연적으로 학습평가 방식의 개혁으로 귀착된다. 교육과정개혁에 따라 새롭게 제시되고 운용되는 학습평가 방식이 바로 수행평가(performance assessment)이다.

수행평가의 정의와 특징

미국에서 일반적으로 논의되고 있는 수행평가의 특징은 다음과 같이 요약된다(Linn & Baker, 1996; Baron & Boschee, 1995; Herman, et al, 1992). 이를 평가 대상인 학생들의 수행과 이에 대한 평가행동의 특징으로 나누어 제시한다.

평가대상인 학생들의 수행은 다음과 같은 특징을 갖는다.

첫째, 학생들이 주어진 반응에 대해 선택하는 것이 아니라 학생들이 개방형의 과제에 대하여 반응을 구성하거나 활동을 수행하도록 요구한다.

둘째, 학생들에게 문제를 제기하고 해결하며, 분석하고, 연구하는 등의 다양한 활동을 권고한다. 학생들의 이러한 활동은 판단력, 비판력, 분석력, 종합력, 문제해결력 등의 복합적인 기술을 포함한다.

셋째, 문제해결을 위한 충분한 시간을 필요로 한다. 주어진 과제를 해결하기 위해 표준화검사는 대부분 문항당 1분 정도 소요되지만 수행평가는 학생들이 풍부한 반응을 구성하고 산출할 수 있도록 장시간의 과제 수행 과정을 요구한다.

넷째, 학생 개인뿐 아니라 집단에 대한 평가도 중요시한다. 실생활에서 개인들은 항상 다른 사람과 함께 일하고 무엇인가를 산출해낸다. 실생활 맥락을 강조하는 수행평가의 경우, 팀을 이루어 공동으로 과제를 해결하도록 하는 등의 방법을 통해 집단 과정을 평가하거나 협조적 산출물을 강조한다. 이런 과정을 통하여 학생들 간의 협동학습을 고무시킨다.

다섯째, 수행평가는 모든 학생들에게 일률적으로 시행되는 표준화검사에 비해 교사와 학생 모두에게 과제에 대한 선택권을 부여한다. 수행평가에서 교사와 학생들은 함께 과제를 만들거나 평가 준거를 논의할 수 있다.

또한, 수행평가의 목적과 평가행동에 대하여는 다음과 같이 요약할 수 있다.

첫째, 수행평가의 근본적인 목적은 학습과정을 진단하고 학습자 개인에게 강점과 약점을 알려주어 교수학습을 개선하는 데 있다.

둘째, 수행평가는 학생 개개인의 변화와 발달과정을 종합적으로 평가하기 위해 여러 측면의 능력이나 기술을 전체적이면서도 지속적으로 평가할 것을 강조한다.

셋째, 교수·학습의 결과와 더불어 교수·학습의 과정을 중시한다. 수행평가는 학습자가 배워야 할 의미 있는 지식과 기능을 깊이 있게 이해하여 이를 실제 상황에 적용할 수 있는가를 중요시한다. 따라서 명명적, 결과적 지식의 습득 수준뿐만 아니라 절차적, 과정적 지식의 습득 수준을 파악하는 것도 매우 중요시된다.

넷째, 수행평가의 점수화 규칙은 학생들의 수행의 과정이나 결과에 대한 판단에 기초한다. 평가의 결과가 평가자의 판단에 의존하기 때문에, 수행평가에서는 명확한 점수부여 기준이나 준거를 개발하고 채점자를 훈련하는 일이 중요하다.

본래 수행평가는 음악이나 체육 등의 분야에서 주로 사용하였으며 실기에 의한 수행 정도를 관찰에 의하여 종합적으로 평가하는 것으로서 이런 의미의 수행평가는 새로운 평가방법은 아니다. 이러한 심동적 특성을 평가하던 수행평가가 타 분야에서의 학습성과를 평가하는 방법으로 사용됨에 따라 수행평가의 의미도 확산되었다. 수행평가에 대하여는 연구자들 간에도 다음과 같은 다양한 정의가 존재한다.

① "평가자가 측정하고자 하는 **행위를 시도하거나 완성하는 것을 평가**하는 유형"(Meyer, 1992).
② "학생들로 하여금 **특정의 산출물을 만들어 내거나 구체적인 활동을 수행**하게 함으로써 **자신들의 능력을 직접적으로 나타내 보일 것을 강조**하는 평가방식"(Haertel, 1992).
③ "**관찰과 판단에 근거하여 평가**되며 학생들의 **수행 과제, 학생들이 산출한 결과물**들의 질을 판단하는 것"(Stiggins, 1994).
④ "**과정의 효과성과 진행과정, 그리고 과제 수행으로부터 얻어진 결과**를 판단하는 것"(Gronlund, 1995).
⑤ "지필평가로 직접 측정이 불가능한 말하기, 실험, 악기연주, 운동(gymnastic), 사회적 기능(social skill) 등을 평가하기 위한 **직접적 관찰**에 의한 방법"(Oosterhof, 1994).
⑥ "수행평가는 **결과를 만들어 내는 과정에서 나타나는 기술 기능**의 정도를 **관찰하여 판단**하는 것"(McMillan, 1997).
⑦ "관련 있는 과제에 대해 학생들의 **실제적인 수행(performance)을 검사하고 판단**하는 평가"(남명호, 1995).
⑧ "평가자가 학습자들의 학습과제 **수행 과정 및 결과를 직접 관찰**하고, 그 관찰 결과를 전문적으로 판단하는 평가방식"(교육부, 1998).

⑨ "학생 스스로가 자신의 지식이나 기능을 나타낼 수 있도록 답을 작성(구성)하거나, 발표하거나, 산출물을 만들거나, 행동으로 나타내도록 요구하는 평가방식"(백순근, 1998).

⑩ "습득한 지식, 기능이나 기술을 실제 상황이나 인위적 평가상황에서 얼마나 잘 수행하는지(doing, performing), 또는 최소한 어떻게 수행할 것인지(how to do, how to perform)를 관찰, 면접 등의 다양한 방법을 통하여 종합적으로 판단하는 평가방법으로서 지식이나 기능에 의한 정답여부나 결과물에만 관심이 있는 것이 아니라 수행과정과 결과를 종합적으로 평가하는 방법"(성태제, 1999b).

이러한 수행평가의 개념 정의들에 비해 성태제(1999a)는 수행평가와 기존의 평가를 다양한 기준의 연속선상에서 파악하고 다음과 같이 구조화하여 종합적으로 제시하고 있다.

<그림-3> 선택형 문항의 평가와 수행평가의 연속적 개념

선택형 문항에 의한 평가 {구조화}	수행평가 {비구조화}
진위형 선다형 배합형 괄호형　단답형 논술형 구술형 수행평가 포트폴리오 참평	

인지	인지/정의/입동/
앎	행함
학습결과	학습진행/결과
고정형 평가	개방형 평가
이분적 평가(하나의 정답)	다분 평가(다양한 정답)
타당도-내용타당도	타당도-내용타당도
-구인타당도	-준거타당도
-준거타당도	
신뢰도-재검사신뢰도	신뢰도-채점자간 신뢰도
-동형검사신뢰도	-채점자내 신뢰도
-내적일관성신뢰도	
분석적 접근 (analytical approach)	총체적 접근(holistic approach)
인위적 상황	실제적 상황
일회적 평가	지속적 평가
정적평가	동적 평가
행정적 기능	교수적 기능

수행평가의 목적

최근 각국에서 수행평가 논의가 확산된 배경은 1990년대 들어서면서 각국 특히 영·미 권에서 소수의 핵심기능(Core Skills)을 중심으로 국가교육기준(national education standards)을 확립하고 이의 성취 여부를 전국적 성취도 검사에 의해 측정하려고 하는 데 있다. 핵심기능 중심으로 국가기준을 만들고 이를 전국적 검사를 통해 그 기준 충족 여부와 정도를 판정하고자 할 때 그 도구가 수행평가가 됨은 당연하다. 전통적인 교과형 교육과정하에서는 지식과 이해력, 분석력을 측정함에 있어 학생들의 반응이 표준화될 수 있는 문항들에 의한 지필평가가 가능하지만 핵심기능 중심으로 수행과제가 확립된 경우에는 그 평가방식은 수행평가일 수밖에 없다.

이들 국가들은 먼저 핵심역량의 세트를 개발, 이를 수준(level)별로 나누며, 이 준거에 따라 수행평가도구를 개발하는 전략을 취하고 있다. 다음 도표는 대표적인 나라들의 핵심역량 내용을 비교한 것이다.

<표 2-1> 주요국의 핵심역량기준개발내용

호주 Key Competencies	영국 NCVQ Core Skills	미국 Workplace Knowhow	뉴질랜드 Essential Skills
정보의 수집·분석 조직	의사소통	정보능력	정보능력
아이디어 정보의 소통기술	의사소통/인간관계	정보능력	의사소통
활동의 계획과 조직	인간관계/자기학습	자원동원, 개인적 태도	자기관리, 일과 학습기능
팀워크, 타인과 공동작업	타인과 공동작업	대인관계	대인관계, 일과 학습기능
수리능력	수리능력	수리능력	수리능력
문제해결	문제해결	사고능력	문제해결, 의사결정
기술의 활용	정보기술의 활용	기술체제 활용	정보, 의사소통 기술
현대 외국어 구사능력			

(출처: AECMVEET, 1992)

　국가교육기준에 입각한 수행평가방식의 전국검사가 행해지고 학교들이 이에 따라 교육성과에 대한 책임을 지게 될 경우, 개별 교사 중심의 일상적 교수·학습활동은 자연히 국가교육기준에 입각하여 학생에게 부과된 수행과제의 성공적 수행을 위한 학습활동이 될 수밖에 없으며 각국의 정부가 교육개혁을 위해 수행기준을 확립하고 이에 따른 수행평가 체제를 도입하는 것은 바로 이 때문인 것이다.

　영국이나 호주와 같이 당초부터 수행평가 방식의 학생성취도 검사를 활용해온 경우 외에 미국과 캐나다 등에서 정부 또는 국가적 연구기관들에 의해 도입되는 이러한 수행평가의 사례는 매우 많지만, 그중 일부를 예시한다면 다음과 같다.

　－켄터키 교육개혁법(1990)에 의한 다중지능수행평가
　－캘리포니아학습평가체제(1993)에 의한 중급수학수행평가

- 미국 연방 QUALSAR 프로젝트(1993)의 Cognitive Assessment
  Instrument(QCAI)

이와 같은 방식의 수행평가는 영·미 권에서는 그 구체적인 용도에 따라 다양하게 불리어 지고 있다. OECD에서는 역량평가(skills assessment)라는 용어를 선호하고 있으며, 미국에서는 대규모 수행평가(large-scale performance assessment), 고부담수행평가(high-stake performance assessment) 등의 용어가 쓰이는 반면 국가적 수행성취도검사의 전통이 강한 영국에서는 그냥 국가평가(national assesment)로 흔히 사용된다.

이상 기술한 점을 감안하면 한국에서 수행평가를 연구할 경우에도 그 평가목적과 관련하여 수행평가를 크게 둘로 유형화하여 나누어 볼 필요가 있다. 즉, 국가교육정책의 한 구성요소로서의 수행기준을 상정하고 이를 기준으로 실시되는 방식의 수행평가(이하 "대규모 수행평가")가 그 하나이며, 다른 하나는 학교단위에서 교사들이 개별 수업 또는 일련의 수업 활동 속에서 교수 학습의 목적을 위해 활용되는 수행평가(이하 "학교 수행평가")이다. 이 후자는 정부에 의해 권장될 경우에도 국가 정책이라기보다는 교사의 프로페셔널리즘에 입각한 직무수행의 일부를 구성하는 것이며 그런 의미에서 원리적으로는 무한히 다양할 수 있는 교사의 직업행동의 일종이다.

반면, 한국이 OECD 국제학생평가(PISA: Program International Student Assessment)사업에 참여하면서, 한국교육과정평가원 주관으로 2000년 8월에 실시된 학생평가는 대규모 수행평가의 형태를 가지고 있다. 즉, OECD 회원국 정부가 공동으로 확립한 핵심 생활기능 기준(life skill standards)을 정하고 이의 성취도를 평가하는 수행평가의 유형인 것이다.

수행평가의 방법

측정하려는 대상에 따라 측정방법이 달라야 한다는 것이 상식적이고 논리적인 결론이다. 전통적 평가가 지필평가 문항에의 반응을 통해 수학능력, 교과적 지식과 그 응용능력을 측정하려 한다면, 수행평가는 무엇을 측정하려고 하는가? 전통적 평가와 수행평가는 그 측정하려는 대상이 기본적으로 다르다는 인식을 가질 필요가 있다. Baker & O'Neil(1994)은 수행과제가 전통적인 학습과제와 다른 다음 특성을 갖는다고 지적한다: ① 학습의 복잡성, ② 고급사고, ③ 학습자 반응의 적극성(active learning), ④ 과제의 다단계성, ⑤ 많은 시간과 노력의 투입 소요, ⑥ 학습의 진정성, ⑦ 수행과제에 통합된 교과내용이다.

대체로 학습이론가들은 수행평가가 근대적 지식관이 아닌 구성주의적 지식관 학습관에 입각하여 학습자가 상황 속에서 자기주도적으로 구성한 지식, 자신의 행동을 규율(action-regulation)하는 암묵지(暗黙知: tacit knowledge)를 측정 평가하고자 하는 데서 그 포스트모던한 성격을 찾고자 하고 있다. 그런데 조금 더 구체적으로 들어가면 이 문제에 대한 지금까지의 연구와 주장들을 크게 두 가지 부류로 정리할 수 있다.

그 하나는 수행평가는 단순한 능력이 아닌 '고급사고(HOT: High Order Thinking)'를 측정·촉진하기 위한 것이며, 이를 위해서는 고급수준의 질문과 과제에 의한 평가인 수행평가가 필요하다는 입장이다. 이러한 고급사고력을 구성하는 요소로 이들은 탐구력, 의사결정력, 창조적 사고력, 비판적 사고력, 메타인지(meta-cognition) 등을 들고 있다(Woolever & Scott, 1988). 이러한 입장은 학습에 있어서도 고급사고력에 대응하는 심층학습을 강조함으로써 전통적인 학교중심의 엘리트주의적인 교육관을 반영하고 있다. 수행평가방법도 교사가 구안하여 교수 현장에서 사용하는 것을 전제로 논의하는 경향이 있다.

한편, 또 다른 입장은 수행평가는 교실 내에 고립된 지식과 능력이 아닌 실생활에 적용 응용될 수 있는 지식과 능력(Life Skills)을 측정하고 촉진하기 위한 것이며 이를 위해서는 실제적 상황과 맥락 속에서의 평가인 수행평가가 필요하다는 입장이다. 이러한 입장에서는 고급기능과 심층학습보다는 기본기능(Key Competency 또는 Core Skills)으로서 의사소통, 수리능력, 문제해결력, 인간관계능력, 기술/컴퓨터 사용능력을 강조하며 메타인지 보다는 실용적 인지(practical cognition)를 강조한다. 이러한 입장은 엘리트주의라기 보다는 보편교육을 지향하는 대중주의적 성격을 띠고 있다. 평가방법은 국가수준의 수행기반 검사도구 개발에 관심을 돌리는 것이 보통이다.

이러한 양 견해의 차이는 사고력의 본질과 그 학습 방법에 관한 차이로 이어지고 있다. 즉 한쪽에서는 사고력을 기존 지식 및 교과와 직접적인 상관이 없는 독립된 실체라고 보고 그렇기 때문에 교과 교육 없이도 학습방법의 학습, 사고 방법의 학습을 목적으로 직접적으로 교수될 수 있다고 본다. 이러한 입장의 전형이 이른바 "기능 접근방식(skills approach)" 또는 "직접적방법"이며 드 보노(Edward de Bono)의 인지학습연구소 이름을 딴 CoRT방법이 직접적인 사고력 학습 프로그램으로 개발되어 있다.

드 보노의 관점은 다음과 같은 점에서 매우 도전적이다. 첫째, 전통적 지능은 사고력과 같은 것이 아니라고 본다. 둘째, 전통적 지식을 가르친다고 해서 사고력이 신장되는 것은 아니라고 보며, 셋째, 전통적인 교과들을 통해 학습될 수 있는 사고력은 검색 분류 등 사고력의 지엽적인 일부에 불과하다고 간주한다. 마지막으로, 생각을 많이 한다고 해서 사고력이 신장되는 것이 아니며 특별히 학습되어야 한다(De Bono, 1991). 한마디로 드 보노는 수행을 통해 드러나는 숙련(skills) 속에서 사고력의 실체를 보고 있는 것이다. 드 보노가 영국에서의 이런 방향 연구를 대표한다면 미국에서는 실제적 지능(practical intelligence)에 관한 연구와 이론을 선도하고 있는 스턴버그(Robert Sternberg)가 유사한 입장에 있는 대표적 이론가이다.

이러한 기능 접근 방식과 달리 기존 교과 또는 교과교육의 혁신을 통해 사고력 신장을 기하는 좀 더 보수적인 다양한 입장들이 있다. OECD는 이러한 입장을 내삽적 접근(Infusion Approach)으로 명명하고 있다. 예를 들어, 뉴만(Newman)은 참 지적성취(authentic intellectual achievement)의 특성을 지식의 구성, 학문적 탐구, 학교를 넘어선 가치의 세 가지 점에서 찾고 이를 기초로 참 평가를 위한 수행과제(performance tasks)의 요건을 ① 정보의 조직, ② 대안의 고려, ③ 학문적 내용, ④ 학문적 과정, ⑤ 정교한 문어적

74

의사표현, ⑥ 세계와 연관된 문제, ⑦ 학교 밖 청중의 일곱 가지로 정리하고 있다(Newman, et. al., 1995). 다중지능(multiple intelligence)이론으로 유명한 가드너의 경우도 이러한 입장으로 분류될 수 있을 것이다.

상술한 두 가지 견해의 대립은 근본적으로 누구에 의한 수행평가를 염두에 둔 이론인가의 차이에서 유래된다. 즉, 드 보노의 경우 영국의 전통에 따라 국가에 의한 학생성취도 검사의 목적이 될 실용적 기능과 사고력에 관심이 그 연구의 배경이 놓여 있는 반면, 뉴만의 경우 개별 교사들에 의한 학교 수행평가를 염두에 두고 있는 것이다. 후자는 전통적인 학문과 교과 속에서 고급사고력의 원천을 찾고 이를 학생들이 성공적으로 수행하는지에 관심이 있는 반면 전자는 기존 교과 교육과는 무관한 수행성취도를 예산하고 있다.

이러한 차이는 수행평가와 교과교육과의 관계를 설정함에 있어 커다란 차이를 가져올 수밖에 없다. 뉴만의 경우 기존 교과들의 영역은 존중된다. 수행평가는 오히려 교과 교육의 심화와 발전을 위한 계기가 된다. 그러나 드 보노 식의 접근 방법은 만일 국가가 이를 본격적으로 채택하고 국가적 성취도 검사의 주요 목적으로 삼을 경우 기존 교과교육의 해체와 재편을 가져올 가능성이 높은 것이다.

한편, 위의 양 입장이 말하는 사고력(thinking)과 기능(skills)의 차이가 실제로는 그리 먼 것은 아니라는 주장이 있다. 실제의 문제에 부딪쳤을 때 그 해결을 위해 고급사고력이 적용되는 것이 기능(skills)으로 나타나는 것이라고 보는 것이다(차경수, 1997). 그런 의미에서 사고력과 기능은 동일한 실체의 양면이라고 인식하는 것이다.

그러나 양 입장의 차이는 생각보다 만만치 않게 드러난다. 사고력과 기능이 단순히 용어상의 차이에 불과한 것이 아니라 같은 용어인 "thinking"을 사용하면서도 전자가 우수한 학생이 여전히 학교와 교실 내에서 교과를 통해 학습할 수 있는 고급사고력을 염두에 두고 있는 데 반해 후자는 모든 사람이 성공적인 생활을 위하여 실생활에서 사용하고 키워야 하는 일상적인 인지능력으로 보는 데 있다.

한편, 수행평가는 학생의 수행을 평가자가 관찰 검사하고 판단하는 방식을 취하는데, 이때 수행평가의 유형에 따라 ① 학생이 수행해야 할 과제가 누구에 의해서 어떻게 확정되는가, ② 평가자가 누구인가를 달리 한다.

수행평가를 교수-학습의 수단으로 본다면 수행평가는 교사와 학생 간의 상호작용 즉 선택과 협상의 산물로 보게 된다. 앞서 기술한 수행평가의 특징에서 "학생이 수행과제의 선택을 할 수 있게 한다"라든지, "학습자 개개인의 강점과 약점을 알려준다"든지 하는 언급은 바로 수행평가를 교사와 학생의 상호작용 과정으로 보는 것이다. 이러한 경우 평가의 주체는 교사이며 평가는 전문직으로서 교사의 직무행동이 되는 것이다.

반면, 수행평가를 사회 전체적 지식 및 역량의 수준과 분포를 조사한다거나 학생의 분류를 하는 도구로 본다면 수행평가는 국가 또는 사회 전체적 이익을 위해 봉사하는 주체가 행하는 공적행위가 된다. 이때, 수행과제는 국민적 정치적 합의를 통해 국가적 기준 형태로 확립될 수밖에 없으며 이를 위한 기술적 평가도구와 평가인력은 국가적 체제의 일부가 되게 된다.

수행평가의 유형

지금까지 수행평가에 대한 논의를 기초로 최근의 수행평가의 발전동향 속에서 여러 유형으로 나누어지지만, 가장 중요한 수행평가 유형을 두 가지로 도출할 수 있다. 이 두 유형은 각각 '학교 수행평가'와 '대규모 수행평가'라 할 수 있다. 수행평가는 미국뿐 아니라 한국에서도 이 두 가지 양상으로 도입되고 있는데, 이 장의 모두에서 소개한 학자들에 의한 수행평가의 정의는 대부분 교실 현장에서 교사들에 의해 시도되는 수행평가를 염두에 두고 개념화된 것이다.

그러나 수행기반의 교육과정이 전제가 되지 않은 채 교과형 교육과정의 틀 속에서 교육과정과 유리된 수행평가는 현실적으로 실패할 수밖에 없다. 이미 한국에서 그 문제점이 본격 노출되고 있는 것처럼, 이러한 수행평가는 교사의 업무부담과 학생의 학습부담을 폭증시키며, 개별 교사들이 만들어 내는 수행과제의 무한한 다양성을 감안하면 표준화된 평가기준과 일관성 있는 평점부여가 불가능하다. 이러한 수행평가는 결국 교사의 수업활동을 촉진하기 위한 형성평가 이상의 기능을 하기 어려운 상황이다.

두 가지 유형의 수행평가를 각각 학교 수행평가, 대규모 수행평가로 이름을 붙이고 도표화하여 차이점을 비교 요약하면 다음과 같다.

<표 2-2> 학교수행평가와 대규모수행평가

	학교수행평가	대규모수행평가
관심의 주체와 내용	(교사) 교수 – 학습 개선	(정부) 국민의 기초능력향상과 학교교육의 실용화, 교육개혁
교육과정과의 관계	자율화된 교육과정이나 교과형 교육과정하에서 제한적 활용	standards-based national curriculum 지향,
측정 대상	고급사고력	core skills, key competency
평가의 기능적 성격	수행과제는 교사의 창의 평가는 교사의 프로페셔날리즘	수행과제는 국가정책 평가는 교육정책 수행 수단
인지적 기반	meta-cognition Academic Intelligence	practical cognition Practical Intelligence
교육관	엘리트주의적	대중주의적

3. 수행평가와 교수 – 학습과정

수행과제와 교과교육

공교육을 사회제도라는 관점에서 볼 때, 교육은 교사들의 전문적 직무행위인 동시에 국가의 정책이라는 두 가지 측면을 가지고 있다. 학생들의 학업성취에 대한 평가도 역시 그러하다. 수행평가에 있어서도 이러한 두 가지 측면을 구분하여 논의함이 필요하다.

성태제(1999a)는 앞서의 그림과 같이 다양한 평가방식을 정리하면서 평가형식보다는 평가의 내용이나 목적에 비추어 분류하는 것이 중요함을 강조한다. 즉 행정적 목적이 강조될 경우는 선택형 문항에 의한 평가가 주로 사용되며 채점의 공정성에 대한 비중이 적고, 교수 목적이 중시될 경우 수행평가가 실시된다고 하였다. 백순근(1996)은 이 점을 다음과 같이 더욱 명백히 하고 있다.

> "전통적으로 학생의 選拔이나 配置를 목적으로 학생들의 학습 결과를 양적으로 측정해 온 평가방식을 '量的評價(quantitative evaluation)'라 한다면, 그와 반대로 다소 임의적이기는 하지만 학교 교육 현장에서 **교수-학습 과정을 개선하기 위해** 각종 정보를 수집하고 교육적으로 가치를 판단하는 것을 '質的評價(qualitative assessment)'라고 할 수 있을 것이다."

한국에서는 성태제와 백순근의 위와 같은 견해가 널리 퍼져 있다. 그리고 이에 따라 학교에서 시행되는 수행평가에 대한 장학지도와 학교단위 평가계획제도가 운용되고 있는 상황이다. 성태제와 백순근의 견해는 수행평가를 철저히 학교에서 이루어지는 수행평가에 한정지어 이해하고 있을 뿐 아니라 수행평가와 관련된 선진국들의 동향을 전체적으로 이해하지 못한 단견이다.

수행평가를 교실내의 교수 방법에 한정시키고 있는 이러한 견해는 일반중등교육자격(GCSE), 일반국가직업자격(GNVQ) 등 선발이나 배치를 목적으로 하는 국가적 수행평가 제도를 유지하고 있는 영국의 사례 하나만 상기해 보아도 현실과 부합하지 않는 일방적 주장임을 알 수 있다. 이러한 시험은 수행평가 방식으로 오랜 동안 국가적 성취도 검사를 유지해온 영국의 전통에 따라 수행평가의 성격을 가진 교육과정 요소들로 구성되어 있다 (Lokan, 1999; Gipps, 1994).

뿐만 아니라, 수행평가를 교수·학습방법에 치중하여 인식하는 견해는 이미 앞장에서 지적한 것처럼 한국에서 시행되고 있는 수행평가가 이미 학생생활기록부에 기재되고 그에 따라 대학입학을 위한 자료로서 사용되고 있는 현실조차 무시한 주장이다.

한국에서도 1996년 이후 정부가 초등학교 열린교육을 지원하기 시작하면서 내세운 핵심 개념도 자기주도 학습이었다. 그 결과 현재 열린교육의 확산과 함께 자기주도적 학습에 대한 연구자들의 관심도 늘어가고 있다. 열린교육에 이어서 1999년에 수행평가 정책이 도입되었으나 교육현장, 정책실무, 조사연구를 막론하고 자기주도적 학습이 열린교육과 수행평가를 함께 뒷받침하고 있다는 인식이 결여되어 있다.

수행평가와 열린교육

수행평가의 기능을 주로 효과적인 수업을 위한 수단에서 찾는 사람들은 이른바 1996년부터 한국에 크게 확산된 열린교육을 옹호 실천하는 사람들 중에 많다. 그러나 종래의 열린교육과 최근 강조되는 수행평가가 어떻게 상호 접목되는지는 이론적으로나 현장 관행으로나 충분히 검토되어 있지 않다. 여기서는 학습의 자기주도성(self-directedness), 진정성(authenticity)이라는 관점에 입각하여 열린교육과 수행평가의 관계를 검토하고자 한다.

자기주도적 학습의 개념을 교수 학습에 관철했던 것이 이른바 열린교육이다. 한국열린교육협의회의 공식적 자료에 따르면 열린교육은 영어의 오픈 에듀케이션(open education)을 번역한 말이다. 오픈 에듀케이션은 처음에는 개방 교육이라고 많이 번역되었으나, 개방대학과 혼동을 일으키는 경우가 많아 동 협의회의 전신인 한국열린교육연구회가 1991년 결성되면서 열린교육이라고 번역되기 시작하였다. 열린교육은 학생들에 의한 자기주도적 협동적 학습활동을 교육의 중심으로 하고 이를 위해 학습시간표와 학습활동 공간, 교수 학습조직을 전통적 폐쇄형에서 개방형으로 전환하며 교사의 수업 방식과 학교교육과정을 이에 따라 혁신하는 것을 그 특징으로 하고 있다.

열린교육을 최초로 체계화시킨 Barth(1972)에 의하면 열린교육의 학습관은 다음과 같이 24가지로 요약된다.

   (1) 아동들은 성인의 간섭 없이도 탐구능력과 알려고 하는 호기심을 타고난다.
   (2) 이러한 탐구활동은 자기 지속적이다.
   (3) 아동은 외적 위협이 없을 때 이러한 탐구능력을 자연스럽게 발휘한다.
   (4) 자신감은 학습능력과 연관된다.
   (5) 조작적인 많은 학습자료가 구비된 풍부한 학습환경은 아동들의 학습을 촉진시킨다.
   (6) 아동들의 학습에 있어서 놀이와 일은 구별되지 않는다.
   (7) 아동들은 자신의 학습에 대하여 올바른 결정을 할 수 있는 능력이 있다.
   (8) 아동들에게 학습자료 및 학습내용에 대한 선택권이 주어진다면 더 잘 배울 수 있다.
   (9) 아동들은 흥미가 있는 활동에 종사한다.
   (10) 아동들이 흥미를 느끼고 그 일에 몰두할 때 학습이 일어난다.
   (11) 둘 이상의 아동이 동일한 주제나 문제를 탐구할 때 서로 협력한다.
   (12) 아동들은 학습결과를 서로 공유하고자 한다.
   (13) 아동들에게 새로운 개념은 천천히 형성된다.
   (14) 아동들의 학습속도는 다양하다.
   (15) 아동마다 지적발달의 방법, 속도, 시간이 각각 다르다.
   (16) 지적발달에 있어서 구체적 경험을 통하여 추상적 개념이 형성된다.
   (17) 직접적인 경험과 대상은 추상적 관념에 선행한다.
   (18) 아동들의 문제해결 능력은 그들이 작업한 학습자료를 통해서 얻어진다.
   (19) 아동들의 실수는 학습과정의 일부로 존중된다.
   (20) 개인의 학습의 측정은 중요하지 않다.
   (21) 객관적 평가는 학습에 부정적인 영향을 미칠 수도 있다.
   (22) 학습의 결과는 직접적인 관찰에 의하여 직관적으로 평가되어야 한다.
   (23) 따라서 장시간에 걸친 관찰이 좋은 평가방법이다.
   (24) 아동의 학습결과에 대한 평가는 아동 스스로 하는 평가이다.

이러한 Barth의 학습관은 결국 학습의 자기주도성, 행동성과 경험성, 협동성으로 요약될 수 있다. 특히, 상기 (21), (22), (23), (24)항은 열린교육에서의 평가관을 나타내고 있으며 이는 앞서 기술한 수행평가의 특징과 상통하여 열린교육과 수행평가의 상호 친화성을 암시하고 있다.

수행평가에서 강조하는 수행과제의 진정성(authenticity)과 상호 연결된 개념이 열린교육의 핵심 개념인 학습의 자기주도성이다. 학습과 지식의 진정성은 결국 학습자가 실제적 상황에 부딪쳐서 문제를 해결하고 지식을 획득하는 자기주도성에 입각한 학습동기의 문제이기 때문이다. Martin(1975)에 따르면 첫째, 열린 학교에서 학생들은 전통학교에 비하여 보다 더 적극적으로 표현하고, 학생비행은 보다 줄어든다. 교사 부재(不在)시에도 열린 학급의 학생들은 보다 안정된 행동 유형을 보인 반면 전통학교 학생들은 보다 더 부적절한 행동을 보인다. 즉 열린 학교에서 학생들은 전통학교에 비하여 보다 독립적이고 자기주도적인 학습을 한다는 것이다. 따라서 열린 학교는 학생들의 자기주도적인 학습능력을 신장시킨다는 것이다.

뿐만 아니라, 학교 수행평가에서 학생에 의한 수행과제의 선택과 교사-학생 간의 상호작용을 강조할 때 이는 이미 학습자의 자기주도성을 필수적으로 전제하고 있는 것이다. 수행평가는 교사의 전문적 판단과 자율성에 기반을 둔 평가방법일 뿐 아니라 학습자의 자율성을 동시에 전제하고 있는 것이다. 이렇게 볼 때, 학교 수행평가는 교수-학습과정에서의 교사와 학생 간 상호작용과 통제의 재편을 필요로 한다. 전통적 평가가 강의와 교사의 일방적 수업진행을 중심으로 하는 전통적 학교 교실 상황에 부합하듯 수행평가는 학생들의 참여와 자기규제에 입각한 수업을 중심으로 조직된 열린 교실 상황을 필요로 하게 된다.

4. 한국의 교육개혁과 수행평가

한국교육에서의 수행평가 도입의 경과

1995년 5월 31일 당시의 대통령 자문 교육개혁위원회에 의한 제1차 교육개혁안 발표로부터 비롯되어 진행되고 있는 한국의 교육개혁은 교육방법과 학생평가에 있어서도 새로운 변화를 내포하고 있다. 1997년 이래 학교 현장에서는 "열린교육"의 이름으로 다양한 방식의 새로운 교육방법이 시도되고 있다. 또한, 1997년 이후 서울시 교육청과 교육부의 주도로 강조되는 수행평가 역시 많은 논란의 와중에서 학교현장에 확산되고 있다. 교육과정, 교수학습방법, 학습평가에 걸쳐 이루어지는 이러한 변화를 교육과정개혁이라는 측면에서 종합적으로 보아야 할 것이다.

우리나라에서는 1990년 초부터 수행평가의 개념이 도입되기 시작하였으며, 1996년 국립교육평가원에서 「수행평가의 이론과 실제」가 발간 보급됨에 따라 전국적으로 확산되었다. 이어, 1997년 서울시 교육청에 의해 초등교육 "새 물결" 운동이 시작되면서 수행평가는 동 운동의 첫 번째 과제로 채택됨으로써 초등학교에서 새로운 교육 및 평가의 관점으로 자리를 잡기 시작하였다.

5.31 교육개혁 이후 진행된 새로운 교육과정개혁 제안에 따라 1997년 12월에 고시된 교육과정에서도 수행평가 도입을 강조하고 있다. 더 나아가 1999년에 교육부가 "새 학교 문화창조"라는 기치를 내걸고 수행평가를 정책적으로 도입하면서 수행평가는 중·고등학교에까지 확산되고 있다. 그 주요 경과를 요약하면 다음과 같다.

- 1995년, 국립교육평가원에서 수행평가의 소개와 보급을 위해 "수행평가의 이론과 실제"라는 간행물 제작 배포
- 1996년 9월, 서울시 교육청에서 초등학교에 부분적으로 채택 시행
- 1997년, 서울시 '초등교육 새 물결 운동'의 일환으로 수행평가를 전 학교에 확대 실시방침을 결정
- 1998년 10월, 교육부 문서 "교육비전 2002: 새 학교문화 창조 방안"에서 수행평가를 평가방법의 다양화 및 투명성 보장 일환으로 채택
- 1999년 5월, 교육부 훈령 제587호 "초등학교·중학교·고등학교 학교생활기록부 전산처리 및 관리 지침(이하 '학생부 관리지침')"에서 교과성적에 수행평가성적을 반영할 수 있도록 개정

이러한 과정을 거쳐 수행평가는 교육부 훈령 속에 반영된 국가정책이 되

었으나, 동 훈령의 외견상으로는 의무적 반영을 요구한 것은 아니다. 수행평가가 학급학교에서 사실상 의무적으로 강제되기 시작한 것은 교육부가 각 시도 교육청을 평가하고 이에 다른 차등지원 정책을 실시하면서 수행평가에 대한 교육청들의 노력을 점수화 하여 평가에 반영하였기 때문이다. 1999년 1학기 시작에 즈음하여 "각 과목의 30% 이상은 수행평가 결과를 평가에 반영하라"는 식의 공문이 교육청으로부터 각 학교에 발송되는 동시에 각 교육청은 다시 교육청 주관의 학교평가를 통해 수행평가 시행여부를 독려하면서 수행평가가 각급 학교에 확산되기 시작하였다. 이러한 강제적 권장이 1999년 1학기 말부터는 자제되고 "수행평가의 구체적 방법이나 반영 범위는 학교별 교사 별로 알아서 하도록"하고 있으나 실제로는 학교평가에 의해 강제되며 대부분의 학교에서 여전히 많은 혼란이 계속되고 있다.

교육부(1998) 편찬 자료에 따른 수행평가 도입의 필요성을 요약 정리하면 다음과 같다.

    (1) 21세기 지식 정보화 사회에 대비하기 위하여
      −암기 이해보다 정보의 처리 창출, 자기주도 평생학습, 의사소통, 협동적 문제해결을 중심으로 함, 이러한 방향의 선진국 추세에 부응
    (2) 학교교육의 정상화를 위하여
      −전인적 인간 양성이라는 교육목표와 괴리된 그 간의 수업과 평가방식을 개선하여 새 학교문화 창조에 기여
    (3) 보다 의미 있는 평가결과 제공을 위하여
      −수업과 평가의 긴밀한 연계를 도모하기 위하여
      −학생에 대한 정보 수집을 통해 수업개선을 유도할 수 있도록 함
    (4) 새로운 지식관 학습관에 부응하기 위하여
      −새로운 학습관은 절대적 객관적 지식보다 구성적 상대적 지식을 중시하고, 학생 중심의 교육을 지향함

수행평가 도입에 관한 이상의 공식적인 이유를 살펴보면, (3)의 이유는 수행평가에 대한 지지자들이 많이 지적하는 것이지만, 정책의도라기보다는 다분히 학술적 설명이며 그런 의미에서 일종의 장식적 설명이다. 그 반면 (1)과 (2), (4)의 이유는 수행 평가 도입의 실질적 이유의 일단을 내비치

고 있다. 따라서 이들 이유를 좀 더 검토한다.

상기 1의 이유는 세계화 정보화 시대에 대비하는 각국 정부의 교육정책 개편 추세에 한국도 합류하겠다는 것이다. 선진 산업국가들에 있어서 고등학교 교육까지의 12년 교육은 이른바 기초교육(initial education)으로 간주되고 전 국민이 최소한 기초교육 플러스 2년의 고등교육 또는 계속교육을 이수하게끔 하는 것은 교육정책의 기본이 되어 가고 있다. 특히, 정보화 사회로의 진입을 위한 산업구조조정 과정을 이미 거친 이들 국가에서 이러한 최소한의 교육을 성공적으로 이수하지 못한다는 것은 실업과 사회·경제적 소외(exclusion)의 주된 원인으로까지 간주되고 있다. 따라서 이들 국가의 교육정책방향은 이른바 모든 국민을 위한 성공적 교육(quality education for all)을 위해 국가가 최소한의 교육과정이수 기준(curriculum standards)을 수행성취기준(performance standards)의 형태로 정하고 모든 학교가 전 학생을 이 기준에 성공적으로 도달하도록 하는 책무, 이른바 학교의 책무성을 이행토록 하는 데 주안점이 있다.

앞에서 수행평가의 도입이유 (2)는 매우 한국적이다. 1995년 당시 교육 개혁위원회의 활동이 시작된 이후 최대의 교육정책과제는 갈수록 심각해지고 있던 과외와 사교육비 급증 문제의 해결이었다. 한국의 정책논의에서 "공교육 정상화"라는 술어는 대부분 "과외문제 해결"의 완곡어법이다. 과외 문제가 심각하다는 것을 교육정책 당국도 노골적으로 말하기 싫어하고 교육계에서도 인정하기 싫어하기 때문에 "과외문제 해결"이라고 직접적으로 말하지 않고 "공교육 정상화"라는 암유적 표현이 대신 쓰이는 것이다.

근대시민국가가 공교육을 중심으로 국민교육체제를 확립한 이래 교육의 형평은 교육정책의 핵심 이념이자 학교체제의 운영과 성과를 평가하는 중요한 준거의 하나가 되어 왔다. 한국교육은 적어도 외면적으로는 다른 어느 나라보다도 두드러지게 교육 형평 이념에 대한 집착 속에서 발전하여 왔다. 특히, 상급학교 입시를 위한 과외의 번성이야말로 교육의 형평을 위협하는 주된 요인으로 간주되어 왔으며 "공교육 정상화"라는 이름하에 과외로부터 공교육을 보호하는 일에 교육정책의 최우선 순위가 주어져 왔다.

고교평준화, 과외금지, 대학입시에 대한 국가적 통제와 개입 등과 같은 조치는 바로 이러한 형식상의 교육의 형평성에 대한 고양된 관념 속에서 비로소 가능했던 혁신적인 정책들이었다.

현재 정부 주도로 도입 확산되고 있는 수행평가 역시 정책목표 면에서는 과열과외 해소를 통한 학교교육 정상화라는 한국식의 교육평등 논리의 연장선 위에 놓여있다. 수행평가체제의 도입은 2002년부터 대학 입학을 무시험 전형으로 한다는 정부 정책과 한 짝을 이루는 것이다. 정책결정 과정에 있어서 수행평가가 주목을 받은 이유는 그것이 전통적인 지필평가를 대체하는 이른바 대안적 평가의 성격을 지니고 있기 때문이며, 바로 그 이유로 대입 무시험 전형 정책의 불가결한 동반자가 될 수밖에 없었다. 바꾸어 말해서, 과열과외의 원인이 되고 있는 전통적인 시험을 대신할 수 있는 것으로서 수행평가는 과열 과외를 해소할 수 있는 대학입학전형과 학교성적 관리를 위한 효율적인 정책대안으로 여겨졌던 것이다.

수행평가 도입이유(4)는 단순한 지식과 학습관의 변화를 넘어 학교교육에 대한 우리 사회의 수요 변화와 관련이 있다. 한국에서는 그동안 무엇인가 "하기 위한 교육"을 기업이 주로 담당해 왔다고 보는 것이 정직한 표현이 될 것이다. 그러나 기업과 근로자 자신이 주축이 된 이러한 현장에서의 인력양성체제는 결정적인 문제점을 내포하고 있다. 우선, 기업들이 시행하는 교육훈련은 언제나 해당기업에 특유한 지식과 기능을 중심으로 이루어지며 해당기업을 떠났을 때는 무용지물이 될 가능성이 높다. 즉 평생고용을 전제로 할 때 의미가 있는 것이다. 이미 평생고용이 과거지사가 된 지금의 현실에서 모든 근로자가 일시적 실업과 전직을 불가피한 생활의 일부로 받아들여야 하는 후기 산업사회의 경제구조 하에서는 기업이 주관하는 기업특유의 교육은 분명한 한계가 있다. 더 나아가 대기업은 소속근로자를 위한 교육투자능력이 있지만 중소기업은 그렇지 못한 상황에서 직무능력의 향상을 기업에만 의존하는 것은 성인교육 기회의 심각한 불평등을 초래하게 된다. 또한 교육훈련능력이 부족한 중소기업의 원천적 취약성을 더욱 악화되어 중소기업의 건전한 발전을 제약하는 것이다.

한국의 교육체제는 바로 이런 이유로 그동안 대기업중심의 성장과 중소기업의 부실로 특징지어지는 한국경제의 파행적 발전에 일조를 해온 것이다. 이러한 한국교육의 특징들은 산업사회적인 개발단계에서는 불균형발전 전략의 하나로서 어느 정도 효과를 볼 수도 있었지만 21세기 이후의 발전을 준비하는 이제는 장애물이자 질곡으로 간주되어야 한다. 사회 전반적으로 성과와 수행을 중시하는 분위기가 강조되면서 학교에서도 수행을 강조할 필요가 있는 것이다. 우리나라 학교의 수행평가 도입 역시 이러한 맥락 속에서 보아야 할 것이다.

7차 교육과정과 수행평가의 관계

1996년 2월에 교육개혁위원회의 개혁의제 형태로 발표된 7차 교육과정안은 약 1년 10개월간 교육부 중심의 정책 형성 구체화 과정을 거쳐 1997년 12월에 교육부 고시형태로 확정되었다. 이 교육 과정은 학교급별, 학년별로 다음과 같이 시행일정을 확정하였다.

      2000년 3월 1일: 초등학교 1, 2 학년
      2001년 3월 1일: 초등학교 3, 4 학년, 중학교 1학년
      2002년 3월 1일: 초등학교 5, 6 학년, 중학교 2학년, 고등학교 1 학년
      2003년 3월 1일: 중학교 3 학년, 고등학교 2학년
      2004년 3월 1일: 고등학교 3 학년

한국에서 '수행평가'라는 용어를 최초로 공식적으로 명시한 것은 1997년 12월 고시된 제7차 교육과정 총론의 '평가항목'에서 "수행평가의 관점을 기초로 한 평가가 이루어져야 한다"라고 한 것이다. 그러나, 이미 교육개혁안에 따른 7차 교육과정이 확정 고시되기 이전에 수행평가가 보급되고 있었다. 이는 1997년부터 본격화되어 초등학교 중심으로 정책적으로 적극 권장되고 있던 "열린교육"에 대응하는 평가방법으로 수행평가를 확대하지 않을

수 없었던 것과 관련이 있다. 이미 지적한 것처럼, 새로운 지식관과 학습관은 수행평가와 열린교육에서 공히 강조되는 주제이기도 하다.

한국에서 열린교육은 5.31 교육개혁 훨씬 이전인 1986년 서울의 운현과 영훈 두 사립학교에서 시작되었으며, 1990년에는 공립인 경기도 안중 초등학교에서도 실시되기 시작하였고 그 후 기하급수적으로 확산되어 1995년 말에는 300여 개 학교로 확산되었으며, 정부의 교육 개혁 방안의 한 부분으로 자리잡았다. 1997년 이전에는 교사들의 자발적 교육운동으로 보급되어 오던 열린교육은 정부가 교실수업혁신사업이라는 형태로 이에 예산을 지원하고 각 시·도 교육청 평가 시에 주요 평가 기준으로 채택함으로써 정부의 정책으로 채택되었다. 그 결과, 전국적으로 열린교육의 확산이 일어나고 관련된 연구물 또한 늘어나고 있었다. 수행평가의 보급은 이러한 과정에서 이미 자연스럽게 이루어지고 있었으며 정부가 교육개혁정책으로 채택하기 이전에 이미 서울시 교육청이 채택하고 있던 정책이었다.

한국에서 수행평가 확산 과정에서 서울시 교육청이나 교육부에서 정의하였던 수행평가의 개념은 다음과 같다.

> "일반적으로 수행이란 구체적인 상황에서 실제로 행동을 하는 과정이나 그 결과를 뜻하며, 따라서 수행평가란 학생 스스로가 자신이 가지고 있는 지식(knowledge)이나 기능(skills)을 나타낼 수 있도록 산출물을 만들거나, 행동으로 나타내거나, 답을 구성하도록 요구하는 평가방식이다. 즉, 수행평가에서는 학생이 배우고자 하는 지식이나 기능을 평가함에 있어서 선택형(객관식) 검사와 같이 정답을 선택 할 수 있는 능력이 곧 '지식을 안다'거나 '기능을 습득했다'고 가정하는 것을 부정하고, 학생이 답안을 작성하거나 행동으로 나타내는 것을 통해 지식이나 기능을 직접적으로 측정하거나 평가하고자 하는 것이다. 다시 말하면 수행평가(Performance Assessment)는 구체적이고 의미 있는 과제에 대하여 학생들이 그 일을 계획대로 해 낸 과정과 그 결과를 함께 평가하는 방법을 말한다(백순근, 1995; 서울시 교육청, 1997)."

이상과 같은 개념을 이어 받아 교육부는 1999년 학교생활기록부관리지침을 제정하면서 수행평가의 개념을 다음과 같이 유권적으로 정의하고 그

구체적 방법의 분류까지 제시하였다:

    수행평가(遂行評價: Performance Assessment)는 평가자가, 학습자들의 **학습과제 수행** 과정 및 결과를 직접 **관찰**하고, 그 관찰 결과를 전문적으로 **판단**하는 평가방법 즉, 선택형 지필평가 이외의 다른 모든 평가방법이라고 할 수 있다.

○ 학습과제: 학습자들에게서 성취되기를 기대하는 교육과정상 각 교과 교육목표와 관련되는 것으로, 가능한 한 실제생활에서 보다 의미 있고, 중요하고, 유용한 과제를 의미함.

○ 수행: 학생이 단순히 답을 선택하는 것이 아니라, 학생 스스로 답을 구성하는 것, 산출물이나 작품을 만들어내는 것, 태도나 가치관을 행동으로 드러내는 것 등을 모두 포함하는 의미임.

○ 관찰: 학습자가 수행하는 과정이나 그 결과를 평가자가 읽거나, 듣거나, 보거나, 느끼거나 하는 활동을 모두 포함하는 의미임.

○ 판단: 평가자가 관찰한 것을 객관성·합리성·타당성·신뢰성 등이 있는 기준을 준거로 하여 점수화하거나, 문장화하는 것을 의미함.

〈표 2-3〉〈수행평가에 포함되는 평가방법의 '예'〉

지 필 평 가	수 행 평 가			
선택적 반응 요구	구성적 반응 요구	특정 산출물 요구	특정 활동 요구	과정을 밝힘
ㅇ 선택형 문항 ㅇ 진위형 문항 ㅇ 배합형 문항	ㅇ 논술형 문항 ㅇ 완성형 문항 　(빈칸 채우기) ㅇ 단답형 문항 ㅇ 도표나 그림에 　제목 붙이기 ㅇ 과제물 제시 ㅇ 시각적 자료 만들 　기 (개념도나 흐 　름 도, 그래프나 　표, 도안 등)	ㅇ 수필 ㅇ 연구보고서 ㅇ 과제일지 ㅇ 실험보고서 ㅇ 이야기·극본 ㅇ 시(poem) ㅇ 포트폴리오 ㅇ 미술작품 전시 ㅇ 과학 프로젝프 ㅇ 모형(model) 　구성 ㅇ 비디오·오디 　오구성	ㅇ 구두발표 ㅇ 무용·동작 　발표 ㅇ 과학실험 시연 ㅇ 체육경기 ㅇ 연극 ㅇ 토론 ㅇ 음악발표	ㅇ 구두질문 ㅇ 관찰 ㅇ 면담 ㅇ 회의 ㅇ 과정(process)에　대 　한 기술 ㅇ 생각하는 과정을 말로 　표현 (think aloud) ㅇ 학습일지

※ '완성형'과 '단답형'의 문항이 단순 암기력만을 평가하기 위한 것이라면 수행평가에 해당
　되지 않음.

　이러한 국내에서의 수행평가 보급상의 개념이 가진 특징은 본래의 수행
평가개념이 갖는 학습의 상황성·통합성·진정성 개념은 축소되고, 수행평
가의 외면적 특징만을 채택한 것이다. 아직 국내에서 수행평가는 열린교육
만큼 실적의 평가가 가능한 정도로 보급되지 않은 상태이나 앞으로도 이러
한 제한적 개념에 입각하여 보급될 것으로 예상된다. 그 이유는 열린교육
과 마찬가지로 수행평가도 한동안 지속될 교과중심 교육과정의 틀 내에서
도입되는 것이기 때문이다.

　문민정부 당시 교육개혁위원회의 교육개혁안이 발표된 이후 교육부에
의해 최종 고시되어 확정된 것은 수행평가가 교육부의 정책으로 채택되는

1998년 이전인 1997년 12월이지만 이렇게 마련된 제7차 교육과정은 영·미권 각국들처럼 국가교육과정을 국민적 수행기준 중심으로 제정 또는 개편하고자하는 정책의지를 담지는 않은 상태에서 기존 교과들을 대체로 유지하는 기조하에 이른바 열린교육을 위한 재량시간의 확보와 수준별 교육의 아이디어에 입각한 교육과정의 탄력화에 주로 치중하였다. 바꾸어 말해서 제7차 교육과정에서는, 비록 성취도기준을 강조하고 이에 의거한 절대평가를 강조하기는 하였지만 구체적으로 정보화 사회에 대비한 새로운 지식과 새로운 학습을 수행과제 형태로 반영하지는 못하였다. 교육과정의 구체화 과정에서 여전히 전통적 교과단원 중심의 지식관에 익숙한 교육과정전문가들의 손에 의해 작업이 되면서 교과중심의 교육과정관의 틀을 뛰어 넘지 못하였던 것이다.

이러한 이유로 나중에 수행평가를 도입하면서 앞의 절에서 지적한 것처럼 다시 새로운 지식관과 학습관에 부응하는 문제를 제기하게 되는 것이다. 이 과정을 검토하면 그동안의 사정을 좀 더 전체적으로 살필 수 있다.

김영삼 대통령의 문민정부는 결국 과외문제 해결을 위한 대책을 구체적으로 제시하지 못하고 정권이 바뀌고 말았다. 새 정부에서도 이 문제를 넘겨받아 씨름하게 되었으며, 이에 대한 과격한 대안으로 제시된 것이 1998년에 언론에 해자된 "2002년 대학입학의 무시험 전형"이었다. 시험을 보지 않으면 과외가 사라질 것이라는 간단하고 명료한 추론에 입각한 대안이었다. 무시험을 포함한 대안적 평가에 대한 고려는 이러한 맥락에서 고려되었고, 당시 서울시 교육청이 새 물결 운동의 일환으로 도입하고 있던 수행평가가 정부의 주목을 받게 된 이유가 여기 있었다. 전통적 시험을 대체할 대안적 평가라는 수행평가의 특징은 입학시험 없는 대학입학의 방법으로 고민하던 정부에게는 매력적인 정책대안이었다.

1999년 후반에 나온 "교육비전 2002: 새 학교문화 창조방안"라는 정책 문서는 이렇게 제시된 2002년 대입 무시험전형의 목표에 대응하여 대입내신을 위한 학교에서의 성적평가에서도 지필고사 방식의 성적 평가가 아닌 수행평가를 도입함으로써 지필평가 위주의 풍토를 바꾸고 내신과외의 해소까지 겨냥하게 된 것이다. 요약하면 한국에서의 수행평가 도입은 상급학교의 무시험전형에 맞추어 지필평가 위주의 학교성적평가를 지양함으로써 과외해소에 기여하고 공교육을 정상화한다는 지극히 한국적인 논리를 그 배경으로 하는 것이다. 교육부가 정책적으로 수행평가를 도입하기 이전에도 초등학교와 중학교에서는 수행평가가 이미 실시되고 있었으며, 이는 중학교와 고등학교 입학이 무시험으로 이루어지는 것과 직접 관련이 있는 것이다. 다음에 인용된 한 교육청의 업무자료에 진술된 내용이 이를 여실히 보여주고 있다.

> "우리 교육청에서는 '98학년도부터 **고입 무시험전형제를 전면적으로 실시함에 따라** 초등학교와 **중학교에서는 수행평가가 실시되고 있다.** 초등학교에서는 수행평가가 활발히 시행되고 있으나, 중학교의 경우는 아직은 초등학교와 같이 이루어지지 못하고 있는 실정이다.
>
> 고등학교에서는 대학입학전형에서 교과성적위주의 내신 성적이 차지하는 비중이 크기 때문에 수행평가가 실험·실습·실기를 요하는 과학, 체육, 교련, 음악, 미술, 실업·가정, 외국어와 교양선택 교과에서만 제한적으로 실시되고 있다.
> ······중략······
> 그러나 고등학교에서는 앞에서 언급한 바와 같이 대학입학전형에서 내신 성적의 반영비율이 차지하는 비중이 크기 때문에 수행평가의 공정성과 신뢰성에 대한 논란의 소지가 많아 극히 제한적으로만 실시되고 있다(인천시 교육청 업무자료 1998. 11 교육월보)."

한국 정부는 1995년 이래 교육개혁위원회의 교육개혁안이나 제7차 교육과정개혁안을 정책화하는 과정에서 비록 표면상으로는 학교의 책무성을 강조해 왔음에도 불구하고 이러한 학교의 책무성과 관련된 교육과정개혁의 국제적 맥락을 충분히 인식하지 않고 있었으며 단순히 정보화에 대비한다는 외국 교육정책 조류만을 모방했을 가능성은 충분히 있다. 국가교육과정의 개편에 당연히 동반되어야 할 교대와 사대의 교원양성과정 개편이 현재까지도 전혀 윤곽이 드러나지 않고 있는 점에서 이를 유추할 수 있을 것이다.

종합적으로 볼 때, 한국의 수행평가는 정부의 방침에 따라 실시되고 그에 의해 학생들의 공식적인 성취도 기록의 일부를 작성한다는 면에서는 전국적 수행평가와 유사하지만, 그 실행은 전적으로 학교와 개별교사들에게 맡겨져 있는 점에서는 학교 수행평가의 형식을 따르고 있다. 즉, 국가교육과정을 택하고 있는 체제에서 국가가 직접 국가성취도 검사 형태의 수행평가를 채택하지 않고 교수학습의 일환인 학교 수행평가의 이론들에 입각한 학교 수행평가형태로 수행평가가 도입되어 시행되고 있는 것이다. 그로 인해 정책의 의도와 제도의 목적이 불투명해져 있으며 이에 따른 혼란이 야기되고 있다.

한편, 한국 교육정책에 있어서는 1996년 이후 교육 형평 문제를 다루는 방식에 커다란 변화의 시도가 행해졌다. 즉, 농어촌 도서벽지 교육에 대한 특별 배려, 고교평준화, 과외금지 등 일괄적 범주적으로 교육 형평 문제를 취급하던 방식에서 벗어나 교육상의 불이익 집단을 구체적으로 겨냥하는 정책이 도입되기 시작한 것이다. 1997년 교육부가 발표한 교육복지 종합대책이 그 대표적인 사례이다. 이 교육복지종합대책은 학업중도 탈락생, 학습부진학생, 장애학생, 유아, 해외체류 후 귀국 학생의 다섯 학생 집단을 대상으로 교육 형평 차원의 선진국형 교육정책을 시도한 것으로서 그동안의 교육정책과는 다른 새로운 관점이 도입되는 계기가 되었다. 이러한 흐름은 1998년 당시 김대중 대통령 후보의 교육부문 대통령 선거공약에서 더욱 뚜렷해진다.

그럼에도 불구하고, 수행평가의 도입에 따른 1999년의 정책논의에서는 이러한 교육의 평등이나 형평 차원의 논의는 전혀 겉으로 표면화되지 않았다. 다만 창의성과 사고력 제고, 전인 교육 등 그동안의 교육정책에서 반복적 의례적으로 강조되던 추상적 용어들이 수행평가 정책의 목표를 제시하고 뒷받침하는 수사로서 활용되었을 뿐이었다. 수행평가의 정책적인 도입과 보급 과정에서 일어나는 혼란의 많은 부분은 바로 이러한 논의 부족에 따른 정책의 불투명성에 기인하는 것이다. 한국 교육에서 수행평가의 성공적 발전을 위해서는 이제라도 이 문제에 대한 공개적 논의가 시작되어야 할 것이다.

이 책에서는 이상과 같은 배경하에 정책적으로 도입되었으나 많은 무리와

혼선을 낳았던 수행평가를 세계적인 교육개혁 동향과 한국의 교육개혁이라는 변화의 맥락 속에서 그 의미를 정확히 평가하고 더 나아가 과연 한국이라는 상황에서 과외해소에 기여하여 교육정상화를 가져올 것이며 보다 더 평등한 교육을 구현할 것인지에 대한 관심에서 출발하였다. 구체적으로 수행평가와 교육의 형평의 관계를 한국교육의 맥락 속에서 검토하고자 한다.

우리나라 수행평가 정책의 현황과 문제점

이미 지적하였듯이 정부의 교육과정개편과 상관없이 열린교육이 초등학교에서 본격 실시되면서 이미 초등학교에서는 수행평가가 함께 보급되기 시작하였다. 교육청들이 점차 초등학교에서의 시험점수에 의한 성적표기 지양방침을 밝히면서 자연스레 초등학교에서의 평가는 수행평가 방식으로 변화하지 않을 수 없었던 것이다. 이를 반영하여 다음 도표에서 보는 것처럼 초등학교교사들은 비교적 수행평가에 적극적인 태도를 보여주고 있다 (교육과정평가원, 1999). 즉, 중등 교사들은 대다수가 30% 이상 수행평가를 반영하고자 하였던 교육부의 당초방침에 회의적인 반면 초등 교사들은 반 이상이 50% 이상 수행평가에 의하는 것이 바람직하다고 보고 있는 것이다.

<표 2-4> 교사별로 적절하다고 생각하는 수행평가 반영비율

	70%이상	60-70%	50-60%	40-50	30-40	30 미만	계	x^2
초등학교	156(19.00)	145(17.66)	206(25.09)	158(19.24)	56(6.82)	100(12.18)	821(100)	
중 학 교	45.4(4.89)	33(3.58)	37(4.02)	95(10.31)	214(23.24)	497(53.96)	921(100)	50.82 *
고등학교	33(4.00)	22(2.67)	45(5.22)	86(10.44)	212(25.73)	428(51.94)	824(100)	
계	234(3.13)	200(7.79)	286(11.15)	339(13.21)	482(18.78)	1025(39.95)	2566(100)	

초등교육의 이러한 비교적 순조로운 변화는 대학입시에 대한 압박으로 변화가 어려웠던 중등교육을 변화시키기 위한 전략에 교육정책당국의 관심을 돌리게 만들었다. 중등교육에서는 대학입학시험에 기인한 교과별 체제와 지필평가를 벗어나지 못하는 한, 초등교육에서와 같은 교육과정과 수업의 변화가 불가능했기 때문이다.

교육변화와 개혁의 기치를 높이고 있던 교육정책당국은 여기에서 바로 앞서 지적한 대학입시 문제의 무시험 방식에 의한 해결과 그의 선행 조건으로서 평가방식의 전환을 시도하게 된 것이다. 즉, 초등학교의 경우 열린교육의 확산에 따라 평가방식의 전환이 수반되기 시작한 반면 중등교육에서는 평가방법의 전환을 먼저 시도함으로써 교육의 변화를 꾀하는 정책을 시도한 것이다.

1980년 대 후반 이후 선진국들의 국가주도 교육과정개혁 움직임은 국가적 평가체제의 확립을 그 주요 수단으로 하고 있다. 이를 통해 아직까지도 대학의 영향을 크게 받고 있던 중·고등학교 교육 내용에 정부가 깊이 개입하게 되었으며 그 결과, 대학과 정부가 중등교육 내용을 둘러싸고 갈등을 빚는 형국이 초래되었다. 한국에서 수행평가를 중등교육개혁의 수단으로 인식하고 이를 정책에 반영하기 시작한 것은 중등 교육과정을 둘러싸고 선진국에서와 같은 대학과 정부 간의 다툼의 양상과 궤를 같이 한다.

다만, 1999년에 도입된 한국의 수행평가는 교육과정 기준으로서의 수행 과제에 대한 고려가 도외시 된 채 단지 평가방법상의 변화로만 인식되었다. 즉, 이렇게 도입된 수행평가는 수행평가가 전제로 하는 교육과정 목표의 실질적인 변동을 동반한 것이 아니었으며 이는 중 고등학교 교육과정을 지배하는 대학과 이의 변화를 시도하는 선진국 정부 간의 갈등이 한국에서는 의도적으로 회피되었음을 의미한다. 따라서 현재와 같은 수행평가는 그 정책목표가 불분명한 상태에 있으며, 이에 기인하는 혼란은 결국 수행평가를 개별 학교와 교사들이 현장에서 전통적인 교수학습의 보완 차원에서 임의로 실시하는 임의평가로 귀착시키고 말 것이다.

학교에 수행평가를 보급하는 데 가장 영향을 많이 미치는 것은 역시 교육부의 학생부 관리지침과 각 시·도 교육청에서 정하는 학교 급별 학업성적관리 시행지침이다. 이러한 지침들은 기본적으로 수행평가를 교과학습발달상황평가 즉, 학교생활기록부에 기재되는 교과성적평가의 산출과정의 일환으로 간주하고 있으며 이에 따라 양식화된 과목별 성적 기재란에는 지필평가와 나란히 수행평가란이 마련되어 있다. 학교수준에서는 학교 자체 교육계획의 일환으로 평가계획이 수립된다. 이를 위해 각 교과별로 위원회가 구성되어 평가 관리와 계획 기능을 수행하고 있다. 이렇게 실시되고 있는 학교 수행평가의 현재까지 드러난 문제점과 실태를 교육과정평가원의 1999년 조사연구 결과에서 드러난 사실들을 기초로 개괄하자면 다음과 같다.

우선 수행평가의 도입은 학교관료제의 비대화를 가져오고 있다. 즉, 수행과제 및 평가 기준의 개발이 원칙적으로 학교의 책임으로 남겨져 이를 위한 학교 내 관료적 절차와 작업이 급격히 늘어난다. 많은 교사들이 이에 따른 업무부담과잉을 문제시하고 있다.

둘째로, 학생들의 방과 후 과제 부담이 급격히 늘어나면서 학부모의 자녀에 대한 도움이 절실해진다. 이는 근본적으로 교사가 부과하는 수행과제가 학교의 시간표에 따른 수업시간 내에 수행하는 것이 불가능하기 때문이다.

셋째로, 수행평가가 교사의 평가결과에 따라 성적에 반영되면서 교사에 대한 학부모와 학생의 의존과 평가의 공정성에 대한 의심이 확산되고 있다. 이는 미국에서 수행평가의 형평성에 대한 불만이 초래되는 것과 근본적으로 궤를 같이 하는 것이다.

이상과 같은 학교현장에서 수행평가의 문제점을 이용숙(2000)은 문화기술적 관찰연구를 통해 ① 수행평가＝성적이라는 오해, ② 수행평가＝숙제라는 오해, ③ 수행평가＝실기평가라는 오해의 세 가지로 정리하였다. 그러나 수행평가가 성적평가라는 것은 오해가 아니라, 현실적으로 살아 있고 집행되고 있는 정책이다. 이러한 살아있는 수행평가정책에도 불구하고 그에 따른 집행에 있어 기존 학교 교육과정 및 교수학습방법이 이와 상충되는데서 문제가 야기되고 있는 것이다.

수행평가의 도입이 열린교육의 확산에서 촉진된 것을 감안하면 열린교육이 기존 교육과정과 충돌하면서 국내에 적응해온 과정을 살피는 것이 수행평가의 경우에도 참고가 될 것이다. 이미 지적한 것처럼 한국의 열린교육만 하더라도 이런 이유로 교수·학습 방식에 관계된 한에서 기존 교과 교육과정 속에서 부분적으로만 실행되고 있는 것이다. 그 결과, 한국의 열린교육 옹호자들은 교과중심 교육과정체제와 일종의 타협을 거친 관점을 가지고 있다. 즉, 열린교육은 학습자의 자기주도적 학습을 강조하지만, 학습주제의 선택에서부터 학습자의 자기주도성을 강조하는 학습의 본래적 의미와는 달리 한국의 열린교육은 교과의 주어진 학습주제를 기초로 한다고 주장하면서 교과교육으로서의 열린교육을 강조하고 있다. 그리고 이 점에서 서양의 열린교육과는 다른 특성을 보이고 있다고 주장한다. 일례로 한국의 열린교육을 이인효(1998)는 다음과 같이 설명한다.

> "열린교육은 **기본적으로 교과를 중시하면서 방법에 있어서** 개개 아동의 능력과 관심을 존중하고, 학습에 대한 내재적 흥미를 북돋기 위한 문제의식에서 출발한 교육이다. 그러한 의도를 실현하기 위해 열린교육에서는 지적·정의적·운동감각적 능력을 총체적으로 경험할 수 있도록 교육내용과 학습 환경을 구성하고, 교육과정 편성, 학습집단 구성 방법 등을 유연하게 운영한다. 이 연구에서는 열린교육의 의도와 방법상의 특징을 요약하여 열린교육을 다음과 같이 정의하였다. '열린교육은 학습자의 학습속도와 관심에 있어서의 개인차를 존중하고, 내재적 흥미에 의해 자율적으로 학습해 나가도록 하기 위해 교육과정 편성 및 학습집단 편성을 유연하게 운영하는 총체적 자율화 교육'이다."

이러한 열린교육 이해 방식의 특징은 열린교육을 기존 교과 교육과정과의 관계하에서 제한적으로, 즉 학습주제의 선택과는 비교적 무관한 교육방법상의 기능적 관점에서 인식하고 있다는 점이다. 열린교육에 대한 국내에서의 이러한 개념정립은 국내 현장교육의 현실을 감안한 현실적 접근방식을 반영한다. 그러나 이러한 열린교육의 개념은 학습자의 자기주도성과 지식의 통합적 개념을 전제로 하는 열린교육의 교육철학을 그 교수·학습 방법과 분리하여 교수·학습상의 외양만을 받아들인 것이다.

그런데 수행평가의 문제에 이르면 기존 교육과정과의 충돌은 열린교육보다도 더욱 심각해진다. 특히, 한국 학업성적관리지침에 규정된 바와 같이 학생의 성취도에 관한 정보로서의 수행평가기록은 단순히 교수·학습의 효과적인 촉진 방법을 넘어선 총괄평가의 성격을 지니며 교육의 목표 및 내용과 직결될 수밖에 없다.

다음의 교사 설문 결과 요약 도표가 보여 주는 것처럼 67%를 넘는 교사들이 수행평가의 용도를 성적에 반영하는 것으로 이해하고 있으며 이는 정부 정책의 결과이기도 하다. 즉, 한국에서 수행평가는 그 기능 면에서 볼 때 형성평가라기보다는 총괄평가의 성격을 지니고 있는 것이다.

〈표 2-5〉 수행평가 결과의 활용

	성적에 반영	학생학습 동기강화	학습 결과 확인	교수-학습 방법 개선	활용 안함	계	x^2
서울＋광역시	940(67.87)	126(9.10)	167(12.06)	129(9.31)	23(1.66)	1385(100)	
도 지 역	799(66.31)	112(9.29)	182(15.10)	81(6.72)	31(2.57)	1205(100)	12.61 *
계	1739(67.14)	238(9.19)	349(13.47)	210(8.11)	54(2.08)	2590(100)	

* $P < .05$

이와 같이 수행평가가 학교학업성적 정보의 용도로 사용되는 상황에서는 먼저 공식적 교육과정이 정하는 교육의 목표와 내용부터 수행과제 형태로 재구성되지 않으면 진정한 열린교육과 수행평가는 불가능하다. 먼저 교과 통합적 수행기준(performance standards) 중심으로 교육과정의 전면 개편이 이루어지지 않으면, 열린교육과 수행평가는 한편으로는 교수·학습방법, 다른 편으로는 평가방법 차원의 파편화된 수단으로 전락하여 교육과정, 교수학습방법, 교육평가의 삼자 간에 갈등과 무리를 낳는 것이다.

〈표 2-6〉 담당 교과목의 교육 목표 구현에 있어서 수행평가의 기여 정도

	매우 도움 됨	도움 됨	보통	도움 안 됨	전혀 도움 안 됨	계	x^2
초등학교	41(4.88)	271(32.22)	379(45.07)	116(13.79)	34(4.04)	841(100)	
중학교	37(4.00)	260(28.14)	404(43.72)	176(19.05)	47(5.09)	924(100)	41.89**
고등학교	29(3.52)	228(27.64)	318(38.55)	178(21.58)	72(8.73)	825(100)	
계	107(4.3)	759(29.31)	1101(42.51)	470(18.15)	153(5.91)	2590(100)	

* * P〈.01

〈표 2-7〉 수행평가의 지속적 실시를 통한 수업의 개선 여부

	매우 그렇다	그렇다	보통이다	그렇지 않다	전혀 그렇지 않다	계	x^2
초등학교	17(2.01)	302(35.74)	329(38.93)	157(18.58)	40(4.73)	845(100)	
중학교	12(1.30)	272(29.41)	371(40.11)	235(25.41)	35(3.78)	925(100)	30.86**
고등학교	13(1.57)	264(31.96)	295(35.71)	192(23.24)	62(7.51)	826(100)	
계	42(1.62)	838(32.28)	995(38.33)	584(22.50)	137(5.28)	2596(100)	

* * P〈.01

교육과정평가원이 교원들을 대상으로 시행한 교육실태 설문조사에 나타난 위의 두 요약표를 보면 한국의 수행평가가 교육방법상의 개선 측면에서만 어느 정도 기여를 할 뿐, 교육목표향상 측면에서는 성과가 크지 않음이 드러나고 있다. 이는 바로 많은 교사들이 수행평가를 방법적인 측면에서만 이해하고 수용한 데서 오는 당연한 결과이다.

이상과 같이 수행평가가 교육목표와 유리되어 평가방법상의 문제로만 인식이 되는 것은, 한국 국가교육과정 자체가 핵심기능 중심의 수행기반교육과정(Performance-based Curriculum)이 아닌 교과형 교육과정이기 때문이다. 김주환(1998)은 더 나아가 현행의 교과서들은 정말 중요한 것을 가르치고 확인하려는 수행평가에 부적절하며, 강의와 설명위주의 수업방식은 수행평가가 지향하는 능동적 학습태도와 어울리지 않는다고 지적하고 있다.

이런 상황에서의 수행평가는 해당 교과 수업 내에서 교사가 개발하여 학생에게 부과하는 수행과제를 중심으로 행해지게 된다. 우리 학교현장에서 흔히 학생들에게 집에서 해올 숙제를 부과하고 그 숙제검사를 하는 것이 수행평가인 것으로 교사와 학생들에 의해 오해되는 이유가 여기에 있다. 실제로 학교현장의 교사들이 직면하는 근본적인 어려움은 교과중심의 교육과정에 포함된 많은 학습내용들을 수행과제 형태로 전환하고 이를 평가하는 평가방법을 개발해서 활용한다는 것이 제한된 학교 교육과정 시 수 내에서는 근본적으로 불가능하다는 점에 있다. 교사들은 능력이 닿는 만큼 부분적으로 수행평가를 일부 이용하면서 최선을 다하는 수밖에 없는 상황에 놓여 있다.

수행평가의 보급 현장 전문가의 다음과 같은 진술은 바로 교과 교육과정 체제하에서 보급되는 수행평가의 한계를 잘 나타내 주고 있다.

> "따라서 遂行評價의 이론에 부합된 수행평가방법을 평가 전반에 걸쳐 一括適用하기에는 무리가 있으므로 수행평가의 精神은 적극적으로 살리되, 각 학교의 實情에 따라 적절한 방법과 良質의 問項을 開發하여, 점차적으로 實行해 나가도록 하는 것이 바람직하리라 생각된다. 교수－학습 평가는 학생의 발달을 돕기 위한 教育的 行爲의 일부분이 되어야 하며, 교수－학습의 과정에서 가장 중시되어야 할 것이 教師와 學生 사이에 인간적인 信賴의 構築이라는 사실을 명심하시고 수행평가 현장 지도에 최선을 다해 주시기 바란다."(모 교육청 학무국장의 교사연수 인사말 중에서 발췌)

열린교육이 교육의 근본적인 목적인 지식과 학습에 대한 재평가에 입각하여 학습주제를 다루는 관점의 근본적 변화를 도외시 한 채 기능적인 방법상의 혁신으로 축소된 것처럼, 열린교육 확산의 배경하에 한국에 도입되기 시작한 수행평가의 경우도 수행평가의 기초가 되는 학습관과 지식관에 입각한 평가목적과 수행과제의 변화에 대한 성찰이 결여된 채 행해지고 있다.

이상에서 한국에서 실시되고 있는 수행평가 상황을 약술하였다. 이러한 수행평가는 학교단위에서 교사들에 의해 준비되고 시행된다는 점에서 "학교 수행평가"라고 명명할 수 있다. 한국에서 학교 수행평가 정책과 그에 따른 수행평가의 시행상황을 보면, 당초부터 명확하게 정의된 수행평가의 개념과 명료화된 정책목표가 결여되어 있었음을 알 수 있다. 즉, 수행평가가 단지 수업방법의 개선을 위한 것인지 아니면 새로운 지식관에 입각하여 지식과 학생을 새로운 방식으로 평가 분류하려한 것인지 그 진정한 목표가 불투명한 상황에서 교사와 학교에 강권된 결과 학생의 성적으로 수행평가 결과를 기록하게 되어 있는 정부의 학생부관리지침과 교수-학습의 수단으로 보고 있는 교육전문가들의 수행평가 인식이 서로 어긋나고 있다.

또한, 수행평가가 "공교육 정상화"와 "새학교문화"라는 추상적 목표 진술하에 도입됨으로써, 그것이 한국 교육에서 수월성의 기준을 새롭게 제시하고 이에 대한 학교의 책무성을 확립하려 한 것인지 아니면 과외 등 사교육으로 인한 교육의 형평성과 기회균등 훼손을 방지하려한 것인지가 불분명하다. 이러한 정책 목표가 뚜렷했다면 학교에서의 성적 처리에 수행평가를 도입하기 이전에 먼저 직접적인 국가관리하에 있는 대학입학 수능시험부터 먼저 수행평가 방식으로 전환하는 것이 바른 순서였을 것이다. 국가관리하의 수능시험조차 수행평가가 아닌 전통적 평가방식을 취하고 있으면서 개별 학교에서의 성적 관리부터 수행평가 방식을 도입하는 것은 전국 학교를 대상으로 하는 실험적 성격을 띨 수밖에 없다. 그에 따른 혼란이 상당기간 지속되는 것은 피하기 어렵다.

수월성과 형평성은 교육정책에서 가장 근본적인 두 이념이다. 이 교육정책 이념과의 관련성을 분명히 하지 않음으로써, 수행평가의 정체성이 모호해지고 정책에 대한 정당화와 정치적 지지 획득에 근본적 장애에 부딪치는 것이다. 한국에서 시행되는 학교 수행평가는 아직까지는 향후 어떤 모습으로 어떠한 기능으로 정착될지 모르는 무정형(amorphous)의 제도로 운용되고 있다고 보여진다.

이미 서론에서 언급한 것처럼 한국에서는 지필평가의 공정성과 형평성에 대한 믿음과 이에 입각한 교육의 평등이라는 관념이 깊이 뿌리박고 있다. 이러한 상황에서 수행평가를 도입하려면 단순히 공교육정상화라는 추상적 논거를 넘어서 새로운 평가방식이 지필평가와 무엇이 다르며, 어떤 장점을 지닌 것인지에 대한 분명한 논거와 함께 교육의 형평 문제를 악화시키지 않는다는 믿음이 경험적 증거와 함께 동반되어야 할 것이다.

다음 장 이후에서는 이러한 입장에서 수행평가의 성격 및 교육의 형평에 미치는 효과에 대하여 조사한 한국의 자료를 기초로 이를 경험적으로 논의 검토 하고자 한다.

Ⅲ. 학습성취의 다양성과 이질성

우리나라 학생과 학부모 더 나아가 정책당국을 괴롭히는 학생 점수 문제의 하나는 이른바 내신 성적과 수능성적 간의 차이점이다. 내신 성적이 좋아도 수능성적은 신통치 않은 경우가 많으며 반대로 수능성적은 뛰어나나 내신 성적은 좋지 않은 경우가 허다하다. 이런 경우에 접한 학생과 학부모의 태도는 다양하다.

좋은 수능점수에 비해 나쁜 내신 점수를 받은 학생의 부모는 내신제도가 잘못되었다고 비판한다. 이들이 대체로 고교등급제의 지지자들이다. 우수한 자신의 자녀가 우수한 학생들이 모인 학교에 있었기 때문에 내신 성적이 나빠졌으므로 이를 감안하여 내신 성적을 상향 평가해야 한다는 것이다.

좋은 내신 성적에 비해 수능성적이 나쁜 학생들과 그 학부모는 수능시험이야말로 과외를 야기하는 잘못된 시험이라는 주장과 함께 수능시험폐지론에 앞장선다.

서로 다른 방법과 도구에 의해 산출된 점수들 중에 어느 것이 좋고 어느 것이 좋지 않으냐 하는 것은 근본적으로 가치관의 차이에 귀착된다. 모든 시험점수는 서로 다른 것을 측정하고 있으며 다만 그것뿐이다. 따라서 점수를 활용하는 자의 가치관에 따라서 가장 적절하다고 생각하는 점수를 활용하면 되는 것이다. 가장 잘못된 것은 학생들의 자질과 학습성과를 고정적인 것으로 절대화하고 이를 가장 잘 반영하는 시험점수가 그에 대응하여 존재할 것이라고 속단하는 것이다. 즉 시험점수에 대한 물신적 숭배에서 벗어나지 못하는 것이 가장 잘못된 것이다.

1. OECD 국제학생성취도 평가(PISA)와 한국의 학생성적

PISA 성취도 검사와 그 내용

OECD/PISA(program for student achievement)는 1998년부터 2006년까지 9년에 걸쳐 2000년, 2003년 2006년 3년 주기로 3번 실시되는 국제적으로 표준화된 검사를 통해 세계 만 15세 학생들의 읽기, 수학, 과학의 성취도를 측정하여 각국 교육의 성과를 평가하고 관련 변인들을 함께 조사하여 정책적 시사점을 도출하려는 목적을 가지고 수행된다. 이 조사의 특징은 그동안 학교에서 중시해온 아카데믹한 교육 내용이 아닌 실생활능력 중심의 학생의 역량을 평가함으로써 각국의 학교교육과정을 실생활 중심의 수행 역량 기반으로 변화시키려는 장기적인 목표를 가지고 있다.

OECD/PISA는 대부분의 국가에서 의무교육종료 연령인 만 15세 학생들을 대상으로 조사하며 지역적 분포, 교육기관 유형 별로 할당하여 해당 국가의 학생 전체를 대표할 수 있는 층화표본을 국가별로 4,500-10,000명을 선정하게 되어 있다.

이 OECD/PISA 연구에는 OECD 회원국 중심으로 전 세계 32개국이 참여하고 있으며 한국은 1998년 시작 당시부터 참여하여 왔다. 사업 진척은 1999년 샘플문항 개발을 완료하여 시험테스트를 거쳐 2000년 8월에 제1회 테스트가 있었으며 2003년에 제2회 테스트가 실시되었다. 2000년 테스트에 추가로 참가한 국가들을 포함한 그 중간보고서(PISA plus)를 포함하여 3회의 보고서나 나왔으며 2006년의 제3회 테스트가 계획되어 있다.

PISA에 각국이 참가를 결정 당시 가장 주저해야 했던 점은 PISA의 측정 내용이 철저히 실생활에서의 수행 능력을 목표로 함으로써 지금까지 각국에서 수행되던 전통적인 학교학습 내용과는 상당히 동떨어진 내용이어서 결과 예측이 불가능했다는 점에 있다. 다음에서 그 문항사례들을 검토해

봄으로써 PISA의 내용이 얼마나 전통적 학습내용과 차이가 있는지를 짐작할 수 있을 것이다.

읽기 능력 검사 사례

마콘도

너무나 놀라운 여러 가지 발명품들 때문에 어리둥절해진 마콘도 사람들은 이러한 경이로움이 어디에서 시작되었는지 알지 못했다. 그 지역을 두 번째로 운행하던 기차를 타고 온 아우렐리아노 트리스테가 가지고 온 발전 설비로부터 전기를 공급 받아 희미하게 빛나고 있는 전구를 바라보며 그들은 밤을 새웠다. 그들이 그 설비로부터 끊임없이 나오는 '퉁퉁'소리에 익숙해지는 데는 많은 시간과 노력이 필요했다. 그들은 부유한 장사꾼인 돈 브루노 크레스피가 운영하는 극장으로 영화를 보러 갔다. 영화관의 매표소는 사자 모양으로 꾸며져 있었다. 사람들은 그 영화에 나오는 등장인물들의 살아있는 모습에 화가 났다. 왜냐하면 다른 영화에서 죽어서 사람들로 하여금 비탄의 눈물을 쏟게 했던 바로 그 인물이 다음 영화에서는 살아서 아랍사람으로 다시 나타났기 때문이다. 배우들의 고통을 공감하기 위해서 영화 한 편당 2센타보[23]를 지불하였던 관객들은 그런 기이한 사기 행각을 참을 수 없게 되자 의자를 부수었다. 돈 브루노 크레스피의 간청에 따라 시장은 성명서를 발표했다. 이 성명서에서 시장은 영화란 기계가 만들어 내는 허구이므로 관객들이 감정적으로 격노할 가치가 없다고 설명했다. 성명서의 내용에 몹시 실망한 사람들은 새롭고 현란한 집시 산업에 농락당했다고 생각하게 되어 다시는 영화를 보러 가지 않겠다고 결심하였다. 그들 자신은 이미 너무나 많은 고통을 겪었기 때문에 가상 인물이 연출해 내는 불행에 슬퍼할 여력이 없다고 생각했기 때문이다.

앞은 어느 소설에서 인용한 글이다. 이 글에서는 마콘도라는 가상의 마

---

23) 센타보: 화폐 단위.

을에서 기차와 전기가 들어온 지 얼마 되지 않았고, 최초의 영화관이 문을
열었다고 하고 있다.

이 글을 참고하여 다음 물음에 답하시오.

문제1: 마콘도   R061Q01- 0 1 2 9
마콘도 사람들은 영화의 어떤 특성 때문에 화가 났는가?

문제2: 마콘도   R061Q03
이 글의 끝 부분에서 마콘도 사람들은 왜 영화를 다시 보지 않겠다고
결심했는가?

A 그들은 유흥과 오락을 원했는데 영화는 사실적이고 우울했다.
B 그들은 입장권을 살 돈이 없었다.
C 그들은 실제의 삶에서 일어날 일을 위해 감정을 아껴두고 싶어 했다.
D 그들은 영화와 자신의 감정을 일치시키기를 원했는데 영화는 지루하
고 설득력이 없으며 수준이 낮음을 알았다.

문제3: 마콘도   R061Q04
이 글의 마지막에 나오는 '가상 인물'은 누구를 가리키는가?
A 유령들
B 놀이동산 인물들
C 영화의 등장인물들
D 배우들

문제4: 마콘도   R061Q05- 0 1 9
영화의 가치에 대해 마콘도 사람들이 내린 최종적인 판단에 대해 동의
하는가? 영화에 대한 여러분의 태도를 마콘도 사람들의 태도와 비교하여

설명하시오

교환 학생이 알아두어야 할 사항

1. 성공적으로 1년을 보내기 위해서는 긍정적인 태도와 새로운 것을 배우려는 욕구를 가져야 한다.
2. 남과 다르다는 것은 재산이다. 자신의 개성을 유지하라!
3. 현지의 문화는 **자기 나라의 문화와 다르다는 것을 받아들이고** 존중하라. 관용적인 자세를 취하라!
4. **자기 나라에 대해 소개하라.** 소책자나 사진 같은 여러 자료를 가지고 가라. 고향에 대한 자료도 잊지 말고 준비하라.
5. 학교에서 제공하는 다양하고 재미있는 자유시간 활동에 모두 참여하라.
6. 좌절을 맛보는 것도 교환 학생이 겪는 경험의 일부이다. 낙담하지 말고 긍정적인 경험으로 인식하라. **이런 과정에서도 배울 점이 있다!**
7. 여러분이 어떻게 하느냐에 따라 교환 학생 생활의 성공 여부가 달려 있다. 이런 각오로 행동하라!
8. 어려울 때에도 미소를 읽지 말아라!
9. 어려움에 봉착할 경우, **누군가로부터 조언을 구하라.** 여러분은 혼자가 아니다!
10. 실수를 두려워하지 말라. 처음부터 망설이지 말고 그 나라 말을 하라. 그러면 당신이 하는 말을 사람들이 이해한다는 것을 알게 될 것이다.
11. "Please"나 "Thank you"와 같은 말은 의사소통에서 중요한 역할을 한다. 이런 말을 자주 사용하라!
12. 교환 학생으로 보낸 시기가 생애 최고의 해라고 할 만큼 충분히 즐겨라.
13. 교환 학생 생활이 끝난 후, **'이건 끝이 아니야, 시작일 뿐이야!'**라고

생각하라.

14. 귀국한 후에도 교환 학생 시절에 사귄 친구들을 잊지 말고, **계속 연락을 취하라!**

교환 학생이 알아두어야 할 사항에 대한 위 글을 읽고 다음 물음에 답하시오.

문제18: 교환 학생이 알아두어야 할 사항 R228Q01

이 안내에서 강조하는 바는 무엇인가?

A 자기 나라를 대표하는 훌륭한 외교관 역할을 하는 것
B 방문한 나라에서 같이 살게 된 가족과 좋은 관계를 유지하는 것
C 방문한 나라에서 가능한 많은 친구를 사귀는 것
D 교환 학생 프로그램에 관련된 모든 사람이 좋은 경험을 하게 하는 것

문제19: 교환 학생이 알아두어야 할 사항 R228Q02

이 안내의 2번 항목이 뜻하는 바와 가장 가까운 것은 무엇인가?

A 자기 주변의 문화에 맞추려고 노력하라.
B 개성이 드러날 때, 더 흥미로운 사람으로 인식될 것이다.
C 방문한 나라의 문화에는 신경 쓰지 마라.
D 아무리 노력한다 해도, 다른 사람과 같을 수는 없다.

문제20: 교환 학생이 알아두어야 할 사항 R228Q04

이 안내의 13번 항목에 나오는 "시작일 뿐이야!"란 말은 무슨 뜻인가?

A 새로운 학년이 시작된다.

B 다른 학생들이 교환 학생 생활을 시작하려고 한다.

C 낯선 환경을 접하려는 참이다.

D 교환 학생 기간이 끝나고 귀국했을 때 생활은 이전과 다를 것이다.

자전거 사용자설명서 지문제시 후

앞의 자전거 사용자 설명서를 읽고 다음 물음에 답하시오.

문제40: 자전거   R238Q01- 0 1 9

이 글에 따르면, 자전거의 안장 높이를 정확히 맞추려면 어떻게 해야 하는가?

문제41: 자전거   R238Q02- 0 1 9

자전거를 조립할 때 조립 설명서대로 꼼꼼하게 따라 해야 하는 이유를 설명하는 문장에 밑줄을 그으시오.

인사부의 안내공고문안 제시 후

앞에 제시된 인사부의 안내문을 참고하여 다음 물음에 답하시오.

문제42: 인사부   R234Q01- 0 1 9

이 글에 따르면, **길라잡이 센터**에 관해 더 자세한 정보를 얻을 수 있는 곳은 어디인가?

문제43: 인사부   R234Q02- 0 1 9

길라잡이 센터가 구조 조정으로 인하여 실직할 위기에 처한 직원들을 도울 수 있는 방법 두 가지를 쓰시오.

냉장고 보증서 문안 제시 후
앞의 냉장고 보증서를 읽고 다음의 물음에 답하시오.

문제44: 냉장고 보증서   R241Q01- 0 1 9
구입한 냉장고에 대한 제품 보증을 받으려면 어떻게 해야 하는가?

문제45: 냉장고 보증서   R241Q02- 0 1 9
1년 보증과 5년 보증의 주요 차이점은 무엇인가?

탐구능력 문항사례

다음 글을 읽고 물음에 답하시오.

지구의 기온 상승

지난 세기 동안 지구의 평균 기온이 상승했다. 신문과 잡지에서는 이고 종
종 설명하고 있산화탄소 배출량의 증가가 이러한 기온 상승의 주범이라다.

문제46: 지구의 기온   S269Q01- 0 1 9
지구의 기온 상승에 의한 영향 중의 하나로 남극과 그린랜드를 덮고 있
는 빙하가 녹는 것을 들 수 있다. 이렇게 극지방의 빙하가 녹음으로써 해
안이나 해안 부근에 위치한 여러 나라에 광범위한 영향을 줄 수 있다.
이러한 광범위한 영향이란 무엇인가?

문제47: 지구의 기온   S269Q03-01 02 11 12 99

1997년과 1998년에 인도네시아에서는 엄청나게 큰 산불이 발생하였다.
이 산불로 인하여 대기 중에 있는 이산화탄소의 양이 약간 증가하였다. 그
이유 중의 하나는 유기물이 타면서 이산화탄소가 발생하기 때문이다.

산림이 손실되면 대기 중에 있는 이산화탄소의 양이 증가하게 되는 또 다른 이유 하나를 쓰시오.

다음의 학술 논문을 읽고 물음에 답하시오.

주파수 맞추기

하루에 두 시간 이상 헤드폰으로 음악을 듣고 일주일에 한 번 이상 디스코텍을 가는 학생들은 평균 10데시벨* 정도 청력이 감퇴한다는 연구 결과가 나왔다. 청력이 감퇴한 학생들은 대개 주파수 3킬로헤르쯔**에서 6킬로헤르쯔 사이의 소리를 잘 듣지 못하게 된다. 인간은 주파수 20헤르쯔(0.02킬로헤르쯔)에서 15킬로헤르쯔 사이의 소리를 들을 수 있으며, 특히 1킬로헤르쯔에서 6킬로헤르쯔 사이의 소리를 가장 잘 들을 수 있다. 청각 작용에 대해 연구하는 박수종 박사는 "이 주파수가 중요한 이유는 사람의 목소리도 이 주파수 범위에 있기 때문이다."라고 말한다.

인간의 귀는 소리가 어느 방향에서 들려오는지 알아낼 수 있다. 이 현상을 더 잘 이해하기 위해 박수종 박사는 현재 작은 파리의 일종인 **오르미아 오크라세아**의 청력에 대해 연구하고 있다. 이 파리들은 귀뚜라미의 몸에 알을 낳는다. "귀뚜라미 울음소리의 주파수는 2킬로헤르쯔에서 7킬로헤르쯔 범위에 있다. **오르미아 오크라세아** 파리는 이 주파수의 소리를 정확히 들을 수 있다. 그러나 파리가 귀뚜라미 몸에 알을 낳기 위해서는 단순히 '야, 저기 귀뚜라미가 있구나.'라고 아는 것만으로는 부족하다. 파리는 넓은 뜰에 있는 귀뚜라미 한 마리의 위치를 정확히 파악하여 그 몸에 알을 낳을 수 있어야 한다."라고 박수종 박사는 설명하였다. 박수종 박사는 실험실 양 끝에 스피커를 설치하고 귀뚜라미 소리를 낼 때, 파리가 어떻게 움직이는지 관찰했다.

 * 데시벨: 소리의 단위 ** 헤르쯔, 킬로헤르쯔: 주파수의 단위

문제52: 주파수 맞추기　　　　　　　　　S131Q02-01 02 03 11 12 99

3-4행을 보면 청력이 감퇴한 학생들은 대개 주파수 3킬로헤르쯔에서 6킬로헤르쯔 사이의 소리를 잘 듣지 못하게 된다고 설명하고 있다.

이 주파수 범위의 소리를 못 듣는 것이 특히 문제가 되는 이유는 무엇인가?

문제53: 주파수 맞추기　　　　　　　　　S131Q04-01 02 03 04 11 99

17-18행에는 박수종 박사의 실험을 설명하고 있다.

박수종 박사가 파리의 움직임을 관찰하는 이 실험을 통해 검증하려고 했던 주된 아이디어는 무엇인가?

세멀웨이즈의 일기 2

세멀웨이즈 박사가 근무하던 병원에서는 사체 해부가 이루어졌다. 죽은 사람의 몸을 해부하여 그 사람이 왜 죽었는지를 알아내기 위해서였다. 세멀웨이즈 박사의 기록에 의하면, 제1병동의 의과 대학 학생들은 대개 그 전날 죽은 산모의 해부 실습에 참가하고 나서, 곧바로 갓 아기를 출산한 산모를 진찰했다고 한다. 그 학생들은 해부 실습 후 자신들의 몸을 소독하는 것에 큰 신경을 쓰지 않았다. 심지어 일부 학생들은 해부 실습실에서 일할 때 몸에 밴 냄새를 열심히 일한 증거로 자랑스럽게 여기기조차 하였다.

세멀웨이즈 박사의 동료 의사 중 한 사람은 사체 해부 중에 칼에 베인 상처로 인해 사망하였다. 그의 사체를 해부한 결과 산욕열로 인하여 사망한 산모와 같은 증상을 보이고 있음이 드러났다. 이때 세멀웨이즈 박사에게 새로운 생각이 떠올랐다.

문제55: 세멀웨이즈의 일기　　　　　　　　　　　　　S195Q04

세멀웨이즈 박사의 새로운 생각은 산부인과 병동의 높은 사망률 및 의과 대학 학생들의 행동과 관련이 있다. 새로운 생각이란 다음 중 어느 것인가?

A 해부 실습을 한 학생들이 소독을 잘 하면 산욕열 발병이 감소할 것이다.

B 해부 실습 중 상처가 생길 수 있으므로 학생들은 해부에 참여해서는
  안 된다.

C 학생들이 해부 실습 후 몸을 소독하지 않아서 냄새가 난다.

D 학생들은 자신이 열심히 일하고 있다고 자랑하려 하기 때문에 산모를
  진찰할 때 부주의하게 된다.

문제55: 세멜웨이즈의 일기   S195Q05-01 02 11 12 13 14 15 99

세멜웨이즈 박사의 노력으로 산욕열로 인한 사망률은 줄어들었다. 그러
나 산욕열은 오늘날까지도 퇴치하기 어려운 질병으로 남아 있다.

산욕열은 치료하기 어렵기 때문에 여전히 의료상의 심각한 문제가 되고
있다. 여러 가지 수단을 동원하여 그 예방에 힘쓰고 있는데, 그중 하나가
고온에서 이불을 세탁하는 것이다.

고온에서 이불을 세탁하면 환자들이 산욕열에 감열될 위험이 감소하게
되는 이유를 설명하시오.

문제57: 세멜웨이즈의 일기   S195Q06

항생제를 이용하면 많은 질병을 치료할 수 있다. 그러나 과거에 산욕열
을 치료할 수 있었던 일부 항생제의 경우, 그 성공 사례가 최근 들어 감소
하는 추세이다.

그 이유는 다음 중 어느 것인가?

A 항생제는 한 번 생산되면, 시간이 지남에 따라 효능이 감소하기 때문에

B 세균에게 항생제에 대한 저항력이 생겼기 때문에

C 그 항생제는 산욕열 치료에만 유효하고 다른 질병에는 효과 없기 때
  문에

D 최근 들어 전반적인 공중 보건 상태의 개선으로 그 항생제의 필요성
  이 감소하고 있기 때문에

수리능력 문항사례

수리능력은 측정 내용에 있어서는 우리나라의 수능시험 등 과 유사하다. 두드러진 차이점은 상황 속에서 문제를 파악하도록 특정의 수행상황을 부여하였으며, 정답이 하나가 아니라 응시자의 선택에 따라 다른 점수가 부여되는 등 수행평가의 성격을 지니고 있다는 점이다. 이들 문항은 개별 사례를 제시하기보다는 전체적으로 요약해 보는 것이 더 좋을 것이다. 표 3-1은 교육과정평가원의 보고서에서 핵심아이디어, 내용, 상황, 문항유형의 기준에 따라 요약한 수리문항 요약표이다.

〈표 3-1〉 평가틀에 의한 수학문항유형

과제명	능력 수준	핵심 아이디어	내용 요소	상황 맥락	문항유형
통에 물채우기	2	변화와 증가	측정	교육적	선택형
사과나무1	2	변화와 증가	대수	교육적	제한적 구성 반응형
사과나무2	2	변화와 증가	대수	교육적	열린 구성 반응형
사과나무2	3	변화와 증가	대수	교육적	제한적 구성 반응형
인구피라미드1	2	변화와 증가	통계	개인적	제한적 구성 반응형
인구피라미드2	2	변화와 증가	통계	개인적	제한적 구성 반응형
인구피라미드3	3	변화와 증가	통계	개인적	제한적 구성 반응형
인구피라미드4	2	변화와 증가	통계	개인적	선택형
보폭1	1	변화와 증가	대수	개인적	제한적 구성 반응형
보폭2	2	변화와 증가	대수	개인적	제한적 구성 반응형
성장1	1	변화와 증가	수	공적	제한적 구성 반응형
성장2	2	변화와 증가	통계	공적	열린 구성 반응형
성장3	1	변화와 증가	통계	공적	제한적 구성 반응형
교통사고	2	변화와 증가	함수	공적	열린 구성 반응형
경주용차 속도1	2	변화와 증가	함수	개인적	선택형
경주용차 속도2	1	변화와 증가	함수	개인적	선택형
경주용차 속도3	1	변화와 증가	함수	개인적	선택형
경주용차 속도4	2	변화와 증가	함수	개인적	선택형
사각뿔모양지붕1	1	공간과 도형	측정	직업적	제한적 구성 반응형
사각뿔모양지붕2	2	공간과 도형	측정	직업적	제한적 구성 반응형
대륙의 넓이1	2	공간과 도형	측정	수학적	선택형
대륙의 넓이2	2	공간과 도형	측정	교육적	제한적 구성 반응형
목수의 화단만들기	2	공간과 도형	측정	수학적	선택형
삼각형	1	공간과 도형	기하	수학적	선택형
주사위	1	공간과 도형	기하	수학적	제한적 구성 반응형
정육면체 칠하기1	1	공간과 도형	기하	수학적	제한적 구성 반응형
정육면체 칠하기2	2	공간과 도형	기하	수학적	제한적 구성 반응형
정육면체 칠하기3	2	공간과 도형	기하	수학적	선택형
정육면체 칠하기4	2	공간과 도형	기하	수학적	제한적 구성 반응형
벽돌	2	공간과 도형	기하	수학적	제한적 구성 반응형
배관	2	공간과 도형	측정	수학적	제한적 구성 반응형
방의 가구배치도	1	공간과 도형	기하	교육적	선택형

출처: 한국교육과정평가원(2001). PISA 2000 수학평가 결과 분석연구

　이상의 PISA 문항 사례들을 보면 PISA에서의 학생평가 내용이 그동안의 학교 학습에서 강조되던 교과 지식이나 수학능력과는 상당히 다른 실생활 중심의 역량을 내용으로 하고 있다는 점을 금방 알 수 있다. 이러한 이유로 OECD 회원국을 포함하여 각국은 자기 나라 학생들이 과연 이러한 평가에서 어떤 결과를 얻을지 예측하기 어려운 상황에서 참여를 결정하였다. 우리나라도 2000년 1차 평가에 참여 당시 실제 사회생활과 유리된 학교학습으로 비난받는 우리나라의 교육 실정에 비추어 과연 우리 학생들이 실생활 역량 중심의 PISA 테스트에서 좋은 성적을 나타낼까 의문스런 상황에서 참여를 결정한 것이다.

한국 학생의 PISA 성적

　선진국 경제협력개발기구(OECD)에서 주도하고 있는 학생성취도 국제비교평가에서 2000, 2003 두 번의 시험을 통해 나타난 우리나라 학생들의 성과는 위의 표에 요약되어 있다. 한국의 학생 전체를 모집단으로 하는 표본에 의한 평가점수의 두드러진 특징은 세 가지이다: ① 한국은 두 차례의 테스트 모두에서 참가국들 중 가장 높은 수준의 국가별 평균성적을 올리는 그룹에 속해 있다. ② 상위 5%우수집단의 성적이 2000년 평가에서는 매우 저조하여 수월성에 문제가 있는 것으로 나타났으나 2003년 평가에서는 이들의 성적이 대폭 상승하여 OECD 국가 중 상위에 오름으로써 이러한 문제점을 완전히 불식하였으며 최하위 5%학생의 성적에서도 가장 높은 수준을 유지함으로써 전반적인 학업성취의 수월성을 입증하였다. ③ 한국 학생들은 학습의 흥미도 자신감 등 학습태도 면에서 계속 저조한 평가를 받고 있다.

<표 3-2> 한국 학생의 국제학업성취도 성적

구분	PISA 2003	TIMSS 2003

전체
결과
	**문제해결력 1위, 읽기 2위,
	수학 3위, 과학 4위**
	* 2001, 2003 추이 비교
	  읽기 6위→2위, 수학 3위→3위,
	  과학 1위→4위,
	  문제해결력은 2003에 첫 시행
		수학 2위, 과학 3위
		
		* 1995, 1999, 2003 추이 비교
		  수학 3위→2위→2위
		  과학 4위→5위→3위

상위권
학생
점수
	최상위(5%) 학생 점수
	: **문제해결력 3위, 읽기 7위,
	  수학 3위, 과학 2위**
	* 2001, 2003 추이 비교
	  읽기 21→7위 수학 6위→3위
	  과학 5위→2위
		최상위(수월수준: 625점) 학생 점수
		: 수학 3위, 과학 3위
		* 1995, 1999, 2003 추이 비교
		  수학:1995,1999에 비해 4% 3% 상
		  승, 과학: 1995와 동수준 유지, 99에
		  비해 2% 하락

하위권 학생 점수	최하위(5%) 학생 점수 : 문제해결력 1위, 읽기 2위, 수학 2위, 과학 4위	기초수준 이상 학생비율 (수월/우수/보통/기초수준 중) : 수학 2위(98% 이상), 과학 1위 (98% 이상)
정의적 영역 결과	수학에 대한 흥미 31위, 동기 38 위, 불안감은 매우 높음	수학에 대한 자신감은 38위 과학은 25위 학습이 즐거움 인식정도 등이 낮음
남·여 간 차이	읽기를 제외한 모든 영역에서 남 학생의 성취도가 높음 남·여 간의 차이도 큼	수학·과학 모두에서 남학생의 성취 도가 높음 남·여 간의 차이도 큼

이러한 평가결과는 독일 미국 영국 프랑스 등 전통적인 서구 선진국의 학생 성적이 40개 이상의 참가국 중 중간 수준으로 처진 가운데 얻어진 것이었다. 따라서 이러한 결과만을 놓고 볼 때 표면상 초·중학교에 이르는 우리나라 학교교육은 매우 성공적이라고 볼 수 있으며, 특히 2000-2003 양 테스트에서 상위 5%학생의 수준이 약진한 것은 동기간이 1998년 이후 초 중학교에서의 열린 교육과 수행평가 보급의 시기였던 점을 감안하면 이들의 효과를 본 것이라는 추정 또한 가능하게 한다.

그러나 PISA에서 이러한 우리나라 학생들의 좋은 성적이 과연 우리나라 학교교육의 직접적인 우수성의 결과인지는 여전히 상당한 의문이 있다. 그와 같은 판단을 내리려면, 국내 학교성적에서 우수한 학생들이 PISA에서도 우수한 성적을 보여야 할 것이다. 즉, PISA 성적과 국내 학교성적 간에 높은 상관관계가 있어야 하는 것이다. 그런데 다음의 절에서 보는 것처럼 그렇지 못한 것이 문제인 것이다.

2. PISA 성적과 학교성적의 이질성

의문과 실증적 분석

미국의 연방교육부의 프로그램인 NAEP의 수행평가 결과를 사용하여 분석한 Shavelson, Pine and Yure(1991)는 대규모수행평가와 전통적 학교학습평가의 관계를 조사 연구하였다. 그 결과, 수행평가성적이 전통적 평가성적과 매우 약한 상관관계가 있을 뿐이며 전통적인 평가와는 평가목적 자체가 본질적으로 다른 것임을 보고하고 있다. 이들은 또 학교에서 수행평가에 대비하여 학습을 제공받은 학생들이 그렇지 않은 학생 보다 우수한 수행평가 성적을 내고 있음을 확인하고 있다.

앞서 본 것처럼 PISA의 문항 내용이 전통적인 학교학습평가에서 측정하던 내용과 크게 다른 점이나 미국에서의 연구 결과를 감안할 때 마땅히 제기해야 할 질문은 다음과 같은 것이다: PISA와 같은 대규모 수행평가는 전통적인 학교평가와 동일한 것을 다른 방법으로 측정하는 것인가 아니면 측정 목적 자체가 다른 것인가?

다음과 같은 잠정적인 결론을 내릴 수 있다. 수행평가는 크게 나누어 학교 수행평가와 대규모수행평가의 두 유형이 있으며 양자가 크게 다르다는 것이다. 전자는 기존의 학교교사들에 의해 시행되는 것으로 전통적인 평가와 기본적으로 유사한 교육적 가치관에 입각해 있는 반면 후자는 전혀 새로운 교육적 가치관과 학력관에 입각하여 새로이 구성한 평가도구를 바탕으로 한다.

수행평가는 단지 학생들의 수행을 평가자가 전문적 재량과 준거에 입각하여 평가하는 데 그치는 것이 아니라, 수행과제의 내용이 더욱 중요한 요소이다. 이런 관점에서 PISA 또는 각국 정부 주도로 행해지는 대규모 수행평가와 학교단위에서 학교와 교사의 재량에 의해 실시되는 학교 수행평가는 그 내용이 크게 다르다는 점을 주목해야 하며, 양자는 측정의 목적, 내용, 평가결과의 활용에 있어 전혀 다른 별개의 평가방법으로 취급되어야 한다. 특히, 학교 수행평가는 기존 교사 학교의 가치관과 문화가 크게 바뀌지 않은 상황에서 교사와 단위학교에 평가의 재량이 주어짐으로써 기존의 전통적 평가와 동일한 내용을 방법만 달리하여 평가하는 것일 가능성이 높다.

먼저 현재 한국의 학교현장에서 현실로 시행되는 것과 같은 학교 수행평가는 중간고사 기말고사와 같은 기존의 학교 지필평가와 궁극적으로 측정하려는 목적이 같다. 즉 학교와 교사들은 수행평가의 목적도 역시 전통적인 의미에서의 '학력(學力) 중시'라는 교육적 가치관을 유지하고 있으며, 수행평가에서도 이러한 가치관을 그대로 유지하고 있다고 생각된다. 이때, 수행평가는 다만 평가방법상의 변화로 인식되며 수행평가의 도입에 따라 달라진 것은 교사들이 지필평가보다 더욱 많은 평가의 재량을 가지게 된다는 점이다.

반면, PISA와 같은 대규모 수행평가는 기존의 학업성취도 평가도구와는 근본적으로 평가의 목적과 내용이 되는 교육적 가치관을 달리 한다는 점을 주목하고자 한다. 분석과 비판, 창의를 바탕으로 한 교육적 가치관과 학력(學力) 개념에 입각한 기존의 평가도구와는 달리 PISA 성취도 검사는 실제의 생활에서 필요한 실용적 인지 능력을 바탕으로 하고 성공적 학교생활이 아닌 성공적 사회생활에 필요한 수행능력을 측정하고자 한다.

선진국에서는 이러한 새로운 교육적 가치관에 입각한 교육개혁에 정치적인 합의가 형성되고 이를 기반으로 학교의 책무성을 강화하기 위한 대규모 수행평가가 개발되어 시행되고 있고 교사와 학교도 이에 적응하는 방향으로 노력하고 있다. 그러나 한국에서는 아직 이러한 학습의 목적과 수행과제에 대한 본격적 논의조차 없는 상황이며 선진국에서의 대규모 수행평가들은 한국의 학력관(學力觀)과 학교문화에서는 이질적인 가치관에 입각해 있다. 따라서 우리는 다음과 같은 추론을 하고 이를 검증해 보아야 할 것이다: **PISA와 같은 대규모 수행평가는 우리 학교에서 시행되는 학교 수행평가나 학교 지필평가와 같은 학교성취도 검사와는 본질적으로 이질적이며 동일한 척도를 구성할 수 없을 것이다.**

이러한 추론의 실증적 분석을 위한 자료는 2000년 8월의 OECD 학생성취도 국제조사(PISA)를 통해 수집되었다. PISA 기준에 따른 조사항목 외에 한국에서는 국어, 영어, 수학 과목의 2000년 지필 검사 성적과 해당 과목의 학교 수행평가 성적을 검사대상 학생 소속의 학교로부터 입수하였고, 이 조사에 참여한 표본학생들의 PISA 성취도 자료와 이들의 지필고사 성적과 수행평가 성적이 수록된 학교성적자료를 함께 분석에 사용하였다.

① 전국수행평가성적

전국수행평가 성적은 OECD/PISA 학생성취도검사 성적이다. 이 검사는 읽기 수리 탐구의 세 영역으로 나누어 평가되었으며 평가문항은 OECD/PISA 참여국들에서 제공받은 문항, 네덜란드의 검사문항개발기관인 Cito가 개발한 문항들을 참여국 전문가위원회와 PISA 연구연합체의 수정 보완을 거쳐 만들어 졌다. 채점은 문항개발 그룹에서 미리 범주화하고 점수를 부여한 학생 예상반응에 훈련된 채점자가 실제 학생반응을 대조한 후 가장 가까운 예상 반응 점수를 부여하는 방식이다. 이러한 방법으로 각 영역마다 문항별 최고 점수를 합산한 총점 중 학생이 취득한 점수를 백점 만점으로 환산한 점수로 표시한다.

② 학교지필평가성적

학교 지필평가 성적은 과목별 학교시험성적을 100점 만점으로 환산된 자료를 받아 그대로 사용하였다. 한국교육과정평가원의 PISA 평가조사 과정에서 동시에 수집된 학교학업성적은 국어, 수학, 과학의 세 교과의 학교 중간고사와 기말고사 점수를 합산 평균한 것이다. 각 학교별 고사에 의한 성적이기 때문에 원칙적으로는 학교 수만큼의 서로 다른 척도를 구성한다고 볼 수도 있다. 이런 점에서 전국검사라는 단일 척도 형태의 PISA 점수와는 성질이 다르다. 그러나 학교별 내신등급을 중시하는 한국의 교육관행과 정부의 정책을 감안하면 학교 학생집단의 우열에 따라 보정하지 않고 학교가 공식적으로 확인한 원래 점수가 오히려 넓게 보면 하나의 사회적/교육적 척도를 구성한다고 보고 이를 그대로 사용하였다.

③ 학교 수행평가 성적

학교 수행평가점수 역시 교육부와 교육청의 지침에 따라 산출되어 학교생활기록부의 교과학습발달란에 기록된 점수를 100점 만점으로 환산한 점수를 입수하였다. 이 성적은 개별학교의 수행평가 계획에 따라 실시되고, 학교 생활기록부에 기재된 100점 만점으로 환산한 국어, 수학, 과학 교과의 수행평가 성적인 것이다. 학교 수행평가 성적은 교사의 판단에 따라 부여된 점수이기 때문에 교사의 전문성과 함께 있을 수 있는 개인적·집단적 편견이 함께 반영된 점수이다. 이 점에서 지필평가 성적이나 PISA 성취도 점수와 다르다.

〈표 3-3〉 평가점수들의 기술통계량

	지필평균	수행평균	자기주도력	PISA 점수
평균	58.0083	80.76955	**68.357**	52.67208
표준 오차	0.854788	0.97318	**0.6941**	0.713551
중앙값	56.66667	88.96667	**69**	53.65854
최빈값	49.5	93.33333	**70**	50
표준편차	18.07224	20.57534	**14.675**	15.08616
분산	326.6059	423.3447	**215.3559**	227.5924
합	25929.71	36103.99	**30556**	23544.42
관측수	447	447	**447**	447

* 자기주도력은 28 * 4 = 112점 만점 나머지, 각 점수는 100점 만점 기준

본 연구에서 종속변인으로 사용되는 학생들의 점수들에 대해서는 좀 더 상세히 검토해 볼 필요가 있다. 다음 표에 나타난 각 변수들의 요약 통계량을 보면 몇 가지 특징을 잡을 수 있다. 우선 학교 수행평가점수가 다른 점수에 비해 평균적으로 고득점이라는 점을 지적할 수 있다. 또한 두 개의 한국 학교성적점수에 비해 다른 PISA 점수와 자기주도성 점수의 표준편차가 작다는 점이다. 이는 PISA 점수의 경우 평균치 주변에 많이 집중되어 있고 학교지필평가나 수행평가와 같은 학교점수에 비해 변별력이 낮을 개연성을 보여주는 것이다. 이는 아마도 유달리 변별력을 강조하는 한국의 시험 문화에 기인하는 것으로 여겨진다.

평가방법들의 동질성 여부

평가방법의 동질성은 달리 말하자면 각각의 방법에 의한 평가점수가 한데 합쳐져 하나의 척도-즉 여기서는 넓은 의미의 학생성취도를 나타내는 통합된 척도를 형성한다면 그 통합된 척도가 얼마나 신뢰도를 보일 수 있

을 것인가 하는 문제이다. 이는 학교지필평가, 학교 수행평가, PISA 평가는 학력평가척도로서 얼마나 동질성이 있는지 하는 문제인 것이다. 만약 이 신뢰도가 높다면 3가지의 평가는 동질적인 내용을 측정하면서 단지 방법만을 달리하는 것이며 만약 이 신뢰도가 낮다면 이들은 평가의 방법만을 달리하는 것이 아니라 평가의 목표와 내용—즉 학력이나 학생성취도의 개념 자체가 그만큼 다르다는 것을 보여주는 것이다.

통계기법으로서의 신뢰도 분석이 전통적인 평가와 수행평가, 특히 PISA 검사의 이질성을 통계적으로 확인하는데 사용될 수 있다. 상기 추론의 입증을 위해서는 1차적으로 신뢰도 분석 방법을 이용하였다. 즉, 학교 수행평가와 학교지필평가 그리고 전국적 수행평가인 PISA 점수가 만약에 이질적이 아니고 동질적이라고 가정하고 이들이 하나의 통합 변인을 구성하였을 경우에 그 통합척도의 신뢰도 분석을 적용하여 이를 통과할 수 있는지를 검토하는 것이다. 학교에서는 학교 수행평가점수와 지필평가점수를 한데 합쳐 학생의 교과성적을 산출하는데 여기에는 이들의 동질성이 전제가 되어 있다. 이에 PISA 점수도 함께 할 수 있는 지를 검토하는 좋은 방법이 신뢰도 분석이다.

분석의 절차는 먼저 상관계수 분석을 통해 변수들 간의 개략적 관계를 파악한 후 신뢰도 계수인 Cronbach α값을 검토하여 판정을 한다. 점수들 간의 일반 상관관계는 이미 앞에서 검토하였으므로 여기서는 자기주도성 변인을 통제한 편상관계수를 분석하기로 하였다.

신뢰도 계수 Cronbach α는 다른 종류의 신뢰도 계수보다도 특히 테스트 간의 내적 일관성을 알아보는데 적합한 신뢰도 계수이다.(정충영, 최이규, 1998) 그러므로 본 연구분석의 목적에 적합하다. 탐색적 연구를 위한 지표인 경우 이 값은 .60 이상이면 된다고 보는 것이 보통이며, 엄밀한 기초연구에서는 .80, 현장적용연구에서도 .90 이상이면 통상 신뢰성을 수용한다(정충영, 최이규, 1998).

다음 단계로는, 합쳐진 변인 중 이질적으로 보이는 변인—본 연구에서는 PISA 변인을 제거하였을 때 α값의 상승 정도를 확인하여 그 변인의 이질성을 최종 확인한다.

본 연구에서 신뢰도 분석을 동질성 검정의 용도로 사용하는 것은 평가 도구들의 동질성 또는 그 반대로 이질성을 분석하는 본 연구의 목적에 비추어 그것으로 충분하다고 보기 때문이다. 원래 여러 개의 반응집단표본을 놓고 그 동질성을 검정하는 통계적 기법은 바틀렛의 동질성 검정(Bartlett's test of homogeneity)과 대표적으로 알려져 있다. 바틀렛의 검정은 여러 개의 반응집단이 동일한 모집단에서 나왔다는 가설을 검정하는 것으로서 집단들 간의 공분산행렬(또는 상관계수 행렬)이 단위행렬이 될 확률을 chi-square와 α 통계량을 토대로 계산함으로써 동질성 검정을 행하는 것이다. 이러한 바틀렛의 검정은 다변량분산분석에서 집단 간에 평균치의 차이를 검정하는 전제로서 평균치는 달라도 이들 집단은 동일한 분산을 가져야 한다는 전제요건을 사전 검정하는 데 많이 사용되어 왔다. 그러나 본 연구에서는 바틀렛의 검정을 사용하지 않기로 하였다.

본 연구에서 바틀렛의 동질성 검정을 사용하지 않는 이유는 두 가지이다. 첫째로 본 연구가 의도하는 것은 집단 간의 동질성이 아니라 평가도구의 동질성에 있다. 즉 동일한 집단이 서로 다른 평가도구에 대한 반응의 차이를 비교 검토함으로써 평가도구들이 유사한 특성을 측정하는 신뢰성 있는 더 큰 하나의 평가도구의 일부로 볼 수 있느냐가 문제인 것이다. 둘째로 바틀렛의 검정은 본 연구가 의도하는 실증적 분석의 용도로서는 지나치게 민감한 테스트이다. 이미 일부 통계학자들 간에는 바틀렛의 검정이 집단 동질성 검정을 위해서는 지나치게 엄격한 기준(false negative)이며 변수들의 공선성(multi-normality)을 위해서는 지나치게 이완된(false positive) 검정이란 이유로 사용을 기피하기도 한다(http://uts.cc.utexas.edu/~pd/stat/rmhomo.html).

① 평가점수 간 상관관계

본 연구의 표본 사례들이 보여 주는 변수 값들의 개략적인 기술통계 값을 검토하였다. 다음 3개의 도표는 지역별, 3단계로 나눈 부모의 학력수준별로 PISA 점수, 지필평가점수, 학교수행평가점수의 평균과 표준편차를 보여준다.

<표 3-4> 변수들 간의 상관관계

		학교 수행	지필 평가	PISA	자기 주도	부 학력	모학력	지역
	학교수행	1.000						
	지필평가	.549	1.000					
피어슨	PISA	.027	-.055	1.000				
상관	자기주도	.178	.387	-.109	1.000			
관계	부 학력	.002	.072	-.187	.134	1.000		
	모학력	.029	.096	-.159	.167	.475	1.000	
	지역	.145	.057	-.032	.089	.117	.109	1.000
	학교수행	.						
유	지필평가	.000	.					
의	PISA	.281	.123	.				
도	자기주도	.000	.000	.011	.			
	부 학력	.480	.064	.000	.002	.		
	모학력	.270	.021	.000	.000	.000	.	
	지역	.001	.113	.293	.029	.007	.010	.

　신뢰도 분석을 위한 선행단계로서 3개의 척도 간 상관관계를 검토하였다. 아래 표는 3개의 평가점수를 통합된 척도로 하였을 경우의 요약 통계량이며 문항(평가종류) 간 상관관계와 공분산을 보여주고 있다. 이에 따르면 변수 간 상관관계의 최대 최소치 차이가 .6041이며 배율로는 10.1105나 되는 것을 보여 주고 있다.

〈표 3-5〉 평가점수 간 공분산과 상관관계

Statistics for Scale	Mean 468.4498	Variance 10604.4127	Std Dev 102.9777	N of Variables 3		
Inter-item Covariances	Mean 605.1582	Minimum -45.0840	Maximum 1836.9856	Range 1882.0696	Max/Min -40.7459	Variance 911382.082
Inter-item Correlations	Mean .1734	Minimum -.0544	Maximum .5497	Range .6041	Max/Min -10.1105	.0862

다음으로 3 척도 간의 구체적인 상관관계를 자기주도성 요인을 통제한 상태에서 볼 필요가 있다. 평가점수들 간의 편상관계수는 다음 도표와 같다. 지필평가와 학교수행평가는 .5302의 편상관을 보이는 데 반해 PISA 점수는 학교수행평가 및 지필평가점수와 유의의한 상관을 보이지 않고 있다.

〈표 3-6〉 점수들 간의 편상관계수(통제: 자기주도성)

		PISA	학교 수행평가	지필평가
편상관계수	PISA	1		
	학교수행평가	.0457(.1734)	1	
	지필평가	-.0124(-.0544)	.5302**(.5497)	1
유의도	PISA			
	학교수행평가	.335		
	지필평가	.794	.000	

**. 상관계수는 0.01 수준(양쪽)에서 유의합니다.
( )안은 일반 피어슨 상관계수

② 신뢰도 분석 결과

아래의 〈표 3-7〉은 신뢰도 분석의 결과로 산출된 분산분석표이다.

이 표에 의하면 3평가방식 간의 분산 비 통계량 F 값은 2408.0575, 유의확률 .000 수준로서 p<.001 수준에서 3자의 평가점수 간의 차이가 없다는 귀무가설이 기각된다. 평가방법 3자 간의 평균의 동질성을 검정하는 Hotelling의 T제곱 값도 4144.3295로 귀무가설을 .000의 확률로 기각하고 있다.

α값은 .5136으로서, 통상 척도의 동질성을 인정받기 위한 α값 .60을 기준

으로 채택하면 3자의 평가는 동질성이 결여되어 하나의 신뢰성 있는 척도를 구성할 수 없다는 본 연구의 추정을 수용할 수 있다.

〈표 3-7〉 평가점수 동질성: 신뢰도 분석 결과

Source of Variation	Sum of Sq.	DF	Mean Square	F	Prob.
Between People	1580057.4954	447	3534.8042		
Within People	9817570.1776	896	10957.1096		
Between Measures	8280489.4530	2	4140244.7265	2408.0575	.0000
Residual	1537080.7247	894	1719.3297		
Non-additivity	687630.6426	1	687630.6426	722.8843	.0000
Balance	849450.0821	893	951.2319		
total	11397627.6730	1343	8486.6922		
Grand Mean	156.1499				

Tukey estimate of power to which observations must be raised to achieve additivity = -.3124
Hotelling's T-Squared = 4144.3295 F = 2067.5290 Prob. = .0000
Degrees of Freedom: Numerator = 2 Denominator = 446
Reliability Coefficients 3 items
Alpha = .5136 Standardized item alpha = .3863

다음 분산분석도표의 내용을 통해 이를 살펴보면 이를 더욱 확인 할 수 있다. 즉 학생들 간의 차이에서 생기는 변량의 제곱합이 1580057.4954인데 비해 평가방식의 차이로 인한 변량의 제곱합은 8280489.4530으로서 무려 5배가 넘는 것이다. 이렇게 변량 분산의 원천이 평가방식의 차이에서 주로 유래하기 때문에 이들 평가방법은 동질성을 가진 하나의 척도를 구성하기 어려운 것이다.

〈표 3-8〉 평가방법 간 효과 검정

	Scale Mean if Item Deleted	Scale Variance if Item Deleted	Corrected Item-total Correlation	Squared Multiple Correlation	Alpha if Item Deleted
PISA	416.0847	10413.2592	-.0138	.0073	.7056
지필평가	294.5123	4084.6666	.5174	.3068	.0231
수행평가	226.3025	3079.9504	.5436	.3052	-.0586

한편, 위의 〈표 3-7〉에 제시한 평가점수별 통계량 도표는 3개의 평가 중 이질성을 드러내는 요인이 어느 것인지를 수치적으로 분명하게 하고 있다. 즉 지필고사나 학교 수행평가를 통합척도에서 빼내면 α값이 .0231, -. 0586으로 크게 떨어지며 반대로 PISA 점수가 빠지면 신뢰도값 α가 .7056의 안정된 수준으로 올라가는 것이다. 이로써 학교 수행평가와 지필평가가 비교적 동질적인 측정대상을 가지고 있으며, PISA 점수는 이들과 근본적으로 다른 척도임을 알 수 있다. 즉 PISA 점수는 학교 수행평가나 지필평가와는 크게 이질적이며 한국에서 전통적인 의미의 학력(學力)과는 큰 차이가 있다.

③ 평가점수의 요인분석 결과

한편, 평가점수들의 상대적 성격 차이를 좀 더 알아보기 위하여 신뢰도분석에 그치지 않고 학교 수행평가점수, 지필평가점수 각각 그를 구성하는 국어, 영어, 수학 점수 6개와 PISA 점수를 구성하는 읽기, 수리, 탐구 성취도검사 점수에 자기주도성 점수를 더하여 도합 10개의 검사점수를 요인분석을 통하여 재검증하였다. 본 연구의 초점인 3종의 평가점수 간의 이질성의 구체적 내용을 보다 상세히 확인하기 위해서 이다. 요인분석의 방법은 주성분분석으로 요인 회전의 방법은 varimax를 채택하였다.

원래 척도나 문항 개발 시에는 요인분석을 먼저 하여 공통성 있는 요인(문항)들을 추출한 후 이렇게 추출된 요인들을 묶어 신뢰도분석을 하는 것이 순서이지만 본 연구는 척도 개발을 위한 연구가 아니라 시행되는 척도를 그 내용의 동질성 면에서 검토하는 것이므로 순서를 반대로 한 것이다.

10개의 점수에 대한 요인분석의 결과 3개의 성분이 추출되었다. 3개의 요인은 각각 $F = aX1 + bX2 \cdots\cdots + jX10$의 1차식으로 표현될 수 있다. 3개의 요인에 대한 각 점수별 계수 행렬은 다음과 같다. 이 계수 행렬을 보면 음영으로 표시된 계수부분이 다른 계수들에 비해 큰 수치를 보여 주고 있다. 이를 통해 성분 1은 학교 수행평가에 밀접한 요인이며, 성분 2는 지필평가와 관련이 깊은 요인임을, 성분 3은 PISA 점수와 깊은 관련이 있는 요인임을 추측할 수 있다.

한편, 성분별 계수 행렬로부터 유추할 수 있는 또 다른 추론은 수리·수학 영역이 다른 두 영역에 비해 각 요인의 특징을 더욱 드러내고 있다는 점이다. 즉 음영으로 표시된 부분 중에서는 수학·수리 과목의 계수가 다른 두 종류의 과목에 비해 뚜렷이 큰 값을 가지고 있는 것이다. 이는 평가방법을 전환함에 따라서 점수의 차이가 가장 많이 생길 영역이 수리·수학 영역이라는 것을 시사한다. 바꾸어 말하면 수학·수리 영역에서 세 종류의 평가방법은 다른 영역에 비해 두드러지게 서로 다른 개념을 가지고 있는 것이다.

성분 1, 2, 3에 대한 자기주도성의 계수는 각각 -.059, .142, -.022로 산출되었다. 이는 자기주도성이 지필평가방법과 친화적이며 다른 두 평가와는 비친화적임을 시사하는 것이다. 이는 항목을 바꾸어 다음에서 좀 더 상세히 분석하게 될 것이다.

〈표 3-9〉 성분에 대한 교과점수별 계수 행렬

	지필평가			학교 수행평가			PISA			자기주도성
	국어	과학	수학	국어	과학	수학	읽기	탐구	수리	
성분 1	.000	.007	-.245	.359	.300	.517	-.013	.034	-.026	-.059
성분 2	.243	.279	.644	-.152	-.124	-.090	-.028	-.062	.028	.142
성분 3	.016	-.016	.088	.026	-.005	-.047	.325	.352	.485	-.022

　다음 그림은 분석 대상이 된 10개의 점수를 3개의 성분 요인을 축으로 하는 3차원 공간에 표시한 투시 도표이다. 이 그림을 보면 점수들이 요인 공간상에 교과보다는 평가방법의 종류에 따라서 모여 있음이 눈으로 확인할 수 있게 분명히 드러나고 있다.

<그림-4> 요인공간상의 점수종류별 투시

회전 공간의 성분 도표

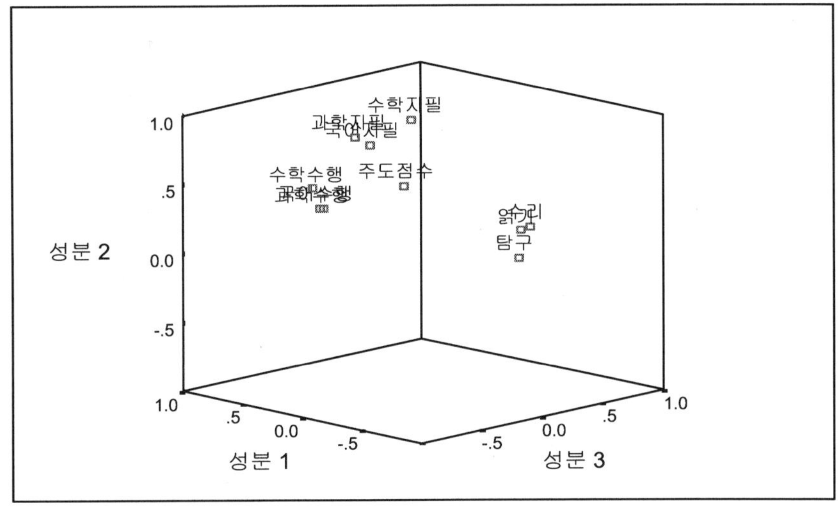

○○수행은 학교수행평가, 읽기 수학 과학은 PISA 점수

대규모 수행평가의 성격과 예술적 감성

　현재 각국 정부가 교육개혁과정에서 시도하고 있는 핵심역량 중심의 수행과제와 이에 기반을 둔 대규모수행평가는 실용적 인지에 바탕을 둔 사회생활에서의 실제적 성공 능력에 높은 교육적 가치를 부여하고 있다. 이 점에서 지금까지 한국의 학교시험이나 새로 도입되어 시행되고 있는 학교 수

행평가의 내용과는 전혀 다른 새로운 것이다. 이러한 새로운 가치관에 입각한 성취도 평가의 결과는 전통적 지필 검사 결과나 학교 수행평가 결과와 크게 다르게 나올 수밖에 없다. 바꾸어 말하면 학습성취의 기준 자체가 바뀌며 그에 따라 학습성취 결과 자체를 전혀 다른 방식으로 재배분하게 되는 것이다.

PISA와 교과성적의 이질성

이렇게 PISA 성취도 검사가 전통적인 지필 검사는 물론이고 한국 학교에서 실시되는 수행평가와도 크게 이질적인 것이라고 할 때 그 이질성의 내용과 원천이 무엇인지를 살필 필요가 있다. 간단히 상관관계 분석을 해보면 그 윤곽을 추정할 수 있을 것이다. 본 연구의 표본 중 인문계 고교 학생 345명만의 자료를 가지고 PISA 점수와 각 교과성적 간의 상관을 행렬로 표시한 다음 도표를 가지고 설명한다.

〈도표 3-10〉에서 보는 것처럼 학생들의 PISA 성적은 국어 수학 교과의 지필평가 성적과는 상관관계를 가지고 있지 않으며 단지 과학교과의 시험 성적과만 약한 정의 상관관계를 가지고 있다. 이러한 결과가 나타난 원인을 추론하자면 여러 가지를 상정할 수 있을 것이다.

〈표 3-10〉 PISA의 - 지필교과성적 간 상관관계

		과학지필	국어지필	수학지필	PISA
Pearson	과학지필				
상관	국어지필	.724**			
	수학지필	.708**	.602**		
	PISA	.212**	.065	.035	
유의확률	과학지필				
(양쪽)	국어지필	.000			
	수학지필	.000	.000		
	PISA	.000	.229	.515	
공분산	과학지필				
	국어지필	240.231			
	수학지필	308.928	235.568		
	PISA	54.572	14.999	10.695	

그중 하나는 PISA 검사문항이 내용적으로는 읽기, 수리, 과학적 탐구 능력을 측정하면서 모든 질문을 특정한 상황 - 개인적, 사회적, 경제적, 정치적, 문화적 맥락 속에서 제시함으로써 그 상황에 대한 학생의 이해와 대처를 함께 측정하며 높은 점수를 올리는 데는 이러한 상황 파악력이 중요한 통합교과적 성취도 검사이기 때문일 것이다. 이런 의미에서 PISA 성취도 검사는 본 연구의 서론에서 제시한 것처럼 사회과 교육과 밀접한 관계를 가지고 있다고 볼 수 있다. 이에 대해서는 사회과의 교과성적 자료와 PISA 검사 자료 간의 비교에 초점을 맞춘 별도의 연구가 필요할 것이다.

한편 PISA의 통합교과 성격만으로는 상기의 도표에 나타난 PISA가 국어, 수학 점수와 극히 낮은 거의 무관하다고 볼 수 있는 상관을 보이고 있는 것을 설명할 수 없다. 가능성은 두 가지일 것이다. 이미 본 연구에서의 추론처럼 이들이 서로 완전히 다른 것을 측정하고 있는 이질적인 것이거나, 아니면, 국내의 국어, 수학 시험수준이 너무나 높아서 이러한 지필시험에 따른 점수차이를 PISA와 같은 낮은 수준의 난이도 검사에 의해서는 변별할 수 없다는 주장을 할 수도 있을 것이다. 그러나 이 후자의 가정은 앞

서 지필 고사 성적평균과 PISA 점수 성적 평균이 모두 50점대임을 감안할 때 물리칠 수밖에 없다.

결국 PISA 성취도 검사는 그 성취도를 측정하고자하는 수행과제의 성격과 내용이 전통적인 학교 지필평가나 최근 한국의 학교에 도입되고 있는 학교 수행평가와 근본적으로 다르다고 볼 수밖에 없다. 이미 앞에서 지적한 것처럼 수리·수학영역은 평가 영역 중에서도 가장 평가방법 간의 이질성이 두드러진 분야였다. 특히 한국의 수학교육과 수학시험은 진정한 학습(authentic learning)의 기본적 요건인 지식이 사용되는 실제적 상황과는 유리되어 추상적인 수학적 지식과 사고기능에 치중되어 있는 것을 감안하면 국내 학생의 PISA 점수가 교과성적 중 수학성적과 가장 낮은 상관을 보이는 것은 충분히 예상 가능한 일이다.

예술적 감성과 수행능력

이상에서 분석된 것처럼 PISA가 시험성적이나 학교수행평가 성적을 막론하고 우리나라 학생들의 학교교과성적과 상관없는 이질적인 테스트이며, 학교성적과 PISA 성적은 서로 무관하다면 과연 우리나라 학생들이 PISA에서 좋은 성적을 올리는 이유를 대체 어떻게 설명해야 합당할 것인가. 교과학습을 강조하는 우리나라 학교교육의 모든 가치관과 주지주의적인 교육풍토를 감안할 때 우리나라 학교의 이러한 특징이 PISA에서의 좋은 성적을 낳는 요인이라고 추론하기에는 대단히 석연치 않은 구석이 많다.

그 해답의 가능성은 현재로서는 지적 요인이 아닌 이른바 예술적 감성에 기반한 감성지수, 예술적 역량, 다중 지능 등 감성적 요인에서 찾을 수밖에 없다.

여기서 앞장에서 지적한 교육과정개혁의 동향을 다시 한번 기억할 필요가 있다. 숀(Schon)의 지적을 반복하자면 오늘날 전문직업인으로서 갖추어야 할 소양을 합리성(rationality)과 기예(artistry)로 구분되며, 합리성은 문제, 정의, 분석, 방법, 해답의 과정을 중시하는 반면 기예성은 문제가 아니라 상황, 정의가 아니라 지각(perception), 분석이 아니라 상상, 방법이 아니라 반성, 해답이 아니라 판단을 그 과정적 특징으로 하고 있다. 이러한 기예성을 함양하는 것이 인문사회과학교과가 전문직교육에 채택되는 목적이라는 것이다.

이러한 관점에서 보면 PISA의 문항들에 학생들이 반응하는 데 있어 광범하게 제시되는 문제상황의 인지와 지각, 반성, 그리고 이에 필요한 판단들이야말로 합리적 문제해결과 지적 추론보다는 감성적 기예의 능력을 필요로 할 것이라는 가정을 충분히 해볼 수 있다. 이렇게 볼 때 우리나라 학생의 PISA 점수와 국어, 수학 과학의 학교교과점수 간의 커다란 격차가 비로소 이해될 수 있는 것이다. 물론 이러한 가정은 경험적 자료를 통해 검증되어야 할 것이지만, 논리적으로는 이것이야 말로 충분히 개연성을 가진 추론일 것이다.

Ⅳ. 학교수행평가와 교육의 형평

학교수행평가가 초·중학교에 전국적으로 보급되기 시작한 것을 1998년부터라고 보면 PISA 2000에 응시한 우리 학생들은 수행평가를 경험하지 못하였던 데 반해 PISA 2003에 응시한 학생들은 학교수행평가를 충분히 경험한 학생이었을 것이라고 가정해도 무방하다. 앞장에서 제시한 PISA 2000과 PISA 2003의 우리 학생 성취도 비교에서 평균으로는 두 차례 모두 국제비교 최상위권이었지만 2000년에 국제비교에서 매우 저조하였던 우리나라 상위 5%학생들의 성적이 2003년에 최상위권으로 약진(읽기 21→7위, 수학 6위→3위, 과학 5위→2위)한 배경에는 학교에 새로 보급된 3년간의 수행평가가 상당히 기여하였을 것으로 추정된다. 상황 맥락을 중시하고 구성적 반응을 중시하는 PISA 테스트에 학교수행평가를 경험한 상위권학생들이 본격 적응할 준비가 갖춰진 결과 좋은 성적을 내었을 가능성이 있다는 이야기이다.

뒤집어서 말하면 2000년에는 우리나라 학생들이 PISA와 같은 테스트를 처음 경험한 결과 평균적으로는 국제비교 최상위권 성적을 내기는 하였어도 상하간의 차이가 거의 나지 않았을 것이며 그 결과 상위권 학생들의 성적이 저조하였을 가능성이 높다는 것이다. 이를 놓고 PISA 2000 결과 발표 당시 상위권 학생의 저조한 성적이 평준화교육으로 인해 생겨난 부작용이라는 지적이 많았다. 그러나 PISA 2003에서 우리나라의 상위권 5%학생들의 성적이 급상승함으로써 이러한 추정이 근거 없음을 이미 보여주었다.

여기서 짚어보아야 할 점은 우리나라 학생들이 평균치를 중심으로 그리 큰 편차를 보이지 않았던 PISA 2000의 경우에 비해 상위권학생들의 성적이 대폭 상승한 PISA 2003의 경우에는 이러한 편차가 커지지 않았을 것인가 하는 의문이다. 다음 도표는 2000과 2003 양년도 테스트에서 우리나라, 핀란드, 일본과 OECD 전체적인 평균점수 및 표준편차의 변동을 요약한 것이다. 이 도표에서 보면 통계적인 유의의성 검증은 어려우나 OECD 전체적인 변동에 비해 한국의 경우 표준편차나, 상하 5% 간 점수차이가 상대적으로 더 커진 것처럼 보인다.

<표 4-1> 주요국 2000과 2003 양년도 테스트 결과 비교

구 분		*한국	핀란드	일본	**OECD전체
읽기 2000	평균	525	546	522	500
	표준편차	70	89	86	100
	상하 5% 간 차이	227	291	284	328
읽기 2003	평균	534	543	498	488
	표준편차	83	81	106	104
	상하 5% 간 차이	266	266	342	341
수학 2000	평균	547	536	557	498
	표준편차	84	80	87	109
	상하 5% 간 차이	276	264	286	500
수학 2003	평균	542	544	534	489
	표준편차	92	84	101	104
	상하 5% 간 차이	302	274	329	341
과학 2000	평균	552	538	550	502
	표준편차	81	85	90	102
	상하 5% 간 차이	263	238	297	330
과학 2003	평균	538	548	548	496
	표준편차	101	91	109	109
	상하 5% 간 차이	330	298	358	354

학교수행평가의 보급 결과 우리 학생들이 PISA 형태의 성취도 검사에 보다 잘 적응하고 좋은 성적을 내는 한편 그러한 적응의 결과 상하간 편차가 더 커지고 있다면 여기에서 한번 따져 보아야 할 점이 바로 그러한 편차의 확대가 학교수행평가의 보급과 함께 교육의 형평이 악화되는 것과 동반되는 것이 아닌지 하는 의문이다.

1. 문제 제기

외국에서의 수행평가와 교육의 형평

미국에서 수행평가에 대한 관심은 교육 성취도와 학교 책무성을 위한 국민교육기준(National Education Standards)을 확립하고자 하는 1990년대 연방정부의 교육개혁 정책에 의해 크게 고취되었다. 국가교육과정과 국가고사체제를 가지고 있지 않은 상황에서 국민교육기준의 도입을 시도하면서 그 방식으로서 수행기준(performance standards)의 확립과 함께 그 기준 충족 여부의 판정을 위한 수행평가 (performance assessment)를 생각하였다. 미국의 수행평가 실시에 대한 논의를 다음에서 살펴볼 수 있다:

> "미국은 성공적인 선진 교육체제들의 특성을 연구해 왔다. 성공적인 외국 교육체제의 주요 특징은 국가시험체제, 학습성취인증 제도였으며 그 결과가 진학과 취업에 연계되는 것이다. 이러한 결론이 미국의 National Education Standards개발로 이어졌다. 미국의 교육개혁은 새로운 교육평가에 의해 주도될 것이다. ……(중략)…… 교육평가가 주도하는 교육개혁(Assessment-led Reform)의 기본가정은 다음과 같다. ⅰ) 학업성취도 평가결과는 교사들의 책임성을 높이게 될 것이다. ⅱ) 학부모의 기대가 높지 않은 저소득층 학생들은 평가결과에 따라 학업성취 동기가 강화될 것이다. ⅲ) 소수민족 집단들은 수행평가체제의 도입을 환영할 것이다"(Baker & O'Neil, 1994).

호주의 예를 들자면, 1997년에 수립된 "직업교육을 위한 1998-2003 국가전략"을 통해 수행평가를 광범하게 도입하면서 그 정책 목표를 "사회적 정의의 실현"과 "증대된 다양성의 관리"에 두고 있다.

이와 같이, 수행평가는 교육이 보다 국가적인 집권 과정에서 학업부진학생들에 대한 국가적 대책과 학교의 책임을 강조하는 교육개혁의 일환으로 추진되고 있다. 즉, 교육에서 성취도 격차를 줄이고 최소한의 기준을 규정하는 국가적 수행성취수준에 대한 학교와 학생의 책임을 요구함으로써 학업성취부진을 해소하고 보다 더 평등한 교육을 이룩하기 위한 국가 정책적 목표가 전면에 나타나 있는 것이다.

반면, 수행평가 정책이 가진 이러한 교육평등과 책무성 목표에도 불구하고 수행평가가 오히려 교육의 형평을 해치고 소수민족들에 불리하다는 주장이 많이 제기되고 있다. 이에 대한 베이커와 오닐(1994)의 논의를 중심으로 이를 요약하면 다음과 같다.

첫째, 이들 국가와 미국의 차이점은 다양성 문제에 있다. 미국의 학교는 미국의 다양성을 그대로 반영하고 있다. 새로운 평가 체제의 도입 이전에 미국의 다양성에 따른 문제들이 검토되어야 한다. 소수민족들의 실제 반응은 반대로 나타나고 있다. 수행평가는 교육상 불이익 집단에 더욱 불리하게 작용하여 그들을 이등 시민으로 고착시킬 것이다.

둘째, 수행평가는 교육상 불리 집단 구성원들이 미처 준비되지 않은 교육모델에 입각해 있다. 새로운 평가, 대안적 평가라는 용어 자체에 감춰진 의도를 이들은 의심하고 있다. 대안적 평가는 Non-standard 평가로 주장되고 있으나 실은 Sub-standard 평가이며, 이는 확실한 증거를 포기한 평가, 교육기회의 회생에 기초한 평가로 인식되고 있다.

셋째, 소수민족들의 인식에 따르면 새로운 평가는 영어실력에 의존하며 소수민족의 교육기회를 제한하고, 학업성취도를 저하시킬 것이다.

넷째, 미국에서 새로운 평가의 도입에는 여러 공동체들의 기본적인 합의가 필요하다. 이러한 합의에는 새로운 평가가 가진 교육 형평 위험요인들에 대한 통제가능성이 확보되는 것이 필수적인 전제가 될 것이다.

위에 약술한 미국에서의 수행평가의 확산 과정을 통해, 두 가지 중요한 시사점을 도출할 수 있다.

첫째로, 수행평가는 국가적 수행기준 확립과 이를 달성하기 위한 교육과정으로서 수행기반의 교육과정 운영에 대한 기대가 국가정책으로 선행되었으며, 이는 학업성적 부진집단-주로 소수 민족-이 일정한 최소 수행기준까지 성취하도록 학교의 책무를 부과하는 데 주안점이 두어졌다는 점이다. 이는 교육평등 정책의 가장 강화된 모습에 해당하는 교육결과의 평등을 보장하는 평등 정책의 일환이다.

둘째로, 이러한 정책이 그 의도와는 반대로 실행과정에서는 기존 불이익 집단에 더욱 불리한 결과를 낳는다는 수행평가의 형평성 문제를 야기하고 있다는 점이다. 즉, 주로 학습성취 부진집단을 겨냥하여 국가가 정하는 일정한 수행기준을 모든 국민에게 보장한다는 수행평가 정책이 있는 반면 학교현장에서 실제 실시되는 수행평가에 대한 반대 여론이 바로 그 정책조준 집단으로부터 형평을 이유로 제기되고 있는 것이다.

선행 연구조사 결과들

수행평가에 의한 성취도를 학생의 배경변인과 함께 검토한 조사결과들을 얼마 되지 않으며 조사결과에 대한 논란도 지속되고 있다. 이러한 결과는 검토된 배경변인들도 제 각각 다르고, 수행평가의 내용도 각기 달리한 제한적 조사들임을 감안하면 충분히 있을 수 있는 일이다. 그럼에도 불구하고 이러한 조사결과들을 통해 다음과 같은 몇 가지 추론을 할 수 있을 것이다.

첫째로, 수행평가의 내용과 전통적 평가의 내용 간에 차별성이 얼마나 있는가에 따라 결과는 달라질 수 있다는 점이다. 즉, 수행평가라 할지라도 기존의 교과 교육에 치중한 수행평가라면 과거의 평가와 크게 달라질 것이 없다라고 생각해 볼 수 있다. 예를 들어, 영국에서는 수행평가가 형평 측면에서 개선을 보이지 못하는 것이 영국은 이미 오래 전부터 선다형 표준화 검사보다 수행평가 방식의 영향 아래에 있었으며, GCSE 자체가 아직도 전통적 교과 중심인 탓에 형평 측면에서 큰 진전이 없을 것은 충분히 예상된 바였다. 영국은 수행평가에 있어서도 교육 형평에 대한 관심이 상대적으로 작은 나라인 점이 고려되어야 할 것이다.

반면, 미국의 경우 대규모 수행평가 결과는 전통적 학업성적과 크게 무관한 것으로 나타나고 있으며, 이는 바로 수행평가의 내용 자체가 전통적 평가와 크게 다르다는 데서 기인한다고 추측된다. 한국에서도 이를 간접적으로 나마 추정케 해 주는 연구가 있다. 이광성(1997)은 고급수준질문(수업에 활용하는 일종의 형성적 수행평가 방식의 질문)을 사용한 실험집단과 그렇지 않은 통제집단에서 고급사고력검사점수(일종의 수행평가)와 전통적 학업성취도 검사 결과를 비교한 결과 고급사고력 점수는 실험집단이 더 높아지는 결과를 얻었으나 전통적 평가에 의한 학업성취도 점수는 차이가 나지 않는 것을 발견하였다. 후자의 결과에 대해 이광성은 고급사고력과 전통적 평가가 측정하는 학업성취도는 서로 다르기 때문이라는 해석을 내렸다.

결국 척도가 근본적으로 달라지면 결과도 달라지는 것임을 알 수 있다. 김회수, 천은영(1999)의 연구 결과도 메타인지가 한국에서의 전통적인 학업성취도와 전혀 다른 것임을 보여주고 있다. 이들의 연구는 학습자의 학습전략, 메타인지 및 멀티미디어 활용단계가 학업성취도에 미치는 영향을 검토하였는데 학습전략은 학업성취에 영향을 미치지만 메타인지는 교사주도형 수업의 상황에서 학업성취도에 영향을 미치지 않는 것으로 나타났다.

과거 우리가 이야기 해온 학업성취도 격차와 평등의 문제는 우선 그것이 전통적인 가치척도 즉, 전통적인 학교학력평가에 의한 것이라는 점을 먼저 주목해야 한다. 많은 교육과정 학자들은 기존의 학교가 학력평가를 통해 중시하고 측정하려고 내용 자체가 높은 사회계층, 도시지역, 높은 학력의 부모들의 가치관에 맞춰진 것이기 때문에 그에 따른 학업성취도 격차가 나타난다고 주장한다(김신일, 2000). 이러한 관점은 가치척도 자체의 편향성을 문제 삼고 척도 자체의 변경을 요구하고 있는 것이다.

그러나 평가의 내용이 달라질 경우 이것이 형평을 악화시킬지 개선시킬지 하는 것 역시 평가의 내용에 달려 있을 것이다. Baker & O'Neil(1994)은 이 점에 대해서 미국에서의 수행평가과제들이 낮은 학업성적의 소수민족 성원에게 특별한 어려움을 초래할 것이라고 본다. 즉, 학습집단의 다양성이라는 미국의 특성에 따른 근본적인 문제를 내포하고 있으며, 수행평가는 상당한 수준의 선행학습을 필요로 하는데 불이익집단의 학생들은 이에 못 미치고 있다는 것이다.

둘째로 수행평가가 교수·학습 과정과 영향을 주고받는 동태성(動態性)이 높다는 점이 고려되어야 한다. 수행평가는 전통적 평가보다도 자기주도적 학습태도를 강조하는 학습관에 입각해 있으며 수행평가는 이러한 학습동기에도 영향을 미치는데 메카니즘과 정도가 집단마다 다를 수 있다는 점이다. 앞서 Newman의 연구와 국내에서의 김명화(2000)의 연구는 이를 부정하고 있지만, Baker & O'Neil은 수행평가는 학습동기 유발에 있어 형평성의 문제를 야기한다고 지적하고 있다. 그들의 논지를 중심으로, 동기유발의 측면에서 다음과 같이 시사점을 얻을 수 있다.

첫 번째, 내적 동기 유발의 측면에서 본다면, 다음의 세 가지 점을 지적할 수 있다.

① 수행 과제는 개인이나 집단성원의 기존 지식, 생활세계 및 배경에 영향을 받는다.(상황민감도 연구결과)

② 수행과제는 주류 집단의 문화가 평가에 반영된다.(문화적 의존성연구 결과)

③ 불이익집단학생을 위해 선택과제를 제공하는 것이 개선방안으로 주장되고 있으나 이 경우 선택적 과제들 간의 비교가능성 상응성에 문제를 야기한다.

둘째, 외적 동기유발의 측면에서 본다면 다음과 같다. 평가결과를 진학, 사회적 성공 등 현실적 기회와 연계시키는 것인데 사회계층에 따라 이러한 외적 모티브의 효과가 달라지는 데서 다음과 같은 형평성 문제가 발생한다.

① 아프리카계 미국인들은 학업성취와 동료의 승인 사이에서 갈등을 일으킨다.

② 수행평가 결과에 따른 보상의 효과는 업적성취에 높은 가치를 부여하는 가족적 배경이 있는 경우에만 효과를 나타내며 흑인들의 경우 이점에서 불리하다.

Baker & O'Neil(1994)은 아울러 이러한 수행평가의 형평성 개선을 위한 제안으로서 ① 평가의 목적(진단, 책무성, 인증 여부)에 따른 평가의 타당도 검증이 이루어져야 한다. ② 평가뿐 아니라 수행기반의 교수·학습과정에 문제의 원천이 있는지가 검토되어야 한다. ③ 해석적 기술적 방식의 평가보고 모델이 발전되어야한다. ④ 평가와 관련된 모든 정보(평점구간, 모델, 사례, 평가 규칙 등)가 학부모 학생에게 공개되어야 한다라는 네 가지를 제시하고 있다.

수행평가가 가진 이상과 같은 교육 형평상의 문제 특히 현장전문가들에 의한 문제제기를 소개함에 있어서는 그 이면에 깔린 미국 교육개혁의 동태적 측면을 고려해야한다. 즉, 미국의 학교에서 많은 교사들이 아직 수행평가에 부응하는 교수·학습에 적응을 못하고 전통적 수업을 지속하고 있다. 이들 역시 우리나라의 교사들과 마찬가지로 학생들에게 수행평가에 알맞은 수업을 제공하고 있지 못한 것이다. 이미 Newman(1995)의 연구 결과가 시사하는 것처럼 수행평가에 부응한 교수-학습 방식을 활용하면 수행평가 점수의 향상이 가능하며 이러한 점수 향상은 학생의 성별이나 가정적·사회적 배경의 영향을 크게 받지 않는다고 볼 때, 이러한 수업을 제공하지 못하는 학교나 교사의 학생들은 오로지 선행지식이나 배경의 차이에 따른 평가결과를 보일 수밖에 없을 것이라고 반대 해석을 할 수 있는 것이다.

따라서 수행평가의 도입 확산과 그에 따른 수업의 변화가 진행 중인 와중에서 이를 감안하지 않은 평면적 조사에 의해 수행평가와 교육의 형평성 문제를 판단하는 것은 성급한 일이라고 생각된다. 수행평가와 교육형평의 문제를 검토하기 위해서는 평가의 기능이라는 관점에서 수행평가의 도입이 어떠한 상황적 의미를 갖는지가 검토되고 이에 입각한 평가와 해석이 필요한 것이다. 이러한 이유로 본 연구에서는 평가의 기능을 좀 더 살펴보고 한국에서 수행평가의 도입이 어떤 의미를 지니며 그에 따른 교육의 형평 문제를 접근하는 틀을 구상해 보고자 하였다.

교육 형평을 이상과 같이 학업성취의 공정한 배분과 최소한의 성취도를 전 국민에게 보장하는 측면에서 이해할 경우 학업성취도를 측정하는 교육평가 정책은 단순히 학생들의 학습을 돕는 교육의 수단을 넘어서 교육의 형평을 좌우하는 결정적인 정책수단으로서의 의미를 지니게 된다. 선진 각국에서 교육평가와 형평에 관한 연구와 정책논의가 더욱 활발해지고 있는 배경이 여기에 있다.

학업성취의 차이를 가져오는 요인들에 대해서는 학생의 가정적·지역적·인종적 차이를 중심으로 그동안 많은 연구가 있어 왔지만 크게 간과되어온 요인 중의 하나는 바로 평가방법의 선정과 평가과정 그 자체이다. 성취도 평가의 방식이 전통적 학력평가인가 아니면 새로운 수행평가인가에 따라서 성취도는 크게 달라질 수 있는 것이다.

미국과 영국에서 새로운 수행평가를 전통적 평가에 대한 대안으로 논의하기 시작한 배경에는 전통적인 평가가 바로 그 자체의 문화적 편향성에 의해 소수민족 저소득층 등 불이익 집단에 불리한 평가결과를 내놓고 있다는 반성이 포함되어 있다.

또, 미국의 SAT나 ACT 시험과 같은 전통적인 대규모 표준화검사에 대하여는 그것이 문화적 다양성을 해치고 교육상의 불이익집단으로부터 유능한 학생을 선발하는 것을 방해하며, 차라리 이들 시험보다 학교성적이 학생선발의 공정한 도구라는 주장과 연구결과가 있어왔다(Rooney & Schaeffer, 1998). Froese-Germain(1999)는 캐나다에서의 연구 결과들을 토대로 유사한 결론을 내리고 있다. 그 결과 최근에는 미국의 많은 대학이 이들 시험보다 학교성적을 중시하는 경향을 보이고 있고, SAT나 ACT 자체도 평가방식을 수행평가 방식으로 점차 전환하는 것을 검토하기에 이르렀다.

그러나 이렇게 도입되고 있는 수행평가에 대하여서도 그것이 기존 불이익집단들에게 유리한 것이 아니라 더욱 불리하다는 교육 형평의 문제가 제기되고 있음은 이미 지적하였다. 베이커와 오닐(1994)은 수행평가가 전통적 학력평가에 비해 오히려 소수민족성원에 불리한 성적편차를 초래하게 되는 요인들을 ① 수행과업의 성격 자체에서 오는 형평상의 문제, ② 평가언어로 인한 형평상의 문제, ③ 평가 시간 장소 등 시험관리에서 오는 형평상의 문제, ④ 평가자의 주관적 편견에서 오는 형평상의 문제의 네 가지로 정리하여 논의하고 있다. 이 중에서 언어와 시험관리에 따른 형평성의 문제는 비단 수행평가뿐 아니라 전통적인 평가에서도 공히 문제시되고 있는 것이므로 중요한 것은 수행과제 자체와 평가자 요인으로부터 생겨나는 형평상의 문제라고 볼 수 있다. 이와 관련된 경험적 조사 연구 결과는 세계적으로도 아주 적다. 그중의 일부를 소개하면 다음과 같다.

Shavelson 외 7인(1997)의 또 다른 연구는 과학 분야 수행평가 결과를 분석한 후 대체로 수행평가가 여성에게 다소 유리한 결과를 낳고 있으며 인종집단 간에는 특별한 차별화 경향을 나타내고 있지 않다고 결론지었다.

Lokan(1999)은 호주에서의 TIMSS 파일럿 수행평가 결과를 TIMSS 전통적 평가결과와 성별 및 주 사용언어를 배경변인으로 하여 비교한 결과 응시자의 주 사용언어에 의한 차이가 수행평가에서 더 크게 나타나고 있으며, 남녀의 차이는 두드러지지 않았음을 보고하고 있다.

영국에서는 1988년 GCSE(General Certificate of Secondary Education)이 도입된 이후 GCSE 성적의 남녀 간 차이에 대한 연구가 1992년에 수행되었다. 결과는 과거의 시험보다 크게 개선된 점이 없이 여전히 남자들이 높은 성적을 올리는 것으로 나타났다(Elwood, 1994).

한편, 수행평가에 적응한 수업을 시행하고 그 결과를 수행평가 방식으로 측정한 연구 결과가 있다. Newman(1995)은 자기주도적 적극적 학습을 목표로 수업을 받은 학생들을 대상으로 수학과와 사회과의 수행평가성적 향상 정도를 분석하였는데 학생의 성별, 인종, 사회경제적 지위와 상관없이 고른 향상을 보였음을 보고하고 있다.

이상의 연구 결과들은 영국에서의 조사결과를 제외하면 대체로 보다 교육형평 측면에서 수행평가가 보다 긍정적 효과를 가지고 있음을 시사하고 있다. 그럼에도 불구하고 미국에서도 교육현장과 전문가들의 토론을 중심으로 수행평가의 형평성에 대한 반론과 우려는 대단히 크다. 그 대표적인 사례가 미국 교육성의 주관으로 "평가의 문제들: 형평의 해답들(Assessment Questions: Equity Answers)"라는 주제하에 1993년 UCLA에서 열린 대규모 전문가회의이다. 동 회의의 결과보고서(Rothman, 1994)에 따르면, 수행평가는 전통적 평가에 비해 매우 소수의 문항과 과제만을 사용할 수밖에 없기 때문에 바로 그 이유로 특정 집단에 유리한 결과를 가져올 수 있다는 주장이 강력하다.

또한, 대규모 수행평가에서도 불이익집단과 수혜집단의 격차는 좁혀지지 않고 있는데 그 이유는 교사들이 수행평가에 부응한 교수·학습에 익숙해지는 정도가 교사마다 천차만별이기 때문이라는 것이다. 애리조나 주에서 도입된 수행평가 역시 집단 간 격차는 좁혀지지 않고 있는데 그 이유는 수행평가가 외부 기관에 의해 일괄적으로 행해지고 교사가 참여하지 못했기 때문이라고 주장되었다.

수행평가의 도입을 둘러싼 논쟁은 공교육의 내용과 방법에 대하여, 21세기 정보화·세계화 추세 속에서의 국가적 경쟁과 경제구조의 고도화 속에서의 경쟁력을 염두에 둔 정부와 전통적으로 아카데미즘에 입각하여 공교육을 지배해온 대학 간에 벌어지는 갈등의 한 흐름으로 파악할 수 있다. 수행평가의 도입은 근본적으로 초·중등교육에서 학생들이 학습해야 할 교육적 가치를 재정의 하고, 그에 따른 학업성취를 재배분(redistribution) 과정이며, 그런 의미에서 이는 정치적 결정으로서 공동체의 정치적 합의를 거쳐야 할 과정이다.

한국에서 야기되고 있는 수행평가의 도입 시행과정의 혼란은 바로 이러한 정치적 합의와 결정과정이 결여된 채, 수행평가 도입을 기존 교과형 교육과정 체제의 변동이 없는 상태하에서의 학생평가 기법과 학교관행의 변경 정도로 인식하고 행정적 결정에 의해 수행평가를 도입하여 보급하고자 하는 데 기인한 것이다. 수행평가의 원활한 도입과 확산을 위해 필요한 이러한 정치적 합의 도출 과정에서 중요하게 다뤄져야 할 요인의 하나가 바로 교육의 형평이라는 이념의 문제일 것이다. 이상에서 약술한 것처럼 수행평가는 외국에서나 한국에서 모두 그 정책적 도입과정이나 시행 상 논란 과정에서 교육 형평 차원의 검토를 피할 수 없다.

2. 우리나라의 수행평가와 교육의 형평

우리나라에서 학생의 학업성적에 영향을 미치는 요인들에 관한 연구가 그동안 간간이 이루어져 왔다. 그 대체적인 결론에서 부의 우월한 사회적 지위, 부(또는 모)의 높은 학력수준이 높은 학업성취와 상관관계를 갖는다는 점에 대해서는 이들 연구가 대체로 일치하고 있다. 지역별로도 대체로 도시지역이 농촌보다 학력수준이 높다는 데 일치하고 있으며, 다만, 대도시와 중·소도시간의 학업성취격차는 연구에 따라 다른 결론이 나오고 있는 상황이다.

앞에서의 이론적 논의를 통해 우리는 적어도 3가지의 평가 양상을 검토하였다. ① 전통적 학교성적평가, ② 외국 정부와 국제기구들이 교육개혁의 차원에서 도입하고 있는 대규모 수행평가와 그 한국에서의 첫 성취도 조사 사례인 PISA, 그리고 ③ 한국에서 새 학교문화 창조의 명목으로 도입되었으나 기존 학교교육체제하에 수용되어 타협된 형태이지만, 아직 제대로 확립되지 못한 학교 수행평가가 그것이다. 여기서는 유달리 평가의 공정성과 시험점수에 대한 관심이 높은 한국에서 이들이 교육의 형평이라는 관점에서 어떻게 평가될 수 있는 지를 실증적으로 분석해 보기 위한 예비적 논의들을 하고자 한다.

수행평가와 관련된 외국 이론과 현황, 국내에서의 수행평가 도입 확산 과정을 전반적으로 검토하고 그 평가결과를 먼저 약술하였다. 그 이유는 수행평가와 교육의 형평이라는 본 연구의 주제를 한국교육이라는 상황 속에서 맥락화하는 것이 중요하다고 보기 때문이다. 앞의 장들에서 이미 수행평가 및 교육의 형평에 대한 국내외 연구 결과 및 이론적 논의를 집약하고 관련 개념들을 명료화하였다. 특히, 수행평가의 유형을 구분하고 그 구분에 따라 문제시되는 교육의 형평 개념을 검토하였다.

교육의 형평 문제는 앞에서 언급한 바와 같이, 본질적으로 평가결과의 격차가 학습자의 가정적 배경과 거주지역 등 그 차이를 정당화할 수 없는 요인들에 지나치게 의존하는 것에서 기인한다. 반대로 학습자의 능력과 노력에 따른 성취도의 차이는 형평의 관점에서 정당화될 수 있으며, 학습자의 능력과 노력이 성취도 검사 결과에 충분히 반영되지 않는다면 이 또한 형평성의 문제를 가져올 수 있음을 의미한다.

본 장에서는 새로운 수행과제에 입각한 대규모 수행평가 방식인 2000 OECD 국제학생성취도평가를 통해 수집된 우리나라 표본 학생들의 PISA 성적, 그들의 재학 중인 학교 수행평가 결과와 전통적인 학교학업성적평가 결과(중간 기말고사성적)의 세 가지를 평가의 목적과 교육 형평의 관점에서 비교하고 실증적 분석 결과를 제시한다.

본 연구에서는 수행평가를 두 가지 종류로 나누어 다루었다. 간단히 이를 여기서 정의하고자 한다. "학교수행평가"는 학교단위에서 교사들이 개별 수업 또는 일련의 수업 활동 속에서 활용하는 수행평가를 말한다. 이에 대해 PISA에서 보는 것처럼 "대규모 수행평가"는 일정한 수행기준을 상정하고 이를 토대로 다수의 학생들에 일제히 실시되는 방식의 수행평가를 말한다. 본 연구에서는 또한 수행평가가 아닌 학교성적평가 즉 중간고사와 기말고사에 의한 전통적인 우리나라 학교에서의 성적평가를 "지필평가"라는 용어를 사용하여 지칭하였다.

본 연구는 평가와 형평의 문제를 연구하면서 평가에 영향을 미치는 배경변인으로 ① 학습자 부모의 학력, ② 학생의 거주통학지역을 검토한다. 분석 자료는 PISA 2000 한국 학생들에 대한 조사시 입수된 자료를 사용하였으며 학생들의 반응 항목번호를 그대로 수치척도로 사용하여 분석하였다.

PISA 2000 배경변인 관련 설문 문항

문항12(학력1) 어머니의 최종 학력은?

학교를 다닌 적이 없거나 초등학교 중퇴	☐ 1
초등학교 졸업/중학교 중퇴	☐ 2
중학교 졸업/고등학교 중퇴	☐ 3
실업계 고등학교 졸업/전문대, 교대, 대학교 중퇴	☐ 4

일반계 고등학교 졸업/전문대, 교대, 대학교 중퇴   □ 5
전문대, 교육대학 졸업   □ 6
4년제 대학교 졸업/대학원 중퇴 및 수료   □ 7
6년제 대학교(의대, 치대) 졸업   □ 8
석사 학위 취득   □ 9
박사 학위 취득   □ 10

문항13(학력2)아버지의 최종 학력은
학교를 다닌 적이 없거나 초등학교 중퇴   □ 1
초등학교 졸업/중학교 중퇴   □ 2
중학교 졸업/고등학교 중퇴   □ 3
실업계 고등학교 졸업/전문대, 교대, 대학교 중퇴   □ 4
일반계 고등학교 졸업/전문대, 교대, 대학교 중퇴   □ 5
전문대, 교육대학 졸업   □ 6
4년제 대학교 졸업/대학원 중퇴 및 수료   □ 7
6년제 대학교(의대, 치대) 졸업   □ 8
석사 학위 취득   □ 9
박사 학위 취득   □ 10

학교 수행평가는 그것이 전통적인 학업성적과 같은 학력관과 가치관에 입각한 이상 지필평가 성적과 마찬가지로 부모의 학력(學歷)수준 학생의 거주지역 등 학생 배경 변인의 영향을 여전히 받을 것이며, 숙제 형태의 과제수행 등 가정에서의 학습이 많아지고 교사의 재량이 커짐에 따라 이러한 배경변인의 영향은 전통적인 지필평가점수보다도 오히려 더욱 커질 것이라는 의문이 야기될 수 있을 것이다.

본 연구 결과에 따르면 학교 수행평가는 그 평가 내용에 있어 대규모 수행평가보다 학교지필평가에 훨씬 가까우며와 양 평가의 점수는 상당한 상관관계를 가지고 있다. 문제는 그 점수에 있어서는 학생의 학부모의 학력, 거주지역과 같은 배경변수들의 영향을 지필 검사보다도 더 많이 받고 있다는 점이다. 그래서 부모의 학력이 높을수록, 그리고 대도시의 학생일수록 좋은 점수를 받을 확률이 높은 기존 학력평가의 경향은 지필평가보다도 학교 수행평가에서 더욱 심화될 것이라는 추정을 할 수 있다.

이상과 같은 점을 감안할 때, 학교 수행평가는 전통적인 지필평가보다 학생의 배경에 의한 영향은 더욱 많이 받고 학습자의 자기주도성의 영향은 작아지는 점에서 교육의 형평 문제를 심화시킬 것이라는 추론을 할 수 있다,
한편, PISA와 같은 대규모 수행평가의 경우, 한국의 학부모 교사 학생들은 이러한 새로운 종류의 학력관, 교육적 가치관에 입각한 학습성취에 대하여는 동기개발 자체가 되어 있지 않으며 대체로 전통적인 지필평가 성적을 향해 동기화되어 있는 상황이라고 보아야 할 것이다. 그러므로 PISA와 같은 성취도 검사는 한국의 학생들을 대상으로 시행할 경우 전통적인 지필평가와는 매우 다른 예측불허의 결과를 나타낼 가능성이 높다. 부모의 학력, 학생 거주지역과 같은 요인의 영향을 받지 않을 가능성이 높으며, 교육의 형평이 학교 수행평가나 지필평가에 비해 상대적으로 덜 문제될 것이라는 추론이 가능하다.

추론 1. 학교 수행평가점수와 지필평가점수는 다 같이 학생의 가정적 지역적 배경변인의 영향을 받을 것이며, 그 영향의 정도는 학교 수행평가가 더욱 클 것이다.

추론 2. PISA와 같은 대규모 수행평가점수는 학교지필평가나 학교수행평가와의 이질성이 비추어 학생의 가정적 지역적 배경변인이나 학생의 자기주도성의 영향을 덜 받을 것이다.

위의 두 가지 추론이 긍정된다면 마지막으로 다음과 같은 결론을 내릴 수 있을 것이다. 적어도 한국에서는, 학교 수행평가가 교육의 형평상의 문제를 가지고 있는 것은 기존의 교과 학업성적 중심의 가치관을 지닌 교사들의 관찰에 의존하는 수행평가의 평가방식에 기인하는 것이라는 점이다. 반면, PISA와 같이 평가의 목적 자체가 달라지는 데서 기인하는 형평의 문제는 적어도 학부모와 학생들이 이와 같은 새로운 평가목적에 의해 동기화가 되어 있지 않은 한국의 상황에서는 생기지 않을 것이라는 추론이 가능하다.
이후의 절에서는 위의 잠정적 들을 데이터를 통해 실증적으로 분석하고

하고자 한다. 이를 위해서 이상의 추론들을 다음과 같이 정리하여 통계적 분석을 통해 경험적 자료 속에서 검토할 것이다.

3. 학습성취와 부모의 영향

부모의 학력에 대하여는 우선 어머니의 학력을 기준으로 할 것인가 아니면 아버지의 학력을 채택할 것인가 아니면 부모의 학력을 함께 감안할 것인가가 문제이다. 상당수의 학업성취 연구에서 학력을 주요 변인으로 할 때 어머니의 학력을 기준으로 하고 있다. 그러나 본 연구에서는 이를 각각 따로 검토하기로 하였다. 왜냐하면, 전통적인 학업성적의 경우는 모의 영향이 중요할지 모르나 평가의 내용 자체가 크게 달라지는 대규모 수행평가에서는 부의 영향과 모의 영향이 별개일 수 있다고 보기 때문이다.

OECD/PISA의 학생설문은 부의 학력과 모의 학력을 초등학교 졸업 미만에서 시작하여 각각 10단계로 구분하여 조사하고 있다. 본 연구에서는 문항 반응에 따라 1-10점까지 점수를 부여하여 부모의 학력 점수를 각각 산출하여 사용하였다. 그리고 범주형 변수로 사용할 때에는 고졸 미만 저학력 그룹(문항 반응1-3)은 1.00, 4년제 대학 이상 고학력 그룹(문항반응 7-10)은 2.00, 기타는 중위 그룹으로 .00의 코드를 부여하여 사용하였다.

먼저 부와 모의 학력별로 나타난 각 성취도 점수의 기술통계량은 다음의 두 표와 같이 나타났다. 이를 보면 전통적 지필고사 성적은 부모가 저학력(고졸 미만)이냐 중학력 이상(고졸 이상)이냐에 따라 일견 확실한 차이가 나고 있다. 반면 학교수행평가의 경우에는 중학력과 고학력 사이에서 고학력의 경우 오히려 성적이 떨어지는 경향을 보이고 있다.

<표 4-2> 모의 학력-평가방법에 따른 점수 차이

모구분		PISA	지필평균	학교수행평균	자기주도성
1-3	평균	54.3868	56.1176	79.3464	66.2773
저학력	N	220	220	220	220
	표준편차	13.5849	18.1821	21.8557	15.2188
4-6	평균	51.2026	59.9235	82.8650	70.3131
중학력	N	198	198	198	198
	표준편차	16.3929	17.8795	18.7253	13.6973
7-10	평균	45.2114	58.7980	76.5730	72.1000
고학력	N	30	30	30	30
	표준편차	17.2395	17.5308	64.4333	15.7313
합계	평균	52.3651	57.9792	80.7157	68.4509
	N	448	448	448	448
	표준편차	15.3028	18.0614	20.5571	14.7264

<표 4-3> 부의 학력 - 평가방법에 따른 점수 차이

부구분		PISA	지필평균	학교수행평균	자기주도성
1-3	평균	54.3196	55.9723	79.2799	67.2573
저학력	N	171	171	171	171
	표준편차	14.0966	18.5803	22.0287	14.5494
4-6	평균	53.4527	59.2442	83.6007	67.7571
중학력	N	210	210	210	210
	표준편차	15.0100	17.1836	18.1685	14.9760
7-10	평균	43.9675	59.1359	77.0303	73.6716
고학력	N	67	67	67	67
	표준편차	16.5973	19.2286	23.0276	13.4315
합계	평균	52.3651	57.97992	80.7157	68.4509
	N	448	448	448	448
	표준편차	15.3028	18.0614	20.5571	14.7264

좀 더 객관적으로 설명하기 위하여 회귀분석을 한 결과가 다음에 나타
나 있다. 먼저 학교 수행평가점수와 지필평가점수 각각을 종속변수로 하는
거주지역, 부의 학력, 모의 학력 3개 독립변인의 회귀모델에 의한 분석 결

과를 다음 표에 나타내었다. 회귀모델의 R값이 학교 수행평가의 경우 .146
이고 지필평가의 경우는 .111이다. 이는 각 점수의 2.1%와 1.2%가 3개의
학생배경변인에 의해 설명되며 학교 수행평가가 지필평가보다도 그만큼 배
경변인의 영향을 더 받음을 보여주는 것이라고 볼 수 있다.

<표 4-4> 두 개의 학교성적의 회귀모형 비교

종속변수 모형 검정	독립변수	비표준화계수		표준화계수	t	유의 확률
		B	표준오차	β		
학교수행평가	(상수)	221.082	10.343		21.375	.000
점수(P1)	거주지역(R)	10.559	3.485	.143	3.029	.003
p= .023	모의 학력(M)	1.017	2.098	.026	.485	.628
R= .146	부의 학력(F)	-.890	1.748	-.027	-.509	.611
지필평가	(상수)	153.973	9.129		16.867	.000
점수(P2)	거주지역(R)	2.978	3.076	.046	.968	.334
p= .138	모의 학력(M)	2.669	1.852	.077	1.442	.150
R= .111	부의 학력(F)	.862	1.543	.030	.558	.577

P1=221.082+10.559R+1.017M-0.890F P2=153.973+2.978R+2.669M+0.862F

특히 학교 수행평가의 경우 모델의 유의확률이 .023으로서 일반적인 오
차 한계 .05범위 내에 있는 데 비해 지필평가는 .138로 유의미한 모델의 성
립 한계 밖이다. 그만큼 학교 수행평가에 대한 학생배경변인의 영향이 분
명하다. 각각의 모델 내에서 표준화계수를 비교하면 점수에 대한 각 배경
변인들의 영향력의 다소를 짐작할 수 있다. 학교 수행평가의 경우는 .143의
표준화계수 값을 갖는 거주지역의 영향이 큰 반면, 지필평가의 경우는 개
별 계수의 유의도가 오차 한계 밖임을 감안하더라도 모의 학력이 상대적으
로 다른 배경변인보다 영향이 크다.

그런데 배경변인 3개를 종합적으로 검토한 이상의 회귀분석 결과는 개
별적인 독립변수별로 학교 수행평가와 지필평가의 각 종속변수에 주는 영
향의 다소를 일목요연하게 보여주기 어려운 문제점이 있다. 서로 다른 모

델 간의 표준화계수를 평면적으로 비교하는 데 무리가 있기 때문이다. 그 래서 본 연구에서는 다시 각각의 배경변인 별로 학교 수행평가와 지필평가 의 두 개 종속 변인에 대한 다변량분산분석을 수행함으로써 이들 배경변인 의 영향력의 다소를 비교하기로 하였다.

부모 각각의 학력, 학생거주지역을 각각을 독립변인으로 학교 수행평가 및 지필평가점수라는 두 개의 종속변인에 대한 다변량 분석 모델의 성립－ 즉 종속변인이 이들 배경변인의 영향을 받는다는 것을 확인하는 것이 영향 의 정도를 비교 검토하는 본 연구의 상기 추론에 따른 분석에 있어 선결요 건이다. 다음 2개의 다변량 검정결과 도표는 모의 학력은 p<.01 수준에서, 부의 학력은 p<.05 수준에서, 각각의 배경 변인과 두 개의 학교점수 간에 다변량분산분석 모델이 유의미하게 성립함을 보여주고 있다.

〈표 4-5〉 다변량 검정: 부 학력[d:]

Effect		Value	F	Hypothesis df	Error df	Sig.
Intercept	Pillai's Trace	.930	2983.242a	2.000	446.000	.000
	Wilks' Lambda	.070	2983.242a	2.000	446.000	.000
	Hotelling's Trace	13.378	2983.242a	2.000	446.000	.000
	Roy's Largest Root	13.378	2983.242a	2.000	446.000	.000
부 학력	Pillai's Trace	.022	2.461	4.000	894.000	.044
	Wilks' Lambda	.978	2.457a	4.000	892.000	.044
	Hotelling's Trace	.022	2.453	4.000	890.000	.045
	Roy's Largest Root	.015	3.267b	2.000	447.000	.039

a. Exact statistic c. Design: Intercept＋부 학력

b. The statistic is an upper bound on F that yields a lower bound on the significance level.

〈표 4-6〉 다변량 검정: 모학력[d:]

Effect		Value	F	Hypothesis df	Error df	Sig.
Intercept	Pillai's Trace	.946	3890.273[a]	2.000	446.000	.000
	Wilks' Lambda	.054	3890.273[a]	2.000	446.000	.000
	Hotelling's Trace	17.445	3890.273[a]	2.000	446.000	.000
	Roy's Largest Root	17.445	3890.273[a]	2.000	446.000	.000
지역	Pillai's Trace	.029	3.337	4.000	894.000	.010
	Wilks' Lambda	.971	3.338[a]	4.000	892.000	.010
	Hotelling's Trace	.030	3.339	4.000	890.000	.010
	Roy's Largest Root	.024	5.316[b]	2.000	447.000	.005

a. Exact statistic c. Design: Intercept + 지역

b. The statistic is an upper bound on F that yields a lower bound on the significance level.

부의 학력 효과

다음은 독립변인과 종속변인 각각의 사이에 영향력 관계의 확인을 위한 다변량 분석 개체 간 효과 도표이다. 아버지의 학력과 학교지필평가성적, 아버지의 학력과 학교 수행평가성적 간에는 유의도가 각각 .184, .051로서 $p<.05$의 정확성을 가지고 말한다면 개별적인 영향력 관계를 추정할 수 없다.

조사방법에서 다변량 분석모델의 성립이 유의도 검정을 통과한 것은 수행평가와 지필평가 전체적으로 보았을 때 부의 학력에 의해 영향을 받는다는 것이며 개별적인 영향력 관계를 추정하는 것은 일반적인 오차의 한계를 넘는 추정이라고 볼 수 있다. 그러나 다변량 분산분석 모델자체가 유의의하게 성립한 이상 여기서의 문제는 종속변수 각각에 대한 영향의 유의성 정도가 아니라 영향력 관계가 어느 쪽이 큰 것인지 하는 점이다.

도표상 F통계 값의 크기는 두 개의 영향력 간의 정도를 비교하는 지표로 사용될 수 있다. 도표상의 F값은 수행평가에 대한 것이 2.993 지필평가 쪽이 1.699로서 학교 수행평가에 대한 부 학력의 영향력이 더욱 클 것이라는 추정이 가능하다. 이러한 추정은 앞서 모델의 성립을 확인한 때와 마찬

가지로 p<.05의 오차 한계 내에서 수용될 수 있는 추정이라고 본다. 이러한 추정의 타당성은 각 점수와 부의 학력 간의 회귀상관을 나타내는 R제곱 값이 각각 .013과 .008로 나타난 것에서 다시 한번 확인할 수 있다.

<표 4-7> 개체 간 효과 검정: 부 학력

Source	Dependent Variable	Type Ⅲ Sum of Squares	df	Mean Square	F	sig.
Corrected Model	학교수행합계	22488.208a	2	11244.104	2.993	.051
	지필합계	9903.080b	2	4951.540	1.699	.184
Intercept	학교수행합계	20242628.396	1	20242628.396	5387.991	.000
	지필합계	10729064.324	1	10729064.324	3681.719	.000
부 학력	**학교수행합계**	22488.208	2	11244.104	**2.993**	**.051**
	지필합계	9903.080	2	4951.540	**1.699**	**.184**
Error	학교수행합계	1679374.638	447	3756.990		
	지필합계	1302622.840	447	2914.145		
total	학교수행합계	28116325.168	450			
	지필합계	14922389.028	450			
Corrected total	학교수행합계	1701862.846	449			
	지필합계	1312525.920	449			

a. R Squared=.013(Adjusted R Squared=.009)
b. R Squared=.008(Adjusted R Squared=.003)

모의 학력 효과

마찬가지로 다음 도표는 어머니의 학력이 점수에 미치는 영향이 지필검사에 대해서보다도 수행평가성적에 더 크다는 것을 보여 주고 있다. 각각의 경우 F값은 2.335, 2.221로서 수행평가 쪽의 통계량이 더 크며 이는 본 연구의 추정을 지지하고 있다.

〈표 4-8〉 개체 간 효과 검정: 모 학력

Source	Dependent Variable	Type Ⅲ Sum of Squares	df	Mean Square	F	sig.
Corrected Model	학교수행합계	16745.425a	2	8372.713	2.221	.110
	지필합계	13572.432b	2	19757.015	5.313	.098
Intercept	학교수행합계	11975474.725	1	11975474.725	3176.655	.000
	지필합계	6413804.238	1	6413804.238	2207.139	.000
모학력	**학교수행합계**	16745.425	2	8372.713	**2.335**	**.110**
	지필합계	13572.432	2	6786.216	**2.221**	**.098**
Error	학교수행합계	1685117.421	447	3769.838		
	지필합계	1298953.488	447	2905.936		
total	학교수행합계	28116325.168	450			
	지필합계	14922389.028	450			
Corrected total	학교수행합계	1701862.846	449			
	지필합계	1312525.920	449			

a. R Squared = .023(Adjusted R Squared = .019)
b. R Squared = .011(Adjusted R Squared = .006)

4. 수행평가와 지역의 영향

학생의 거주지역

    학생의 거주지역은 재학 학교 소재를 기준으로 전국 6대 도시를 대도시로 하고, 그 외 시 지역을 중소도시로 기타 읍·면 지역과 구분하여 3개의 변수 값을 가진 범주형 변인화하였다. 이러한 구분은 최근 농촌지역을 포함하는 광역시가 다수 출현함으로써 다소 타당성이 떨어지는 구분이 될 수 있으나 제한된 연구상황을 감안하여 그대로 채택한다.

    본 연구조사에서 사용한 학생표본은 총 448명이며 모두 2000년 8월 현재 고등학교 1학년 재학생이다. 이를 거주지역과 소속학교별로 요약하면 다음과 같다.

<표 4-9> 표본의 구성

단위: 학교 수(개)

소속 학교	거주지역분류			
	대도시	중소 도시	읍·면 지역	총 합계
인문고	50	134	161	345
실업계고	103	-	-	103
총합계	153	134	161	448

도표들에 나타난 점수들을 보면 대체로 당초의 예상과 크게 어긋나지 않는 분포를 보여 주고 있음을 알 수 있다. 즉, 지필평가, 학교 수행평가, 자기주도성 점수는 고학력 부모, 도시지역의 학생들이 그 외의 학생들 보다 높은 평균점수를 보여주고 있는 반면, PISA 평가점수는 읍·면 지역의 학생들, 저학력의 부모를 가진 학생들이 높은 점수를 얻고 있다. 학교 수행평가의 경우는 그 중간에서 불투명한 경향을 보인다.

〈표 4-10〉 지역 - 평가방법에 따른 점수 차이

지 역		PISA	지필평균	학교수행평균	자기주도점수
대도시	평균	55.2074	58.2012	83.6406	69.0196
	N	153	153	153	153
	표준편차	20.3273	17.9011	14.3680	14.523
중소도시	평균	44.5054	60.3969	82.2624	70.7537
	N	134	134	134	134
	표준편차	11.2356	16.9576	20.9566	13.7668
읍면지역	평균	56.2055	55.7559	76.6490	69.9938
	N	161	161	161	161
	표준편차	9.0802	18.9206	24.3436	15.3816
합계	평균	52.3651	57.9792	80.7157	68.4509
	N	448	448	448	448
	표준편차	15.3028	18.0614	20.5571	14.7264

거주지역의 효과

마찬가지로 다음 도표는 학생의 거주지역 배경이 점수에 미치는 영향이 지필 검사에 대해서보다도 수행평가성적에 대하여 더 크다는 것을 보여 주고 있다. 각각의 경우 F값은 2.455, 5.313으로서 수행평가 쪽의 통계량이 더 크며 이는 본 연구의 추정을 지지하고 있다.

<표 4-11> 개체 간 효과 검정: 지역

Source	Dependent Variable	Type Ⅲ Sum of Squares	df	Mean Square	F	sig.
Corrected Model	학교수행합계	39514.031a	2	19757.015	5.313	.005
	지필합계	14262.344b	2	7131.172	2.455	.087
Intercept	학교수행합계	26328434.372	1	26328434.372	7079.627	.000
	지필합계	13589566.090	1	13589566.090	4678.970	.000
지역	**학교수행합계**	39514.031	2	19757.015	**5.313**	**.005**
	지필합계	14262.344	2	7131.172	**2.455**	**.087**
Error	학교수행합계	1662348.816	447	3718.901		
	지필합계	1298263.576	447	2904.393		
total	학교수행합계	28116325.168	450			
	지필합계	14922389.028	450			
Corrected total	학교수행합계	1701862.8461	449			
	지필합계	1312525.920	449			

a. R Squared = .023(Adjusted R Squared = .019)
b. R Squared = .011(Adjusted R Squared = .006)

5. 대규모수행평가와 교육의 형평

앞장에서 이미 지적한 것처럼 PISA 성취도 검사는 전통적 지필평가 또는 학교 수행평가와는 성격이 전혀 다른 성취도 검사라는 것이 확인되었다. 이를 부모의 학력, 거주지역, 자기주도성과의 관계 측면에서 확인하기 위하여 PISA 점수를 종속변수로 하고 부와 모의 학력, 거주지역, 자기주도성의 4가지 학습자 변인을 독립변수로 하여 회귀모형을 구한 결과는 다음 도표와 같다. 이때의 회귀모형은 유의도 .000으로 매우 높으나 회귀상관이 .220으로서 R제곱이 .048이다. 이는 PISA 점수의 4.8%만이 이 회귀모형으로 설명된다는 의미이다.

〈표 4-12〉 PISA 점수 회귀분석 모형 1

모형 검정 p = .000, R = .220	비표준화계수		표준화계수	t	유의 확률
	B	표준오차	β		
(상수)	65.874	11.344		5.807	.000
자기주도성(S)	-8.188E-02	.049	-.079	-1.669	.096
모의 학력(M)	-.786	.517	-.081	-1.519	.130
부의 학력(F)	-1.140	.429	-.141	-2.657	.008
거주지역(P)	2.889E-03	.856	.000	.003	.997

* 모형: PISA = 65.874-0.08188S-0.786M-1.14F+0.002889P

각 계수들의 음양부호와 표준화계수의 크기에 따라 배경변인들의 PISA 점수에 대한 영향을 추정하자면 ①부모의 학력이 높을수록 PISA 점수는 낮아지며 ② 자기주도성이 높을수록 PISA 점수는 낮아진다는 추론이 가능하다. 배경변인의 이러한 영향은 전통적인 학업성취도가 부모, 지역, 자기주도성에 의해 영향 받는 방향과는 정반대의 양상을 보여 준다.

그러나 이 모형에서 각 계수의 유의확률을 보면 유의수준 p<.05를 만족시키는 변인은 부의 학력뿐이다. 특히 거주지역의 경우는 표준화계수 값이 거의 제로에 근접하며 유의도 역시 .997로서 전혀 의미가 없다. 따라서 PISA 점수를 예측할 수 있는 변인은 아버지의 학력뿐이며 이 경우에도 그 설명력은 매우 낮다. 이러한 분석결과는 본 연구의 PISA 점수의 이질성과 예측불가능성을 추정한 추론 에 부합하는 것이다.

상기 회귀모형이 설명력이 매우 낮기 때문에 본 연구에서는 추가로 다른 제2의 모형을 찾아보기로 하였다. 이를 위해 당초의 448명 표본에서 대도시 소재 학교만이 포함된 실업고등학교를 제외한 인문계 고등학교 학생 334명만으로 제2표본을 구성하여 회귀분석을 실시한 결과 얻어진 모형이 다음 도표에 요약되었다.

<표 4-13> PISA 점수 회귀분석 모형 2

모형 검정 p=.000, R=.672	비표준화계수		표준화계수	t	유의 확률
	B	표준오차	β		
(상수)	19.143	3.732		5.156	.000
모의 학력(M)	-.755	.384	-.089	-1.967	.050
부의 학력(F)	-.359	.315	-.052	-1.140	.255
자기주도성(S)	7.319E-02	.037	.082	1.968	.050
거주지역(P)	12.156	.786	.648	15.464	.000

* 제2모형: PISA=19.143-0.755M-0.359F+0.07319S+12.156P

위의 제2의 회귀모형은 회귀상관이 .672로 높은 수준이며 R제곱이 .452로 이 회귀식은 PISA 점수의 45.2%를 예측할 수 있다. 또 부의 학력을 제외하면, t 통계량이 충분히 커서 각 배경변인들은 p<.05 수준에서 유의미한 변수라는 추정을 할 수 있다.

그런데 이 경우에도 모의 학력이 높을수록, 거주지역이 대도시로 갈수록 PISA 점수에는 약간의 부정적 영향을 미친다. 단지 자기주도성 점수만이 양간의 긍정적 영향을 미칠 뿐이다. 즉 제2의 회귀분석의 결과는 여전히 PISA 점수가 전통적인 학력과는 매우 이질적인 것임을 확인해 주고 있는 것이다.

Ⅴ. 학습자의 자기주도성의 실체

수행평가는 특히 학습자의 자기주도성을 강조하고 있다. 학습자의 자기주도성은 이러한 근거에서 평가점수의 차이를 정당화할 수 있는 좋은 요인이다. 성인학습에서의 자기주도성 개념 발전 경과와 열린교육이 국내에 확산되면서 자기주도성 개념이 학교현장을 중심으로 널리 사용되고 있음은 이미 언급한 바 있다. 이와 관련한 국내연구는 아직 희귀하다.

한편, 자기주도성과 같은 학습자의 특성은 전통적인 학업성적과 마찬가지로 부모의 학력이 높을수록 또 도시 지역일수록 높다는 연구 결과를 감안하면 이 역시 전통적인 학습평가방법과 아카데미즘에 입각한 전통적 학력중심의 학교문화에 의해 존중되고 동기화된 학습자의 특성일 가능성이 높다. 즉, 자기주도성은 개념적으로는 특정의 평가방법과 무관하지만 사실상으로는 그동안 오래 사용되어온 평가관행인 지필평가와의 상호작용을 통해서도 그에 맞게 강화된 특성들을 다수 포함할 수 있는 것이다. 따라서 학습자의 자기주도성이 새로운 평가방법과의 상호작용을 통해 높은 평가점수로 이어지려면 상당한 적응 기간이 필요할 것이다. 그래서 본 장에서는 다음과 같은 가정을 검토한다: **학생의 자기주도성의 정도는 학생의 가정적 지역적 배경에 영향을 받으며 특정의 평가방법과 더욱 밀접한 상관이 있을 것이다. 그중에서도 학교 수행평가나 대규모 수행평가보다는 전통적 지필평가와 더욱 밀접한 관련이 있을 것이다.**

1. 자기주도성 및 유사 개념들

본 연구에 있어서 자기주도성은 학업성취도의 차이를 불평등이 아니라고 정당화할 수 있는 사유이다. 실증적인 자료를 놓고 분석을 하기 전에 개념적으로 정리해야 할 사항이 자기주도성(self-directedness)이다. 특히, 최근 많이 사용되는 개념인 메타인지, 실용적 인지와의 구별이 필요하다. 더 나아가 자기주도성이 다른 학습자 배경변인들과 어떤 관계에 있는지 먼저 기존 연구문헌을 통해 검토한다.

Candy(1999)에 의하면 자기주도성은 4가지 심리적 차원을 지닌다고 한다. 개인적 자율성, 스스로 학습하고자 하는 의지와 능력으로서의 자기관리, 형식적 교육 상황에서 자신의 학습을 조직하는 통제 행동, 형식적 교육 이외의 학습 기회의 지속적 추구와 활용지가 그것이다.

한편, 자기주도성과 유사한 개념인 메타인지(meta-cognition)에 대해서 차경수(1993)는 자신이 하고 있는 사고가 잘되고 있는지를 반성하고 점검하는 활동 즉 사고에 대한 사고이며, 탐구의 과정 자체를 다시 사고하는 것이라고 설명된다. 차경수가 메타인지를 사고에 대한 사고로서 비교적 협소하게 정의하는 반면, O'Neil & Brown(1998)은 메타인지 검사도구를 작성하면서 ① 다양한 시도 등과 같은 인지전략 요인 ② 자신의 행동과 성과를 반성하는 자기 점검 요인 ③ 타인의 기대에 대한 반응 등 근심요인 ④ 최선을 다하는 등 노력 요인의 4가지를 포함시켜 광범하게 정의하였다.

실용적 인지(practical cognition)는 미국의 Sternberg와 같은 학자에 의해 연구되고 개념이 발전되어 왔으나 간단히 정의하자면 성공적인 삶의 지혜라고 말할 수 있다. 연구사적으로는 실용적 지능(practical intelligence), 암묵지(tacit or informal knowledge)와 같은 개념들이 제시되어 연구된 성과들을 종합하여 1997년부터 미국 캐나다 양국정부와 OECD 공동의 국제 생애능력조사사업(ILSS: International Life-Skills Survey)이 계획되는 것을 계기로 하여 실용적 인지라는 개념으로 정립되기 시작하였다.

Sternberg(1999)는 인간의 인지적 기능을 분석적 창의적 실용적의 세 가지로 크게 나누고 실용적 인지를 기왕의 분석적 창의적 기능과 분명하게 구별되는 개념으로 사용하고 있다. Sternberg외 2인(1999)은 실용적 인지의 측정도구인 "일상상황판단검사지(ESJI: Everyday Situational Judgement Inventory)"를 개발하여 미국과 스페인의 학생들을 대상으로 문하의 신뢰도 검사를 성공적으로 마친 바 있다. 이 일상상황판단검사지의 문항개발 과정에서는 다음과 같은 3×5 요인 매트릭스에 나타난 15개 요인이 실용적 인지의 요인준거로 사용되었다.

〈표 5-1〉 일일상황판단요인 매트릭스

	동기개발	상황해석	행동	노선의 추구	조직 활동 (organizing)
자신을 다루기					
타인을 다루기					
과업을 다루기					

이상에서 자기주도성, 메타인지, 실용적 인지의 세 가지 개념을 간략히 소개하였다. 위의 설명에서 알 수 있는 점은 다음 세 가지이다.

첫째, 차경수가 말하는 협의의 메타인지 즉 자신의 생각이나 행동에 관한 반성적 사고는 자기주도성, 메타인지, 실용적인지 모두에 공통된 요인이라는 점이다.

둘째, 자기주도성의 개념과 넓게 해석된 메타인지의 개념은 많은 공통점을 가지고 있지만 전자는 주로 학습에 관한 태도, 자아개념에 중점이 있고 후자는 주로 인지 전략적 측면에 중점이 있다.

셋째, 실용적 인지의 개념은 현장에서의 행동 전략에 중점을 두고 있는 점에서 자기주도성 및 메타인지와 별로 공통점이 많지 않다는 점이다.

2. 자기주도성과 학습자의 사회경제적 배경

교육의 형평 문제를 연구의 초점으로 하는 본 연구에서는 이상에서 설명한 자기주도성, 메타인지, 실용적 인지 각각이 학습자의 사회경제적 배경과 어떤 관련이 있는지를 짚고 넘어 가지 않으면 안 된다. 이에 관한 기존 연구 결과에 의하면 부모의 학력이 높을수록, 도시지역의 학생일수록, 부모의 사회경제적 지위가 높을수록 학습자의 자기주도성과 메타인지 점수가 높은 것으로 나타나고 있다. 즉 전통적 평가에 의한 학업성취도와 같은 경향을 보인다는 것이다.

학습자 배경변인에 따른 자기주도성의 차이에 대하여, 최귀숙(1999)은 초·중·고등학생 460명을 대상으로 하여, 다음과 같이 통계적으로 유의미한 결과를 얻었다.

① 성별로는 자기주도성의 차이가 없다.
② 지역별로 대도시 농촌 중소도시의 순으로 높은 자기주도성을 보인다.
③ 어머니가 대졸, 고졸, 중졸인 순으로 높은 자기주도성을 보인다.
④ 부모의 소득수준이 높을수록 높은 자기주도성을 보인다.

한편 김명화(2000)는 O'Neil & Brown(1994)의 메타인지 개념에 따라서 초등학생들의 메타인지점수와 학생의 사회경제적 지위의 관계를 조사하였다. 결과는 메타인지의 하위요인에 따라 다소 다르지만 전체적으로는 집안이 어느 정도 잘사는 학생이 집안이 매우 어려운 학생보다 높은 메타인지점수를 나타냈다. 특히 이러한 경향은 협의의 메타인지에서 가장 두드러졌다.

3. 자기주도성 등과 평가점수와의 관계

자기주도성과 메타인지의 개념과 학습자의 사회경제적 배경에 대한 의존에 관한 이상의 조사결과들은 자기주도성과 전통적인 학업성취도 간에도 상당한 수준의 상관관계가 있을 것이라는 추정을 가능하게 한다.

자기주도적 학습을 모토로 하고 있는 열린교육 방법이 전통적 학업성취도에 미치는 영향에 대하여는 다수의 연구가 있다. 이인효(1998)는 국·내외 선행 연구들에 대하여, "이상과 같은 선행연구들을 종합하여 보면 한국에서 수행된 거의 모든 연구들은 열린교육이 인지적 영역이건 정의적 영역이건 긍정적인 영향을 미친다고 밝히고 있는 반면, 미국의 연구들은 양 영역에 있어서 상반된 주장을 하고 있음을 알 수 있다."고 결론짓고 있다.

사전·사후검사를 실시하여 열린교육의 효과를 밝히고자 한 연구는 김성식(1992)에 의하여 수행되었다. 그는 자신이 맡은 초등학교 2학년 학급에서 6개월 간 열린학습 형태로 수업을 하고, 국어과와 수학과에서 사전검사와 사후검사를 실시하여 열린교육을 실시하지 않은 일반 학급과 학습결과를 비교하였다. 그 결과, 일반 학급의 경우는 사전, 사후 간에 학습결과의 차이가 없었던 반면, 열린교육을 실시한 학급에서는 국어는 3.98, 수학은 4.55점이 향상되었음을 발견하였다. 이를 통하여 열린교육의 인지적 영역에서의 긍정적 효과를 입증하고 있다(이용숙, 1997 재인용).

열린교육의 경험이 추후 학습에 미치는 영향과 관련하여 몇몇 연구들은 초기의 열린교육 경험이 추후 학습에도 긍정적인 영향을 미치고 있음을 밝혀주고 있다. 이원영과 김창복(1996)은 초등학년 1학년 수학학습에 적용했던 개별화 교수방법이 5학년 학생의 수학성적에 영향을 미치는지를 규명하는 연구를 수행하였다. 이들은 연구를 통하여 1학년의 경험이 5학년의 수학 성적에 긍정적인 영향을 미친다고 밝혔다. 초등학교 1학년 아동들을 위한 수학과 개별화 학습방법은 초등학교 5학년 학생의 수학 학습능력을 증진시킨다는 것이다.

비인지적 영역에서도 열린교육을 경험한 학생들이 그렇지 못한 학생들보다 우수한 것으로 나타났다. 예를 들면, 가령 장정순(1996)은 열린교육을 경험한 초등학교 4-5학년 학생들과 그렇지 못한 학생들 간의 창의성을 비교하는 검사를 실시한 결과 개방성과 독창성에 있어서 열린교육을 경험한 학생들이 그렇지 못한 학생들보다 높았다고 보고하고 있다(이용숙, 1997 재인용).

열린교육의 효과는 동일학교 내에서만 영향을 미치는 것이 아니라 다른 수준의 교육과정에 이르러서도 확연히 나타난다는 연구가 있다. 예를 들면, 김은주(1994)의 연구는 열린 초등학교 출신 학생들이 중학교에 진학해서도 높은 성적을 유지하고 있음을 보고하였다. 1986년부터 열린교육이 실시된 운현초등학교 졸업생의 경우 각기 다른 중학교로 진학한 직후 실시한 배치고사에서 2/3학생이 상위 1/3안에 드는 점수를 얻었다는 것이다. 중학교 3학년까지 추후 검사에서도 다른 학생에 비하여 성적이 높은 것으로 나타났다는 것이다(이용숙, 1997 재인용).

수행평가의 경우에도 앞서 이미 인용한 김명화의 연구 결과는 열린교육에 관한 연구조사 결과와 일관성을 가지고 있다. 즉, 수행평가와 같이 고급수준의 과제를 부여하는 질문이나, 수행평가 방식을 동원한 수업이 학생의 지필고사 성적을 향상시키는 것이 발견되고 있는 것이다.

김명화(1999)의 연구는 수행평가형태가 학생들의 고급사고력 중 하나인 메타인지를 높이는 효과를 가져옴을 초등학교 6학년 대상의 실험을 통해 확인하면서 전통적인 수학학업성취도와 메타인지점수에 학생 가정의 사회경제적 지위에 따라 서로 다른 효과를 보이는지를 함께 다원 분산분석 방식으로 검사하였다. 김명화는 메타인지의 개념에 순수한 인지전략 요인 외에 O'Neil & Abedi의 견해를 따라서 자기조절, 노력, 근심과 같은 요인을 포함시키고 있는데 이러한 메타인지의 개념은 앞에서 검토한 학습자의 자기주도성 개념과 매우 흡사하다. 이 연구 결과에 따르면 사회경제적 지위는 전통적인 수학시험성적에 있어서는 유의미한 주효과를 끼치는 반면 인지전략, 노력, 근심, 자기점검과 같은 메타인지요인과 아무런 상호작용효과를 가져오지 않는 것으로 나타났다. 바꿔 말하면 수행평가는 메타인지 즉 자기주도성을 촉진하고 그와 상호작용하여 전통적 학업성적을 올리는데 기여한다는 것이다. 아울러 이러한 상호작용과 성적효과는 학생의 사회경제적 배경과 무관하다는 것이다.

이와 반대로 이광성(1997)의 연구는 메타인지와 학업성취도 간에 별로 관련이 없음을 발견하였음을 이미 소개한 바 있다. 메타인지가 전통적 학업성적과 어떤 관계에 있는지에 대하여는 아직 일치된 연구 성과가 없다고 볼 수 있다.

이상의 연구 결과들에 의하면 메타인지나 자기주도성과 전통적 학업성적과의 관련성 문제는 좀 더 많은 연구결과가 축적되어야 할 상황임을 알 수 있다. 특히 이들 연구는 모두 직접적으로 자기주도성과 전통적인 학업성취도 또는 메타인지와 학업성취도의 관계를 검증한 연구들이 아니다. 이들은 특정한 교수·학습 방법 즉 열린교육, 또는 수행평가, 또는 이와 유사한 형태의 교수 기법이 전통적 방식의 학업성취도 점수에 미치는 영향을 검토하면서 그 중간의 매개변인(parameter)의 하나로서 메타인지 또는 자기주도성 요인의 일부를 검토한 것들이다.

본 연구의 관점에 의하면 자기주도성은 학습자 특성의 하나로서 학업성취도의 격차를 정당화할 수 있는 요인이다. 그런데 이 자기주도성은 그 자체가 학생의 사회경제적 배경변인들의 영향을 받는 동시에 평가방법, 교수학습방법 등과 상호작용을 통해 평가점수에 영향을 미치는 매개변인의 성격을 상당히 가지고 있다. 따라서 실증적 분석을 시도할 때, 이러한 자기주도성 변인은 그 성격에 맞게 세심한 검토의 대상이 되어야 할 것이다.

4. 학습자의 자기주도성의 검증

자기주도성의 결정요인과 성격

자기주도성을 측정 가능한 개념으로 척도화한 것은 Gugliemnino이다. 그는 자기주도성을 척도화함에 있어서 처음에는 다음 8개의 요인을 사용하였다.

① 배움에 대한 사랑
② 효과적 독립적인 학습자로서의 자아개념
③ 배움에 수반되는 위험, 혼란 복잡함에 대한 참을성
④ 창의력과 다양한 접근
⑤ 평생학습의 관점과 태도
⑥ 학습의 주도권 선호
⑦ 낙관적 자기 이해
⑧ 자신의 학습에 대한 책임감.

학습의 자기주도성에 대한 경험적 조사를 위한 한국의 연구들에서는 통상 Guglienlmino가 1995년 개발한 자기주도학습 준비도 검사를 참고하여 설문조사를 작성 사용한다. 이들 연구는 자기주도 학습의 요소를 ① 학습에 대한 열정, ② 학습에 대한 개방성, ③ 학습에 대한 자기 확신, ④ 학습에 대한 책임성, ⑤독창적 접근의 5가지로 꼽고 이를 기초로 문항과 척도를 개발하여 사용하고 있다.

본 연구에서는 PISA의 학생설문에서 학습에 대한 학생의 긍정적 습관과 태도를 조사하기 위한 문항에 대한 반응 결과를 학생의 자기주도성에 가름하는 지표로 사용하였다. PISA 학생 설문지 36번이 그것인데 이 36번 문항은 다시 4점 척도의 선택지를 가진 28개 소문항으로 구성되어 있다.

그 내용이 대체로 상기 5가지 요소를 평가하는 것으로 판단되어 4점 척도로 된 동 문항 반응의 합산 점수를 지표로 사용하였다. 만점은 112점이다. 자기주도성을 범주형 변수로 사용할 경우에는 이 점수를 급간화하여 3개의 수준범주로 나누었다. 36번 문항의 내용은 다음과 같다.

문항36(자기주도성) 다음 진술문이 자신에게 어느 정도 해당되나요?
(각 항목별로 하나를 선택하세요. 참고로 '종종'은 '가끔'보다 더 잦은 빈도를 의미함)

	거의 없음	가끔	종종	거의 매번
1) 공부할 때 모든 것을 외우려고 애쓴다.	□ 1	□ 2	□ 3	□ 4
2) 아무리 어려운 내용의 지문도 이해할 자신이 있다.	□ 1	□ 2	□ 3	□ 4
3) 공부를 시작하기 전에, 배워야 할 것이 무엇인지를 정확히 파악한다.	□ 1	□ 2	□ 3	□ 4
4) 아무리 어려운 것도 배우고자 마음만 먹으면 나는 배울 수 있다.	□ 1	□ 2	□ 3	□ 4
5) 공부할 때 될 수 있는 한 많은 것은 외운다.	□ 1	□ 2	□ 3	□ 4
6) 취업 기회를 넓히기 위해 공부한다.	□ 1	□ 2	□ 3	□ 4
7) 공부할 때는 최선을 다해 노력한다.	□ 1	□ 2	□ 3	□ 4
8) 선생님이 가르쳐주시는 매우 복잡한 문제도 이해할 수 있다고 확신한다.	□ 1	□ 2	□ 3	□ 4
9) 공부할 때, 다른 과목에서 이미 배운 것들과 새로운 것을 연결시키려고 애쓴다.	□ 1	□ 2	□ 3	□ 4
10) 공부할 때, 새로운 내용을 모두 암기하여 줄줄 외운다.	□ 1	□ 2	□ 3	□ 4
11) 나쁜 성적을 받지 않겠다고 마음먹으면, 정말 그렇게 할 수 있다.	□ 1	□ 2	□ 3	□ 4
12) 공부할 때, 어려운 내용이라 할지라도 그만두지 않고 계속 파고든다.	□ 1	□ 2	□ 3	□ 4

	거의 없음	가끔	종종	거의 매번
13) 공부할 때, 배운 것을 모두 외웠는지 꼼꼼히 체크한다.	☐ 1	☐ 2	☐ 3	☐ 4
14) 경제적인 안정을 얻기 위해 공부한다.	☐ 1	☐ 2	☐ 3	☐ 4
15) 공부하는 내용을 혼자서 반복적으로 중얼거린다.	☐ 1	☐ 2	☐ 3	☐ 4
16) 문제를 틀리지 않으려고 마음먹으면, 정말 그렇게 할 수 있다.	☐ 1	☐ 2	☐ 3	☐ 4
17) 공부할 때, 어떻게 유용한 지식을 찾아야 하는지를 이해하고 있다.	☐ 1	☐ 2	☐ 3	☐ 4
18) 과제물과 시험에서 좋은 성적을 올릴 자신이 있다.	☐ 1	☐ 2	☐ 3	☐ 4
19) 공부할 때, 내가 제대로 이해하지 못한 개념이 무엇인지 파악하려고 노력한다.	☐ 1	☐ 2	☐ 3	☐ 4
20) 공부할 때, 배운 지식과 기술을 제대로 익히기 위해 최선을 다한다.	☐ 1	☐ 2	☐ 3	☐ 4
21) 내가 이미 알고 있는 것과 연결시킬 때, 공부가 더 잘된다.	☐ 1	☐ 2	☐ 3	☐ 4
22) 좋은 직장을 얻기 위해 공부한다.	☐ 1	☐ 2	☐ 3	☐ 4
23) 공부할 때, 가장 중요한 내용을 반드시 암기한다.	☐ 1	☐ 2	☐ 3	☐ 4
24) 어떤 것을 잘 배우려고 하면, 그렇게 할 수 있다.	☐ 1	☐ 2	☐ 3	☐ 4
25) 공부할 때, 내가 이미 알고 있는 것과 어떤 관련을 갖는지를 파악한다.	☐ 1	☐ 2	☐ 3	☐ 4
26) 배우는 내용을 마스터 할 수 있다고 확신한다.	☐ 1	☐ 2	☐ 3	☐ 4
27) 공부하다가 잘 이해가 되지 않는 부분이 있으면, 추가적인 정보를 찾아본다.	☐ 1	☐ 2	☐ 3	☐ 4
28) 공부할 때, 최선의 노력을 기울인다.	☐ 1	☐ 2	☐ 3	☐ 4

한편, 외국에서는 검증을 거쳤으나 한국 학생반응에 의해 검증이 충분히 되지 않은 28개 소문항들이 전체적으로 하나의 지표로 사용됨에 따른 신뢰도의 검증을 위해 SPSS 프로그램 상에서 신뢰도 분석을 행한바 높은 크론

바크의 α값 .9148을 얻었다. 기초 연구를 위한 지표인 경우 이 값은 .60 이상이면 된다고 보는 것이 보통이며, 현장적용연구에서도 .90 이상이면 신뢰성을 수용하므로 이 지표의 신뢰성은 매우 높다고 보아도 좋다. 동 분석결과는 다음과 같다.

〈표 5-2〉 신뢰도 분석: 분산분석표

Source of Variation	Sum of Sq.	DF	Mean Square	F	Prob.
Between People	3911.4372	507	7.7149		
Within People	9977.3929	13716	.7274		
Between Measures	981.9383	27	36.3681	55.3438	.0000
Residual	8995.4545	13689	.6571		
Total	13888.8301	14223	.9765		
Grand Mean	2.4909				

Reliability Coefficients
N of Cases = 508.0　　　　　　　　N of Items = 28
Alpha = .9148

　본 연구에서는 자기주도성 지표를 구성하는 상기 28개 소문항의 내용을 파악하기 위하여 응답결과를 놓고 요인분석을 실시하였다. 그 결과 아래의 도표에 집약되어 있는 바와 같은 6개의 요인을 추출하였다.

　추출된 성분에 대한 문항별 적재 값을 참고하여 문항 내용을 대조한 결과 6개의 주성분은 다음과 같이 척도 내 비중에 따른 순서로 해석될 수 있다. 괄호 안은 Guglienlmino의 학습의 자기주도성 5요인 중 해당성분과 관련지을 수 있는 것이다.

　제1성분: 자신감 의지력 각오(학습에 대한 자기 확신, 열정)
　제2성분: 이해, 파악력
　제3성분: 연상, 탐색, 상상, 유추력(독창성, 개방성)
　제4성분: 암기력, 기억력

제5성분: 끈기, 집중(책임성, 열정)

제6성분: 직업진로에 대한 관심(책임성 열정)

<표 5-3> 자기주도성의 요인분석과 설명된 총분산

성분	초기 고유값			추출 제곱합 적재 값			회전 제곱합 적재 값		
	합계	%분산	%누적	합계	%분산	%누적	합계	%분산	%누적
1	9.074	32.408	32.408	9.074	32.408	32.408	3.689	13.174	13.174
2	2.227	7.953	40.361	2.227	7.953	40.361	3.216	11.487	24.661
3	1.477	5.274	45.635	1.477	5.274	45.635	2.434	8.693	33.353
4	1.232	4.401	50.037	1.232	4.401	50.037	2.364	8.442	41.796
5	1.088	3.886	53.923	1.088	3.886	53.923	2.336	8.344	50.140
6	1.008	3.598	57.521	1.008	3.598	57.521	2.067	7.381	57.521

위의 6성분을 Guglienlmino의 자기주도 학습요인과 비교하면 제2성분과 제4성분인 이해력 파악력 암기력 기억력이 추가되어 있음을 알 수 있다. 상기 요인 적재량을 보면 이 두 성분이 차지하는 비중이 전체 변량의 약 19.9퍼센트를 차지하고 있다. 그만큼 본 연구에 사용하는 자기주도성 변인은 암기와 이해 중심의 학생에게 편향된 검사결과가 나올 가능성이 있다.

본 연구에서 자기주도성은 학생의 가정적 지역적 배경의 영향을 받는 동시에 평가에 의해서 동기화되고 강화된 특성으로 이해되었다. 따라서 이는 특정 사회에서 어떤 평가방법이 지배적인가에 따라 그 평가방법의 영향을 많이 받게 되리라는 추측을 가능하게 하는 것이다.

학생의 거주지역, 부와 모의 학력, 학교 수행평가-지필평가-PISA의 3가지 평가에 의한 점수를 독립변수로 하여 종속변수인 자기주도성 점수에의 회귀모델을 구성한 분석 결과는 다음 도표와 같다.

〈표 5-4〉 자기주도성의 회귀모형

모형 검정 p=.000, R=.422	비표준화계수		표준화계수	t	유의 확률
	B	표준오차	β		
（상수）	49.057	4.185		11.722	.000
거주지역(R)	.959	.049	.055	1.239	.216
모의 학력(M)	.880	.463	.094	1.900	.058
부의 학력(F)	.326	.388	.042	.840	.401
학교 수행평가점수(P1)	-1.178E-02	.013	-.049	-.942	.347
지필평가점수(P2)	.108	.014	.396	7.601	.000
PISA 점수(p.3)	-6.107E-02	.043	-.063	-1.435	.152

model: 자기주도성(SELF)＝49.057＋0.959R＋0.880M＋0.326F-0.01178P1
＋0.108P2-0.06107p.3

위 표에서 보는 것처럼 우리나라 학생의 자기주도성은 학생의 거주지역이나 부모의 학력과 같은 사회경제적 배경과 학생에 대한 평가방법의 두 가지 종류의 변인들과 .422의 다중회귀상관을 보이고 있다.

독립변수별로 보면, 학생의 배경변인 중 거주지역이나 부의 학력은 유의확률 p값이 높아 그 계수의 신뢰도가 떨어지나, 모의 학력은 그 p값이 .058로 .05의 신뢰수준에 근접하고 있으며 표준화계수도 .094로 다른 두 배경변수의 표준화계수 .055, .042보다 현저히 높은 수치를 갖고 있다. 즉 학생의 자기주도성은 학생의 배경변인의 긍정적 영향을 받으며 그중에서 모의 학력이 주는 긍정적 효과가 뚜렷하다고 볼 수 있다.

한편 자기주도성은 특정의 평가방법의 영향을 받는다. 앞서 9개의 학생 성적 점수와 자기주도성의 요인분석을 통해 지필평가가 자기주도성과 밀접한 관련이 있음을 시사한 바 있다. 위의 회귀분석 결과표를 보면 이것이 더욱 분명히 드러나고 있다. 즉, 지필평가점수의 유의도는 p=.000 수준에서 유일하게 의미 있는 변수임을 보여줌과 동시에 그 표준화계수는 .396으로서 6개의 독립변인 중에서 두드러지게 큰 값을 가지고 있다. 이에 비해 다른 두 평가점수는 유의도가 .347과 .152로서 비록 크게 유의미한 변수는 아니면서 그 계수의 부호도 음의 값을 취함으로써 자기주도성과 이들 평가방법 간의 무관성을 보여주고 있다.

자기주도성의 효과

한편 자기주도성을 시험성적에 영향을 미치는 독립변수로 간주하고분석을 수행해 보아도 사정은 마찬가지이다. 각각의 관계에 대해 .008과 .000의 유의도를 산출한 다음 다변량 분석표가 그것을 보여주고 있다.

이 도표는 또 학생의 자기주도성이 점수에 미치는 영향이 학교수행평가 보다도 지필평가 성적에 대해서 더 크다는 것을 보여 주고 있다. 즉 각각의 경우 F값은 4.923, 29.347로서 지필평가 쪽의 통계량이 더 크며 이는 본 연구의 추정을 지지하고 있다.

즉, 자기주도성 점수는 부모의 학력이나 지역과는 달리 수행평가 지필 검사 각각에 대해서 p<.01 이내의 오차 한계에서 확실한 영향을 미치고 있는 변인이다.

〈표 5-5〉 다변량 검정: 자기주도성[d:]

Effect		Value	F	Hypothesis df	Error df	Sig.
Intercept	Pillai's Trace	.922	2629.200[a]	2.000	446.000	.000
	Wilks' Lambda	.078	2629.200[a]	2.000	446.000	.000
	Hotelling's Trace	11.790	2629.200[a]	2.000	446.000	.000
	Roy's Largest Root	11.790	2629.200[a]	2.000	446.000	.000
자기	Pillai's Trace	.121	14.365	4.000	894.000	.000
주도성	Wilks' Lambda	.879	14.795[a]	4.000	892.000	.000
	Hotelling's Trace	.137	15.225	4.000	890.000	.000
	Roy's Largest Root	.135	30.182[b]	2.000	447.000	.000

a. Exact statistic c. Design: Intercept+SELF
b. The statistic is an upper bound on F that yields a lower bound on the significance level.

〈표 5-6〉 개체 간 효과 검정: 자기주도성

Source	Dependent Variable	Type Ⅲ Sum of Squares	df	Mean Square	F	sig.
Corrected Model	학교수행합계	36680.377[a]	2	18340.188	4.923	.008
	지필합계	152340.714[b]	2	76170.357	29.347	.000
Intercept	학교수행합계	17556356.366	1	17556356.366	4712.812	.000
	지필합계	8388829.638	1	8388829.638	3232.076	.000
자기주도성	학교수행합계	36680.377	2	18340.188	**4.923**	.008
	지필합계	152340.714	2	76170.357	**29.347**	.000
Error	학교수행합계	1665182.469	447	3725.240		
	지필합계	1160185.206	447	2595.493		
total	학교수행합계	28116325.168	450			
	지필합계	14922389.028	450			
Corrected total	학교수행합계	1701862.846	449			
	지필합계	1312525.920	449			

a. R Squared = .022(Adjusted R Squared = .017)
b. R Squared = .116(Adjusted R Squared = .112)

본 연구의 결과에 따르면 한국에 열린교육과 수행평가가 도입되면서 학생의 학습태도로서의 새롭게 부각되어 강조되고 있는 자기주도성은 PISA와 같은 대규모 수행평가와는 상대적으로 무관한 변인이며 학교 수행평가에 대해서도 오히려 전통적 시험에 대해서 보다 적은 영향을 미치고 있다. 즉 자기주도성은 전통적인 평가에 의한 학업성취도의 주된 요인이며 그 향상에 더욱 도움이 된다.

이론상으로는 수행평가가 학생들의 자기주도 학습, 구성력 등 능동적 학습태도를 더욱 강조함에도 불구하고 본 연구에서 측정한 자기주도력 점수는 학교 수행평가 성적보다는 지필 검사성적과 더욱 유의미한 관계를 가지고 있음을 드러내었다.

본 연구에서 학습자의 자기주도성이 수행평가보다도 전통적인 지필 검사 결과와 높은 상관을 갖는 것으로 나타난 것은 두 가지 점에서 시사적이다.

하나는 학습자의 자기주도성을 강조해온 열린교육이 전통적인 시험에 의한 학업성취의 향상을 가져온다는 국내 연구나, 수행평가 또는 고급수준의 질문이 학생들의 지필평가 성적을 향상시킨다는 국내 연구결과들을 이미 앞에서 소개하였는바, 본 연구조사의 결과가 이들과 상호 일관성을 보여주고 있다는 점이다.

또 다른 하나의 시사점은 학습자의 자기주도성이라는 것이 기존의 교육적 가치관과 학교문화에 의해 고취된 개념으로서 전통적인 학교성적과 보다 높은 상관을 보이는 것이 당연하지 않겠는가 하는 점이다. 이 점에 있어서 본 연구에서 계량화한 자기주도성의 척도가 OECD/ PISA 설문에 의한 것임에도 불구하고 이에 의한 자기주도성이 정작 PISA 점수와 별 상관이 없으며 오히려 한국의 전통적 시험성적과 더 관련이 깊게 나타난 것은 아이러니라고 볼 수 있다.

이러한 현상은 우선 지금 각국에서 확산되고 있는 실제 역량 중심의 대규모 수행평가들이 아직은 안정된 교육상의 관행으로 확립되지 못한 상태에 있을 뿐 아니라 개념적으로나 이론적으로 기반이 불충분하다는 것을 시사하는 것이다. PISA와 같은 역량중심의 수행평가에서는 Sternberg가 개념화한 실제적 인지능력(practical cognition)이 중요하며 이에는 정서적 성숙과〈자기 자신을 알기〉에 바탕을 둔 일일상황판단이 중요한 요소인 것이다. 이미 PISA의 특징에서 지적한 것처럼 예술적 감성이나 다중지능의 관점에서 PISA의 측정목표를 이해하는 것이 중요한 이유가 여기에 있다.

5. 현실적 자기주도성

그동안 개념화되고 조사를 위하여 조작적으로 정의된 자기주도성의 개념 내용은 지나치게 목표-수단 간의 기술적 합리성에 입각한 조절에 치우쳐 있으며, PISA와 같은 테스트에서 중요한 상황 맥락에 대한 공감과 감정이입을 통한 판단 등에 필요한 자기의 정서조절 부분이 완전히 누락되어 있다. 기왕의 자기주도성에 대한 조사결과가 전통적 지필학업검사와 더 긴밀한 관계에 놓이는 이유가 바로 여기에 있다.

문용린(1997: 80) 감성지수(EQ)의 관점에서 본 자기조절능력을 명백히 자신의 정서를 표현하고 통제할 줄 아는 데서 찾고 있다. 그런데 이러한 의미의 자기조절요소는 그동안의 자기주도성에 관한 실증적 연구나, 2000년 PISA의 자기주도성평가용 28개 소문항에 포함되어 있지 않다. 본 조사결과의 자기주도성이 실 역량 중심의 PISA 성취도와 상관관계가 낮은 이유가 여기에 있는 것으로 보인다.

Ⅵ. 종합: 학생의 성취도와 교육에서의 진보와 보수

1. 학교수행평가와 교육 형평의 문제 요약

수행평가에는 학교에서 수행평가 계획에 따라 교사중심으로 시행되는 학교 수행평가와 핵심역량(core competency) 중심으로 표준화된 전국검사 형태의 수행성취도 검사의 두 가지 주요 형태가 있다.

한국에서는 이미 교육부 학교생활기록관리 지침에 따라 학교 수행평가가 도입되어 시행 중이고, 선진국 특히 영·미 권에서는 핵심수행과제를 국가교육과정의 형태로 확립하고 이에 입각한 대규모 수행평가를 국가성취도검사의 형태로 실시하려는 노력이 계속되고 있다. 한국에서는 OECD의 주관으로 시행되는 국제공동 학생성취도 검사(PISA)에 참여하여 2000년 8월 한국 15세 학생을 모집단으로 한 후자 성격의 수행성취도 검사가 실시되었다.

한편, 수행평가에 대해서는 그것이 인종적 사회적 불이익집단에 불리하지 않는가 하는 교육 형평의 문제가 논란되어 왔으며, 국내에서도 현장 여론 조사를 통해 학교 수행평가의 공정성에 의문이 있음이 확인되고 있다. 본 연구는 수행평가의 도입에 따른 한국교육의 형평성 문제를 학교에서 실시되는 학교 수행평가, 기존 학교 지필평가, PISA 평가의 비교 속에서 검토함을 목적으로 하였다.

본 연구에서는 다음과 같은 이론과 기존 논의를 국내외 문헌조사를 통해 검토하였다.

－국내외 수행평가의 이론과 한국에서의 보급과정 및 실태

- 수행기반중심 교육과정과 교육평가의 기능 및 동향
- 교육의 형평이념과 교육결과 중심의 교육평등 개념
- 학업성취도 격차의 배경 원인으로서 학력, 지역, 학습자의 자기 주도성

이러한 이론적 논의를 거쳐 다음과 같은 추론을 얻게 되었다.

추론 1. PISA와 같은 전국규모 수행성취도 검사는 학교 수행평가나 학교지
필평가와 같은 학교성취도 검사와는 본질적으로 이질적이며 동일한
척도를 구성할 수 없을 것이다.

추론 2. 학생의 자기주도성의 정도는 학생의 가정적 지역적 배경 및 평가방
법에 영향을 받으며 특정의 평가방법과 더욱 밀접한 상관이 있을 것
이다. 그중에서도 학교 수행평가나 대규모 수행평가보다는 전통적
지필평가와 더욱 밀접한 관련이 있을 것이다.

추론 3. 학교 수행평가와 학교지필평가점수는 다 같이 학생의 가정적 지역적
배경변인의 영향을 받을 것이며, 그 영향의 정도는 학교 수행평가가
더욱 클 것이다. 또 학교 수행평가와 학교지필평가점수는 다 같이
학생의 자기주도적 특성의 영향을 받을 것이며, 그 영향의 정도는
학교지필평가가 더욱 클 것이다.

추론 4. 한국에서의 PISA 성취도 검사점수는 전통적인 평가에 의한 학업성
취도 점수에 영향을 주는 학습자의 배경변인들인 부모의 학력, 거주
지역, 자기주도성의 영향을 받지 않을 것이다.

이와 같은 추론을 실제적으로 입증하기 위하여 한국교육과정평가원이
OECD/PISA 학생성취도 국제조사에 참여하여 2000년 8월 실시된 국내학
생성취도조사에서 얻어진 다음 자료를 사용하였으며 총 5200명의 국내조사
표집학생 중 본 연구에 사용된 표본은 447명으로, 분석의 내용은 다음과
같다.

① 언어 수리 탐구 영역 학생평가점수 ② 학교 지필고사 성적
③ 학교 수행평가성적 ④ 국내조사대상 학생설문 결과

자료의 분석을 위한 모델은 연구의 목적인 추론들의 입증을 위해서는 주로 다변량분산분석과 신뢰도분석 회귀분석을 이용하였으며 변인들의 척도화 및 분석결과 해석 과정에서 상관분석과 요인분석을 일부 사용하였다.

추론 1의 입증 방법은 3종의 평가점수가 동질적이라고 가정하고 그로 구성된 척도에 대해 신뢰도 분석을 적용했을 때 신뢰성(consistency) 여부와 그 내용을 검토하는 방식을 채택하였다. 구체적 절차는 다음과 같다. ① 신뢰도 분석을 행하여 크론바크의 α값을 검토(.60을 기각의 기준으로 채택) ② 3종의 점수 중 어느 하나를 제거했을 때의 α의 크기 변동을 검토

추론 2, 3의 입증을 위해서는 일차적으로 회귀분석을 사용하였으며 추가로 다변량분산분석을 차용하였다. 다변량분산분석의 통계적 절차는 다음과 같다. ① 학교지필고사성적과 수행평가성적을 종속변수로, 각각의 배경변수를 독립변수로 하는 다변량분산분석모델의 성립과 유의도 검정, ② 독립변수의 두 종속변수 각각에 대한 영향력 검정, ③ 2의 절차에서 F 통계치의 크기를 비교하였다.

추론 4의 입증을 위해서는 이들 학습자 배경변인과 자기주도성을 독립변수로 하는 중회귀분석을 실시하였으며 당초의 표본을 대상으로 한 회귀모형과 실업고등학교학생을 제외한 일반계고등학교 학생 335명만을 대상으로 한 회귀모형의 두 가지를 함께 검토하였다.

이상의 실증적 분석 결과에 따라 본 연구에서는 다음과 같은 결론을 얻었다.

- 한국의 학교 수행평가는 오차의 한계 내에서 학교지필평가 성적보다 부모의 학력이나 거주지역의 영향을 더 크게 받는 반면, 자기주도성의 영향은 더 적게 받는 것으로 나타났다.
- PISA 평가는 학교 수행평가나 지필평가와는 동질성을 지닌 하나의 척도를 구성할 수 없었으며 이들과는 크게 이질적인 평가가 내용을 가진 척도이다.
- PISA 평가점수는 부모의 학력수준, 거주지역의 도시화정도와 같은 학습자의 배경에 별로 상관이 없거나 약간의 역상관관계를 보여주었으며 학습자의 자기주도성과도 오직 미미한 정의 상관관계만을 보여주었다.

　결과적으로 볼 때, 현재 초기에 시행되고 있는 한국의 학교 수행평가는 학교지필평가에 비해 가정적 지역적 배경변인의 영향을 더 많이 받으며 학생의 자기주도성의 영향은 더 작게 받는다는 점에서 교육 형평상의 문제가 있는 것으로 추론할 수 있게 되었다.

　본 연구에서는 또, PISA 학생성취도 검사성적이 학교 지필평가 및 수행평가 성적과 상관이 없고 이들과는 전혀 성격이 다르다는 분석 결과를 얻었다. 이는 수행평가가 단지 교육방법 성적관리방법상의 문제로 축소 인식될 것이 아니라 교육목표와 교육과정자체의 개편과 함께 검토되어야 할 문제임을 시사한 것이다. 이러한 교육과정개편은 일종의 교육적 가치의 재배분 과정이며 그런 의미에서 수행평가 정책의 도입은 교수·학습과 성적 관리의 문제가 아니라 교육의 평등과 직접 관련이 있으며 국민적 합의에 기초한 정치적 결정이 필요한 문제라는 것이 본 연구의 기본 취지이자 결론이다.

　지금까지의 이론적 논의와 경험적 자료를 통한 입증을 통해서 보다 분명해진 것을 든다면 다음의 세 가지를 꼽을 수 있을 것이다:

1) 현재 학교에서 진행되고 있는 수행평가는 전통적인 지필평가와 높은 상관관계를 가지고 있으며 동질적인 학력(學力) 개념에 입각한 단일한 척도를 구성할 수 있는 반면, PISA와 같이 실용적 인지 능력에 바탕을 둔 대규모 수행평가는 이와는 전혀 이질적인 학업성취도 개념에 입각한 것으로서 이들과 단일한 학력평가의 척도를 구성할 수 없다.

2) PISA 점수와 학생의 배경 변인과의 관계에 있어 전통적으로 학업성취도 격차가 부모의 지위, 거주지역 등의 영향을 받아온 패턴에서 벗어나고 있다. 그러나 또 다른 편에서 보면 수행평가는 앞서의 점수 간 상관관계가 보여준 것처럼 본 연구에서 측정한 자기주도성과의 관련성이 기존 지필평가나 학교 수행평가보다도 낮다는 점에서 그 성격이 불분명한 측면이 있다.

3) 현재 한국에서 시행되고 있는 학교 수행평가점수는 전통적인 지필평가에 비해 부모의 학력과 지역적 배경에 따른 영향을 더 크게 받는 반면, 학생의 자기주도적 특성의 영향은 더 작게 받고 있다. 따라서 교육의 형평이라는 측면에서 문제될 소지가 있다.

여기서는 이상의 결과를 앞장들의 이론적 논의에서 제기한 문제의식에 비추어 다시 종합 논의하고자 한다. 본 연구 결과가 시사하는 두 가지 정책적 시사점이 있다.

먼저 한국에서의 학교교육이 핵심역량 중심의 교육과정과 평가를 지향하는 외국의 교육과정개혁동향과 커다란 거리가 있다는 점이 확인되었는데 그 차이를 줄일 것인가 또는 어떻게 줄일 것인가를 고민하지 않으면 안 된다. 이는 교육과정개혁을 더 이상 교육계의 문제 또는 교육방법에 관한 교육전문가의 문제로 한정시키지 말고 국가 전체적이며 국민적인 정책의제로 다루어야 한다는 점이다.

두 번째로 수행평가의 도입과 같은 평가 정책의 변동은 '학력'의 개념을 근본적으로 재정의 하는 작업이다. 교사들은 수업을 통해 이루어지는 실질적인 학습과 학력에 관심이 있지만 국가는 공식적 평가도구를 통해 재어지고 학생에게 부여되는 학력과 자격에 관심이 있다. 전자는 교사의 자율성에 맡기고 후자는 국가가 국민적 동의를 얻어 분명하고 투명하고 확고한 정책을 수립하여야 한다. 이 점에 대한 숙고가 결여된 평가방법의 변화는 혼란과 저항을 부르기 쉽다.

본 연구에서 제대로 다뤄지지 못하고 더욱 의문이 제기된 부분이 있다. PISA와 같은 핵심역량 중심의 수행성취도 평가가 확대 될 경우 이에 의한 학업성취도 분포는 기존 지필평가에 의한 학업성취도 분포와 어떻게 달라질 것이며 이것이 교육의 평등이라는 관점에서 시사하는 바가 무엇인가 하는 점이다. 이는 OECD/PISA 국제공동사업의 여러 연구 목표 중의 하나이기도 하다. 한국에서도 지속적인 후속 연구가 있어야 할 것이다.

또 다른 연구 시사점은 이러한 전국적 수행성취도와 자기주도성 간의 관계이다. 이미 지적한 것처럼 일반적인 기대와는 달리 본 연구에서 정의된 자기주도성은 학교 수행평가와는 지필평가보다도 덜 친화적이다. 포스트모던 시대의 인문주주의의 부활과 감성지능, 정서의 통제와 조절에 입각하여 자기주도성의 기존 논의내용에 대한 재검토에 입각하여 전국적인 수행성취도 평가와의 관계를 좀 더 분명히 하는 연구작업이 필요하다.

한국의 학교 수행평가는 이상에서 본 것처럼 가정적 지역적 배경과 학업성취 간의 상관을 더욱 높임으로써 학업성취도 격차에 따른 교육 형평의 문제를 야기할 가능성이 있다. 이는 그동안의 수행평가에 대한 여론 설문조사와 학부모 면접조사에서 응답자들이 제기한 수행평가의 공정성 문제와 근본적으로 궤를 같이 하는 것이다. 본 연구는 이러한 우려가 근거 있음을 확인한 셈이다.

본 연구 결과에 따르면 학교 수행평가는 그 평가 내용에 있어 대규모 수행평가보다 학교지필평가에 훨씬 가까우며와 양 평가의 점수는 상당한 상관관계를 가지고 있다. 문제는 학교수행평가가 그 점수에 있어서는 학생의 학부모의 학력, 거주지역과 같은 배경변수들의 영향을 지필 검사보다도 더 많이 받고 있다는 점이다. 그래서 부모의 학력이 높을수록, 그리고 대도시의 학생일수록 좋은 점수를 받을 확률이 높은 기존 학력평가의 경향은 지필평가보다도 학교 수행평가에서 더욱 심화될 것이라는 추정을 할 수 있다.

학교 수행평가가 가진 이러한 문제점은 학교의 수행평가에 대한 준비와 교사들의 프로페셔널리즘 부족에서 그 원인을 찾을 수도 있다. 최종적인 평가점수 판단이 모두 개별 학교와 교사들에게 맡겨진 한국 학교 수행평가에서 점수에 어떤 체계적인 편향이 나타난다면 이는 교사와 학교가 가진 가치관과 문화의 체계적인 편향성을 드러내는 것이다.

한편, 한국 교육의 형평성을 위협해온 과외문제의 근원적 해결을 위한 정책적으로서 무시험 대입전형의 처방과 함께 도입된 학교 수행평가가 이상과 같은 면에서의 교육 형평의 문제를 야기할 수 있다는 것은 수행평가 도입 정책의 목표와 취지를 크게 훼손시킬 수 있는 것이다. 더 나아가서 일부 나타나는 현상처럼 수행평가 대비를 위한 학습보조 형태의 과외가 성행하는 결과를 낳을 수도 있는 것이다.

한국의 일반적인 풍토에서는 각종 공무원 시험에서 보듯 지필평가를 통한 공개경쟁은 교육과 학습 및 진로에 있어서의 평등한 기회를 확대 위한 수단으로 기능해왔고 이 점에서 이렇게 기능하여 왔던 지필평가를 대체하고자하는 수행평가는 교육상의 형평문제에 관한 한 더욱 교육의 평등 이념에 부합하는 것이 아니면 안 된다.

그동안 한국에서는 교육의 형평과 평등의 문제를 구미의 교육정책이 그렇듯이 학업성취 결과의 평등이라는 관점에서 정면에서 취급하지 않고 모두가 꼭 같은 시험－지필평가를 치르고 그에 따른 공평한 기회를 갖는다는 것으로 대신하여 왔다. 그런 의미에서 "표준화된 시험"으로 교육의 불평등을 보상하여 왔다고 볼 수 있다. 이러한 정책과 사회적 관행의 성과는 본 연구에서 학교 수행평가에 비해 상대적으로 학생의 가정적, 지역적 배경의 영향을 덜 받으며, 상대적으로 자기주도적 노력에 더 좌우된다는 점으로 확인된다.

학교 수행평가가 지필평가보다도 학생의 가정적 사회적 배경에 의존적이라는 본 연구의 조사결과는 특히, 수행과제의 이행을 위한 작업이 방과 이후의 작업에 의한 숙제 형태를 다수 취하는 실정에서 가정과 지역사회의 문화와 여건이 수행성취도의 평가에 영향을 주는 사실의 반영일 수 있다. 이러한 수행평가실태의 문제점은 다시 교육과정개혁의 문제를 제기하게 된다.

2. 수행평가와 교육과정개혁의 문제

선진국들에서 일고 있는 교육과정개혁의 방향 중 하나가 바로 핵심역량 중심의 학습－바로 PISA가 측정하려고 했던 학습목표 중심으로 국가교육과정을 새로 확립하거나 아니면 기존 국가교육과정을 이 방향으로 개혁하는 것이다. OECD가 정리한 방식의 자기주도적이고 진정한 학습의 개념에 의하면 수행평가는 당연히 교육과정 및 새로운 수업방식과 통합된 하나의 새로운 교육 패러다임을 형성하며 이들은 상호 구분될 수 없는 것이다. 그리고 현실의 학교교육에서도 이 양자가 분리될 수가 없는 것은 바로 이러한 수행평가는 교육과정 자체가 수행기반 교육(performance-based learning)의 형태일 것을 전제하고 있기 때문이다.

본 연구에서 확인한 것처럼 PISA와 같은 새로운 평가목표에 입각한 성취도 검사는 한국의 교과교육과정에 입각한 학교성적과 근본적으로 아무런 관련이 없는 검사 결과를 가져온다. 즉 한국 학교에서 우수하다는 것이 국제적 기준으로 보면 전혀 그렇지 않다는 결과가 얼마든지 나올 수 있는 것이다.

한국에서는 앞서 본 바와 같이 교과중심의 국가교육과정이라는 교육과정의 틀 내에서 교수·학습 방법으로만 한정된 열린교육과 수행평가를 실행하고 있으면서도 수행평가 결과는 학교성적의 공식적 기록으로 기재하도록 하고 있다. 열린교육과 수행평가를 이렇게 하나의 방법과 기술의 차원에 한정할 경우 근본적으로 교육과정, 교수학습 방법, 교육평가가 각각 따로 놀게 된다. 근본적인 교육철학의 일관성 결여에서 초래되는 이러한 결과는 곧 교육과 정책의 수행에서 혼선을 가져오는 원인이 된다. 1997-1998년 사이에 교육부가 교실수업 혁신 차원에서 적극 지원한 열린교육과 서울시가 새 물결 운동을 통해 강조한 수행평가가 서로 경쟁적인 것으로 인식되고 학교교사들도 양자가 서로 다른 것으로 인식하여 이로 인해 학교현장에서 혼란이 초래되었던 것이 그 대표적인 사례이다.

올바른 수행평가나 열린교육이나 모두 근본적인 특징은 교육내용과 교육방법과 교육평가가 따로 분리되지 않는 것이다. 수행평가의 경우 이는 특히 뚜렷하다. 학습목표와 수행과제와 평가과제가 동일한 것이다. 그런데 현행 국가 교육과정인 제6차 교육과정은 교육내용과 교육방법의 분리라는 교과형 교육과정의 근본적 속성을 가지고 만들어진 것이다. 그렇기 때문에 열린교육이나 수행평가를 순수한 방법적 차원에서 제한적으로만 도입 가능한 것이다. 그러나 결국 이러한 부분적인 새로운 교육방법 도입은 결국에는 장식물에 그칠 가능성이 높다. 교과형 교육과정이 포함하는 많은 내용을 다 소화하기도 하고 수행평가와 열린교육도 하려면 교사나 학생이나 엄청난 시간을 투입해야 하기 때문이다. 그렇게 되면 소수의 우수한 학생들은 이를 따라갈 수 있지만 범상한 일반 학생 또는 그 이하의 학생들에게는 최악의 교육과정이 될 것이다. 이러한 결과는 선진 각국에서 자기주도적 교육, 진정한 교육이 이념적으로 우수한 학생 보다 범상한 학생을 위한 교육 전 국민을 위한 보통교육으로 간주되는 것과는 반대의 현상이 될 것이다.

한국 국가교육과정의 위와 같은 성격은 곧 시행될 7차 교육과정의 경우에도 크게 달라지지 않고 있다. 따라서 열린교육과 수행 평가가 따로 놀고 교육과정과도 유리되는 현실은 앞으로도 계속될 것이다. 이를 시정하고 열린교육과 수행평가를 제대로 시행하는 첩경은 교육과정을 전면적으로 일신하여 국가 교육기준형태의 교육과정체제로 전환하고 국정 및 검인정교과서를 폐지하여 정해진 교육기준에 입각한 성취도 지향의 교육내용－교육방법－교육평가 통합 체제를 구축하는 데 있다.

PISA에서 측정하고자하는 역량에 초점을 둔 교육과정을 기획한다면 이른바 감성지능과 정서적 자기조절의 발달을 위한 기초예술교육과 도덕적 감성 교육의 보편화에 더 많은 노력이 기울여져야 한다. 21세기 지식기반 사회에서 모든 사람을 위한 기초역량은 산업사회적인 목표－수단 간의 합리성에 입각한 자기통제와 조절로는 크게 부족하며 상대방의 감정과 정서, 자신의 정서와 감정에 대한 이해와 통제를 바탕으로 하는 정확한 맥락과 상황판단을 기반으로 하는 것이다. 예술교육과 도덕 교육이 이러한 목적에 가장 직접적으로 기여할 것이다.

3. 민주주의와 학생성적, 대학입시, 그리고 공교육정상화

대학입시정책의 분석틀

지난 10여 년간 그 어떤 공교육정상화론이나 평준화 논란도 결국에는 대학입시 논란으로 귀결되곤 하는 것이 상례였다. 중등교육정상화는 대학입시가 결국 관건이라는 논리로 이행하곤 하였으며, 평준화 논란도 결국에는 이미 지적한 것처럼 대학입시에서 고교들의 내신 성적을 어떻게 취급하며 그 결과 대학입학에서 고교들의 성과가 달라지는 문제와 직결되는 논쟁의 성격을 지녔다. 따라서 대학입시 문제는 이 모든 문제와 깊이 연계된 핵심주제일 수밖에 없다.

대학입시를 둘러싼 근본적인 상황은 학생들이 고등학교를 떠나 대학으로 이행(transition)하는 과정이다. 이 과정의 가장 주요 이해관계자는 학부모와 학생들이다. 그러나 학생을 보내는 고등학교와 이를 받아들이는 대학 또한 고유한 이해관계를 가지고 있다. 이러한 이해관계를 종합적으로 조절하는 것이 정부의 대학입시정책이다. 주요 당사자와 그 이해관계를 중심으로 모델화하면 다음과 같이 될 것이다.

<그림-5> 대학입시의 과정과 상호작용

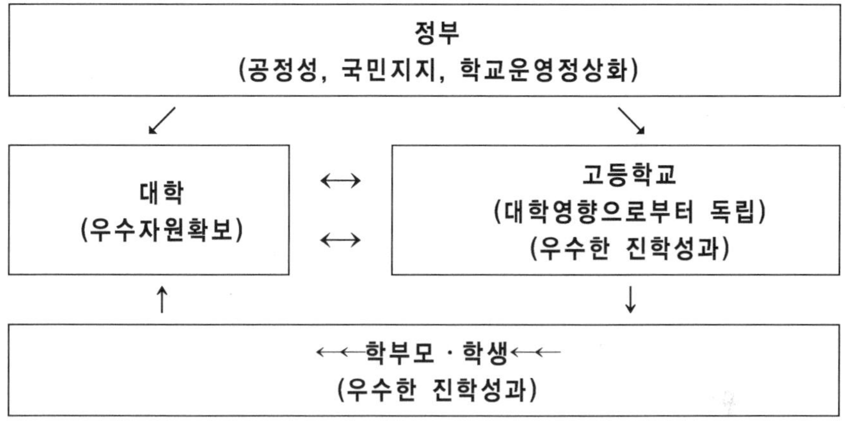

이상의 도표에서 두드러지게 눈에 뜨이는 것은 두 가지일 것이다. 먼저, 학생의 이동을 놓고 대학과 고등학교 간에 서로 갈등관계에 놓일 가능성이 있다는 것과 다음으로 고등학교 스스로는 서로 모순 충돌하는 이해관계를 동시에 지니고 있다는 것이다.

대학과 고등학교는 학생의 이동에 수반되는 모든 비용(예를 들어 전형자료의 생산비용)을 부담하는 과정에서 이해관계가 상반되며, 고등학교는 대학입시에 다른 고교교육과정의 왜곡을 차단하고 교육과정의 자율을 지키려는 점에서도 대학과 상반되는 입장에 있다. 정부가 가장 신경을 써야 할 문제가 바로 여기에 있는 것이다.

한편, 고등학교는 대학과 이해관계가 상반될 위치에 있음에도 불구하고 대학진학에서 우수한 성과를 내려고 하는 한 교육과정운영에서 이른바 유수 대학의 영향을 벗어나기 어려우며, 대학에서 우수한 성과를 내기 위해 경우에 따라서는 과다한 부담도 질 각오가 되어 있어야 한다. 즉 가지고 있는 이해관계와 관심이 서로 모순 충돌되는 것이다. 고교교육의 정상화와 원활한 운영이 어려운 이유가 바로 여기에 있는 것이다. 고교들이 개별적으로 행동하게 되면 이 모순으로부터 벗어날 수 없으며 이는 정부만이 해결할 수 있는 성격의 문제이다. 대학입시정책과 고등학교정책의 중요성이 바로 여기에 있는 것이다.

우리나라의 대학진학은 그동안 대체로 대학의 학생선발권을 중시하는 시장주의하에서 움직여 왔다. 그러나 앞서 제시한바 대학입시를 둘러싼 주요 행위자와 이해관계자들의 모델에서 시사된 것처럼 정부가 개입하고 교통정리하지 않을 수 없는 부분이 있으며 그 원칙은 민주주의적 기본질서가 될 수밖에 없다. 즉, 형평과 평등의 이념, 국민의 자유와 법의 지배 이념 등이 종합적으로 고려되어 결정되어야 하는 것이다. 그동안의 정부대학입시 정책은 고교와 대학 간에는 지나치게 대학의 이해관계에 치우쳐 왔으며, 고교교육에 대하여는 확고한 입장과 철학이 부족하였다. 또한 학부모의 진정한 권리에 와 이해관계가 무엇이냐에 대한 투철한 인식이 결여되어 있었다. 학부모들의 진정한 욕구의 하나는 소위 입시지옥이라는 이름으로 표현되는 대학의 영향력으로부터 최대한 자유로워지는 바로 그것이다.

교육에서의 시장 메커니즘과 학부모의 권리

구체적 권리로서의 학부모의 교육상 권리는 〈친권親權〉이라는 포괄적 권리의 일부로서 보장되고 행사되는 것이다. 이는 적어도 학부모가 의무교육의 책임을 저버리지 않는 이상 또한 국가가 제공하는 의무교육보다도 더 나은 대안(이른바 홈스쿨링)이 있을 경우 이를 택할 권리를 포함하여 자신의 자녀에 대한 교육상의 결정권, 선택권(choice)의 형태로 행사되는 것이 보통이다.

그런데 이러한 학부모의 결정권이 사회적 갈등과 충돌 없이 보장되려면 이론상으로는 이른바 교육의 시장체제가 전제되어야 하며, 시장체제란 개개인들의 독자적 결정에 의한 상호 약속과 거래를 기초로 질서가 형성 유지되는 체제를 말한다. 이 경우 국가는 진입규제와 거래규제 역할을 수행하는 시장당국의 역할로 남게 된다.

그러나 교육이 이렇게 시장메커니즘에만 의존 할 수 없는 중대한 이유가 존재한다. 정통파 경제학이 정의하는 정상적인 경쟁시장에서는 통상 공급자는 소비자를 선택하지 못하는 반면 소비자의 선택권은 충분히 보장되며 경쟁은 소비자들 간에 벌어지는 것이 아니라 공급자들 간에 벌어진다. 즉, 재화와 서비스를 거래하는 통상의 시장에서는 결국에는 소비자가 대가를 지불하는 한 공급자가 수요자를 선택하는 것이 매우 어려워지고 수요자 중심의 시장과 소비자 주권이 구현되는 것이다.

학교에 학생선발의 자유가 부여될 경우 교육 분야에서는 이와는 정반대의 상황이 생긴다. 공급자인 학교는 학생을 고르고 선택하며 소비자인 학생과 학부모는 선택받기 위하여 치열하게 상호 경쟁하는 것이다. 자유경쟁시장과는 정반대의 상황이며 여기에는 시장원리가 아닌 폐쇄적 클럽원리가 작동하게 된다. 학교는 동질집단이 모이는 클럽의 성격을 다분히 지니며 그에 따라 학생과 학부모의 선택권보다 공급자인 학교 측의 학생선택권이 우월하게 되며 공급자가 지배하는 시장으로 귀착 – 이른바 "시장의 획일성"이 지배하게 될 가능성이 농후한 것이다.

만약 학교교육에 있어 보는 관점을 전환하여 학생이 공급자(학습노동)이고 대학이 수요자라고 한다면 학교가 학생선발에서 주도권을 쥐는 것은 소비자주권이 구현되는 것으로 이해될 수 있다. 미국의 일부 연구중심 대학들은 리서치 중심으로 대학기능을 발전시키면서 대학이 학생들의 공급을 수요하는 수요 측 기능을 상당 부분 수행하고 있으며 이에 따라 대학입학시장을 학생이 공급되는 요소시장으로 보는 관점의 이론이 나와 있기도 하다. 문제는 과연 학교 측이 수요자이고 학생들이 학습활동의 공급자라고 일반적으로 볼 수 있을 것인가 또 그러한 경우에도 학교라는 수요자 독점적 상황을 허용할 것인가 하는 가치판단의 문제가 더 중요하다는 데 있다.

교육에서의 시장정보(학생자료) 투명성의 효과와 관료제화

학생과 학교 어느 쪽을 수요자 또는 공급자로 보든, 시장거래에서 의사결정을 위한 정보의 중요성과 효과는 심대하다. 사실 모든 시장거래는 거

래의사결정을 위한 자료로 사용되는 정보의 불완전성에 직면해 있으며 이
정보의 완전성은 완전한 시장의 필요조건이기도 하다. 그런데 통상의 시장
에서는 공급자에 관한 정보의 완전성이 먼저 요구되고 실제로도 구현되지
만 우리나라의 대학입시와 같은 경우 응시학생들에 관한 정보를 정부가 개
입해서 대학에 체계적으로 공급함으로써 정보의 완전성을 보장한다면 어떻
게 될까? 그 결과는 대학의 선발권은 충분히 보장되지만 학생들의 대학선
택권은 극히 제약되게 된다. 이러한 이유로 정부가 나서서 학생들에 관한
정보의 처리기준에 개입함으로써 대학 측의 과도히 집중된 권한을 선발의
공정성이라는 이름으로 견제하려 하여 왔다. 앞서 언급한 것처럼 학교와
정부 간에 〈학생의 이익〉이라는 명분 경쟁이 시작되는 것이다. 그러나 그
개입의 결과는 공급자 중심의 시장과 관료제의 폐단이 상승작용을 일으켜
더더욱 교육수요자를 관료주의적 선발기준 – 시험중심의 가치관의 노예로
만드는 상황이 강화되어 온 것이 우리나라의 교육현실이자 오늘날에 이른
입시지옥 이야기의 줄거리인 것이다.

진정한 학부모의 교육상 주권: 참여인가, 침해로부터의 자유인가.

우리나라의 교육현실에서 학부모의 권리를 제대로 보장하려는 노력은
많은 경우 학교중심으로 짜여지고 거기에 국가가 관료적으로 개입하는 기
존 체제를 어쩔 수 없는 전제로 하고 그 체제하의 공적 의사결정에 학부모
가 집단적으로 참여하는 방식의 접근을 취하고 있다. 그러나 진학, 퇴학,
징계 등의 결정에 학부모가 절차상 참여하는(이른바 절차적 정의 원칙)처
럼 이해관계자로서 개별적으로 참여하는 경우와는 달리 굳어진 기존 교육
체제 운영과정에의 집단적 참여는 사실 학생들을 위해서는 무의미하며 결
국에는 학부모와 학생의 이익조차 서로 유리되는 결과만을 낳게 된다. 집
단적 참여를 시도하는 일부 학부모단체운동의 맹점이 여기에 있다. 예를
들어 이러한 운동은 기존 교육체제운영의 투명성을 요구하지만 그에 따른
투명성이 관료적 획일성을 더욱 강화하고 그들의 자녀들이 그 투명성의 노

예가 된다는 부메랑을 인식하지 못하고 있다.

우리나라의 교육현실에서 학부모 권리 찾기의 진정한 출발점은 자유주의와 개인주의의 토대가 되는 학부모와 학생의 자율성을 회복하는 데서 찾아야 한다. 바꾸어 말해서 학부모와 학생의 자율성을 침해하는 조치와 제도들로부터의 자유(freedom)를 회복하는 것이 우선적으로 필요하다는 것이다.

우선, 시장의 이름으로 내세우든 공공성의 이름으로 내세우는 것이든 학생선발자료의 〈투명성〉이라는 신화와 스테레오 타입에서 벗어나야 한다. 어떤 집단 또는 조직과 개인의 자율성은 상당수준 외부의 권력과 시선이 침해할 수 없는 〈비밀〉에서 나온다. 개인의 비밀(프라이버시)은 그렇기 때문에 개인의 자율성의 기초로서 침해되어서는 아니 된다. 영업비밀은 기업의 자율성의 근본이 된다. 마찬가지로 대학이든 학교든 또한 그 자율성은 외부로부터 그 대학 또는 그 학교의 비밀을 침해당하지 않는 데서 시작된다. 학생과 학부모 역시 마찬가지이다. 어차피 대학에 선발권이 주어진 체제하에서라면 이 대학에 보내는 정보에 정부가 개입하는 것은 학생의 자율성을 위험에 빠뜨릴 것이며 철저히 종속적인 지위로 떨어뜨릴 것이다. 따라서 학부모와 학생의 교육적 자율성을 위해서는 학생의 진학과 선발을 둘러싼 거래 및 교육체제 전반의 운영에 있어서 투명성이 아니라 오히려 불투명성의 증대, 그리고 그에 따른 비밀의 보장이 역설적으로 필요한 시점이라는 것을 인식할 필요가 있다.

요약컨대 대학의 학생 선발권만을 강조하는 철저한 시장주의에 따르면 학생의 흐름상 고등학교가 대학의 하청업체로 전락하고 만다. 이 과정에서 대학이 마땅히 부담할 비용이 고등학교에 전가되며, 고등학교교육과정도 왜곡될 수밖에 없다. 중등교육의 일환으로서 고등학교가 대학과는 별개의 이념과 원리에 입각한 자율적이고도 독자적인 제도라는 것을 먼저 직시해야 할 것이다.

또한, 고등학교들이 대학입시에서의 성과와 고등학교의 자율성이라는 서로 모순되는 관심 사이에서 갈등할 수밖에 없는 상황을 정부가 확고한 제도화를 통해 해결해야 한다. 이것이 대학입시의 원활화와 공교육정상화를 위한 정부의 역할이다.

그동안 대학 입시와 관련한 정부개입으로서 본고사금지, 고교등급제금지, 기부금입학금지를 골자로 하는 3불가 원칙의 타당성 여부에 대해 많은 논란이 벌어지고 있다. 이하 이상과 같은 관점에서 이 문제를 검토할 것이다. 논란의 주된 소지는 본고사, 고교등급제, 기부금입학이라는 용어의 모호성과 편향된 개념이해에 있다.

대학본고사 금지

문민정부하 교육개혁 차원의 대학입시정책의 핵심은 본고사 금지이다. 본고사란 개별 대학본부가 주관하는 공개된 형태의 지필고사를 의미하는 것으로서 이를 허용하는 것은 일견 단순히 학생선발의 자유 일환으로서 대학의 자율성을 신장시키는 것처럼 보이나 사실은 ① 한편으로 본고사를 통해 고등학교 교육과정에 영향력을 행사하고 더 나아가 특정대학(대학본부)의 영향력하에 시험만능주의의 폐단을 전 사회적으로 확산시키는 강력한 수단이며, 다른 한편으로는 ② 대학본부에 의해 대학 내의 각 학과, 학부, 단과대학의 자율성이 심히 훼손되는 대학본부중심 관료주의의 전형적인 도구이다.

지필시험이란 문서에 의한 것이라는 점에서, 또 획일적인 가치판단에 입각한 계량화된 점수를 사용하여 무차별하게 평가 판단한다는 점에서 본질적으로 관료주의적 도구이다. 이 관료적 도구가 투명성을 띠게 될 때 그 영향력은 극대화된다. 즉 어쩔 수 없이 지필시험의 내용은 알려질 수밖에 없으며 이렇게 투명하게 알려진 잣대를 중심으로 평가되는 점수가 전사회적인 척도로서 급속히 확산되는 것이다. 고등학교가 이 척도에 종속되는 것은 피할 수 없는 결과가 되는 것이다. 바로 이러한 이유로 특정의 대학이라는 개별 행위자가 이 척도를 사용하여 패권을 차지하는 것을 막고자한 것이 본고사 금지이며 문민정부 교육개혁위원회가 주목한 것은 바로 대학별 본고사의 이러한 측면이다. 따라서 본고사의 금지는 그 시작일 따름이며, 대학입시 정책의 기본 방향은 대학의 입시전형의 내용이 투명해서는 아니 되며, 궁극적으로는 온전히 불투명해야 한다는 것이었다. 지필 본고사 금지가 무너지면 바로 이 기본 방향의 첫 단추부터 무너지는 것이기 때문에 1996년 이후 이 원칙에 정부가 계속 집착해오고 있다.

학부모와 학생의 진정한 자율성을 위해서는 각 학과, 학부 등 대학 내 학생모집의 최소단위에 학생 선발권이 주어져야 하며 대학본부는 학생모집에 따른 행정적 서비스 제공의 역할에 그쳐야 한다.

고교등급제와 기부금입학제 논란의 허실

고교등급제 논란은 제도와 개별 대학의 행동 간의 차이를 구별하지 못하는 평면적 관료적 사고방식으로 인해 증폭되고 있다. 국가나 교육정책당국이 나서서 고교 간에 등급을 정해 활용한다면 이는 〈제도〉이며 절대로 허용될 수 없다. 그러나 특정대학이 고교 간의 차이와 특성을 학생선발시 고려한다면 이는 개별 대학의 자율적인-달리 발하면 정부가 침해할 수 없는 행동영역에 속한다.

기부금입학제 문제는 용어의 모호성이 극심하다. 만약 이것이 기부금을 학교당국에 내고 학교당국이 그와 관련하여 입학허가증을 내주는 것이라면 아마도 당연히 뇌물 혹은 배임수증(背任收贈)으로 간주될 것이다. 결국 기부금과 입학허가 간의 직접적인 대가성이 나타나지 않는 한도에서 학교가 기부금을 받는다면 이는 또한 정부가 금지할 방법이 없는 것이다.

우리나라에서 고교등급제와 기부금입학의 문제로 인한 오해와 갈등은 개별 대학이 이를 대학의 고유한 자율에 속하는 〈대학의 비밀〉로 철저히 간수하고 소리 없이 자율권을 행사하면 될 문제-즉 공개적으로 떠들 수 없는 문제를 가지고 마치 정부가 이를 제도적으로 허용해야 하는 것처럼 목소리를 높인 일부 대학과 일부 언론의 잘못에서 발단된 것이다.

또한, 더 나아가서는 우리나라의 전반적인 민도(民度)의 후진성에서 비롯되는 문제이다. 민주주의 국가에서의 개인(자연인뿐 아니라 법인을 포함)의 기본권을 보장하는 것은 더 논란할 필요가 없는 확고한 원칙이다. 사생활의 비밀, 기업의 비밀이 그러하며, 같은 차원에서 대학의 비밀 역시 동등하게 보장되어야 한다. 이를 침해해서는 안 된다는 원칙은 정부는 물론이며 학부모 역시 지켜야 한다. 대학이 학생을 선발하는 것이 자율의 영역이라면 정부나 학생/학부모가 그 방법의 세세한 내용을 투명하게 알려고 시도해서는 아니 되며, 개별 대학도 이를 비밀로 간수한다는 확고한 자세를 가져야 하는 것이다. 그것이 민주주의 원칙이다.[24]

따라서 대학입시의 근본 원칙은 대학의 자율과 대학의 비밀이 보호되어야 한다는 것이다. 그 이상도 그 이하도 아니다. 대학입시 관련하여 정부가 3불가 원칙을 법제화한다는 것은 본고사 금지 이외에 나머지 두 가지 즉 고교등급제 금지와, 기부금입학 금지에 관한 한 애당초 잘못된 이슈제기에 정부가 어리석게 발 걸려 넘어지는 결과를 낳을 것이다.

4. 학생생활기록부: 학생정보의 수집 공개와
학생·학부모의 권리

대학입시 문제는 대학의 비밀뿐 아니라 필연적으로 학생 개인의 사생활 비밀 문제를 야기할 수밖에 없다. 학생들 역시 기본권으로서 프라이버시를 향유하는 주체가 되며 학교가 보유하는 학생들에 관한 정보를 사용함에 있어서는 학생과 학부모의 동의가 있어야 할 것이다. 이 문제가 초점이 되어

---

24) 조지 오웰의 〈1984년〉은 고도로 투명성이 확보된 사회가 바로 끔찍한 전체주의사회임을 전 세계에 확신시켜준 소설이다. 이런 의미에서 정부와 학부모가 합심하여 요구하며 우리나라 교육을 지배하는 〈입시전형의 투명성〉에 대한 극단적인 강조는 과거 우리나라가 거쳐온 전체주의사회로서의 특징이 오늘도 남아있는 전형적인 사례이다.

벌어진 정책문제가 이른바 종합생활기록부와 그 전산화 문제였다.

종합생활기록부의 도입

1995년 5.31 교육개혁 발표와 동시에 개혁안의 핵심 제안으로 크게 받아들여진 것은 학생생활기록부(당시 명칭: 종합생활기록부)의 도입이었다. 종생부 제도는 95년 5월 31일 발표된 '5·31 교육개혁안'의 기본을 이루는 요체로서 종래의 성적위주 교육에서 탈피해 '다품종 소량화 생산'시대에 걸맞은 지성과 인성을 고루 갖춘 인재를 키운다는 취지에서 도입하게 된 것이다. 기존의 생활기록부가 총점 위주의 상대평가에 주안점을 둬 학생의 개성을 무시하고 소수 학생위주의 균형 잃은 교육을 초래해온 반면 종생부는 성취기준평가, 즉 절대평가에 근거해 교과별 성취수준과 교과별 석차를 나타냄과 동시에 학생 봉사, 수상기록 등 다양한 정보를 기록하여 학생 개인의 강점과 약점을 파악하고 개인에 대한 교육적 배려를 가능케 하는 것을 목적으로 하였다.

종생부 파동

종생부는 이미 언급한 것처럼 5.31 교육개혁안 중 가장 핵심적인 사항의 하나였다. 종생부가 그 뜻대로 실시되는 경우, 대입 학생선발 및 초, 중등학교의 교육과정에 큰 혁신을 가져 올 것이며, 이는 교육이 제 자리를 찾는 데 기여할 것으로 기대되었다. 그러나 실제로 종생부를 제도화하는 과정 속에서 넘어야 할 고비는 너무나 많았다. "종생부 파동"이라고까지 불린 그 과정을 약술하면 다음과 같다.

- 교육부는 1995년 8월, '96학년도 1학기부터 시행될 것으로 구체적 일정을 잡고, '97년도부터 종생부를 필수 전형자료로 하고 본고사를 폐지하는 것 등을 골자로 하는 새 대입제도 시행계획을 발표한다.

- 종생부를 대입전형에 반영하는 경우, 가장 큰 문제의 하나가 고교 간의 학력차를 어떻게 할 것이냐의 문제다. 교육부는 '96년 4월, 고교 간 학력차를 반영해서는 안 되며, 비교과 영역을 도외시하고 교과영역만을 반영하거나 교과영역을 합산해 총점으로만 반영하는 것을 금지하는 것 등을 내용으로 하는 '대입종생부 활용 모형'을 마련하여 각 대학에 제시하였다. 뒤이어 교육부는 한국대학교육협의회와 전국 1백 45개 대학과 18개 개방대와 '97학년도 대입전형계획 중요사항을 취합해 발표했다. 여기서 1백 10개 대학이 종생부의 학년별 비율을 1학년 20%, 2학년 30%, 3학년 50%로 정했으며, 1백 12개 대학이 교과성적과 비교과성적을 함께 반영키로 했다고 발표했다.

- '96학년도부터 종생부가 초·중·고교 전 학년에 동시 시행되던 중, 1학기 중간고사 때 종생부의 허점을 이용해 변칙적인 '성적 올려주기'식의 시험문제를 출제하는 부작용이 일어났고, 이는 사회에 물의를 일으킨다. 교육부는 이와 관련하여 6월 3일부터 18일까지 75개 학교를 대상으로 표본감사를 벌렸고, 이어 일선고교들이 변칙적 성적 올려주기 경쟁을 벌리는 것을 막기 위해 6월 25일 고교 종생부 교과성적을 학기마다 과목별로 1백 등급으로 상대평가하는 것을 주요 내용으로 하는 '종생부 성적관리 개선방안'(1차 개선안)을 발표한다.

- 그러나 '과목별 등위(백분율)합산'방식인 종생부가 '총점석차'를 매겼던 종전의 내신에 비해 특목고. 비평준화지역 명문고 등 우수집단 학생들에게 불리하게 적용되는 등, 적지 않은 문제점을 야기하자, 8월 초까지 보완작업을 거쳐 2차 개선안을 내놓기로 한다. 이후 종생부 파동은 날이 갈수록 격화된다. 학부모, 교육전문가, 언론, 국회, 대학 및 일선 학교 관계자 중 적지 않은 수가 종생부 도입에 대해 얼마간 회의를 표명했다. 교육위원회에서 치열한 논쟁이 있었고, 교육위 주최로 '대입제도 개선을 위한 공청회'가 열렸다('96년 7월 26일). 참석자들은 대부분 종생부가 교원의 업무부담 가중, 학생 간 경쟁 심화, 학생 1백 명 미만의 소규모 학교. 비평준화 지역 명문고. 특목고 등의 불만 등을

이유로 적지 않은 문제가 있음을 주장했다. 이밖에도 봉사활동의 형식화 등이 문제로 제기되기도 했다. 이후 외국어고, 과학고 등 특목고의 비교내신제가 1학년들부터 사실상 적용되지 않는 것과 관련해서 특목고 학부모들이 비교내신제를 유지해 둘 것을 요구하며 집단 움직임을 보였다. 비평준화 명문고 학부모들도 전국단위의 공정한 평가도입, 비평준화지역 출신 학생에 대한 수능석차 백분율 적용 등을 요구하며 정부의 종생부 개선을 요구했다.

- 실제로 특목고, 비평준화 명문고에 이 사회의 특권층들이 많이 포진되어 있고, 이들은 종생부가 그들 자제들에게 불리하다고 생각하고 있었기에 이에 문제를 제기하며 정관계에 엄청난 압력을 투사했다. 정부종합청사 앞에서는 연일 학부모들의 시위가 줄이었고, 언론의 관심도 치열했다. 교육부도 교육당정회의, 청와대회의 등 잦은 회의를 했고, 당내 정책토론, 주요 대학 교무처장 초청회의 등이 이어졌다. 교육부는 계속 수세에 몰렸으나, 교육개혁의 꽃인 종생부를 수정·보완은 하되, 그의 폐기나 연기는 생각하지 않겠다는 것이 장관의 일관된 입장이었다.

- 마침내 교육부는 '96년 8월 7일, 종생부제도 개선방안(2차 개선안)을 확정, 발표하였다. 그 내용인 즉, 성취도와 석차백분율로 기록하던 종생부의 과목별 성적이 성취도와 석차로 기록되고 동점자와 동일석차가 모두 인정되는 것으로, 또 개인별 평가가 어려운 예·체능계와 실업계의 전공, 실기 교과는 석차 없이 성취도만 기록하고, **고교 간 학력격차의 인정도 대학자율에 맡기기로 하는 것** 등이었다. 아울러 종생부의 어감이 나쁘다는 여론에 따라 '학교생활기록부'로 바꾸도록 결정하였다. 당시에 진퇴유곡에 몰렸던 교육부의 입장에서 보면 2차 개선안은 비교적 성공적인 결과를 빚었다. 내용이 비교적 합리적이라는 반응이었고, 격앙되었던 반대여론도 가라앉았다.

NEIS 파동

학생생활기록부는 문자 그대로 학생의 생활기록 정보체제이다. 따라서 그 내용에 누가 접근할 수 있으며 그 정보 내용에 대한 정당한 권리자와 단순한 이해관계자를 구별하고 그 이용질서를 분명히 하는 문제가 대두될 수밖에 없었으나 이에 대한 대비가 충분치 않았다. 이 문제가 표면에 노출된 것은 2001년 범정부적인 사업으로 전자정부사업이 시작되고 학생생활정보가 NEIS라는 이름의 전자정부사업계획하의 교육정보종합시스템에 편입됨으로써 본격화된다.

교육인적자원부는 효율적인 교육행정을 위해 2001년 9월 새 학기부터 전국단위 교육행정종합정보시스템(NEIS)으로 전환을 추진하고 있다고 밝혔다. 새 교육행정정보시스템은 기획, 교원인사, 일반인사, 급여, 교육장학, 보건체육, 재정, 시설, 법인, 기타행정 등 10대 영역을 전국 하나의 시스템으로 상호 통합·연계, 운영하는 방식이다. 새 시스템은 일선 학교에서 자체적으로 서버를 관리해오던 이전의 학교종합정보시스템 시에스와 달리 시도교육청에서 통합 관리한다. '교육행정정보시스템(NEIS)'이 최종 완성된 것은 2003년 4월이었다. 이로써 전국 1만여 개 초·중등학교와 16개 시·도교육청, 교육인적자원부의 교육행정업무가 전산망으로 연계되었으며 자녀의 학업성취도 등 학교생활정보 열람과 졸업증명서를 비롯한 각종 서류 발급이 인터넷을 통해 가능케 되었다.

계획단계에서 완성까지 2년여의 기간 동안 NEIS는 전교조의 강경한 반대에 부딪쳤으며 전교조의 입장을 지지하는 많은 학생 학부모의 반대에 부딪침으로써 NEIS 파동으로까지 일컬어지는 난항을 겪는다. 2003 11월 18일치 〈한겨레〉신문의 기획기사는 문제의 초점을 명확히 보여주었다. 즉 '충남 교사 637명이 네이스(교육행정정보시스템·NEIS)가 학생 정보인권을 침해할 우려가 있어 입력을 전면 거부하기로 선언했다'는 내용을 뼈대로 한 보도를 하면서 네이스 파문이 '정보 통제의 효율성'이 '사생활 등 개인의 인권'과 서로 충돌할 수 있다는 점을 보여주고 있다. 보도가 제기하는 핵심 질문은 다음의 두 가지였다.

1. 개인의 비밀이라는 자유권적 기본권과, 국가(공동체)의 조직화와 효율성을 위한 정보의 통제 및 관리라는 두 개의 상충하는 가치 중에서 우리는 무엇을 선택해야 하는가
2. 미래의 정보사회에서는 정보가 우리 삶의 질을 향상시킬 수 있다는 낙관적 견해와 오히려 정보 통제를 위해 개인 사생활이 더욱 침해될 것이라는 비관적 견해 중 어떠한 견해를 취할 것인가

학생신상정보의 수집 활용의 질서와 대학입시

종생부파동과 NEIS 논란을 통하여 드러난 것은 과연 학교가 학생에 관한 정보를 수집하고 기록하는 것이 어떤 행위의 맥락에서 정의되어야 하는지, 그 정보의 활용에는 어떠한 질서가 전제되어야 하는지 하는 근본적인 의문이다. 이 질문에 대한 충분한 숙고가 없는 상태에서 종합생활기록부나 NEIS와 같은학생정보시스템 도입이 성급하게 추진됨으로써 문제가 야기된 것이다. 즉, 우리 사회의 전반적 의식수준의 향상을 행정이 미처 따라가지 못함으로써 생겨난 것이다.

종합생활기록부 도입과정에서는 그 기록 정보의 주된 활용자로서 이를 학생선발자료로 이용할 대학의 입장과 이해관계 그리고 대학에 지원하는 학생과 학부모의 이해관계만이 전면에 부각되고 정책결정의 주된 고려사항이 되어 버림으로써 당초의 개혁방안 취지가 탈색되고 거친 이해관계 다툼의 양상으로 바뀌어 버렸다. 다만, 그 가운데 이루어진 진전이 있다면 교과성적 총점을 대학에 제공하지 않는다든가 하는 방식으로 고등학교가 무조건 대학의 이해관계에 따라 자료생산을 해서는 안 된다는 점이 분명해지고 각 교과들의 고유성과 가치의 다원성이 보장된 것이다.

다시 한번 확인해야 할 것은 학생정보의 수집과 가공에 있어 고등학교가 자체의 고유한 목적과 자율성에 입각하여 시스템을 발전시키는 것이 중

요하며, 대학의 이해관계가 어떤 것이냐에 대하여는 이 단계에서 고려해서는 안 된다는 것이다. 고교가 생산한 학생정보를 어떻게 활용할 것이냐는 그야말로 선발권을 가진 대학의 권한과 책임이자 스스로의 부담으로 해결할 사항이며 대학이 고등학교에 대해 이렇게 또는 저렇게 기록하고 정리해 보내달라는 요구 자체가 월권인 것이다. 만일 정부가 중간에 나서서 대학의 이러한 이해관계를 대변하고 고등학교에 이를 전달 조정한다면 그것이야말로 점수에 입각한 관료주의, 수량화된 시험만능주의 관료적 해악으로 가는 출발점이 되는 것이다.

더하여 논의되어야 할 점은 학교 측의 학부모에 대한 설명의무에 관한 것이다. 의사, 변호사 등 전문직들의 경우에 고객에 대한 설명의무는 전문직의 책무성의 핵심적인 내용을 이룬다. 이는 학교의 경우에도 학부모와 관계에서 비중 있게 다루어져야 한다. 특히 공교육의 경우에는 단순한 고객이 아니라 공공서비스의 이용자로서 학부모는 자신의 자녀에 대한 학교의 판단과 평가 등 중요한 정보에 대하여 설명을 들을 권리가 있는 것이다.

물론 학부모와 학교 간의 기존 통신수단을 통하여 이러한 정보제공과 설명이 이루어져 왔다. 그러나 학부모의 설명을 들을 권리는 이러한 수단에만 한정되는 것은 아니라고 보아야 하며, 학업성적기록 등 표준화된 절차 이외에 학생생활부의 특별한 기록내용에 대하여 사전에 통지 받고 의견을 제출할 권리를 함께 포함한다고 보아야 할 것이다. 이러한 절차적 권리의 보장은 우리나라에서 행정절차법이 제정 시행에 들어간 이후에 더욱 그 필요성이 높아졌다.

5. 진보 – 보수의 갈등과 교육의 정치적 중립성

기본적 가치에 대한 사회적 합의를 위한 교육 정책

우선 국민공동체로서 우리가 원하는 교육이 어떠한 것인가에 대한 안정된 사회적 합의가 과연 우리나라에 존재하는가에 큰 의문이 있다. 모든 선진국들은 과거 치열한 논쟁을 거쳐서 이에 대한 합의와 해답을 얻었으며 그 바탕 위에 오늘날의 선진교육체제를 일구어 내었다.

우리나라에서 시험성적이 사회제도로서 큰 문제가 되는 이유는 시험성적이 선발의 방법으로 쓰이기 때문이다. 게다가 시험을 이용하는 선발의 방법도 자율에 입각한 사적 선발이 아닌 공개적 절차에 입각한 국가적 선발에서 이용되기 때문에 시험점수가 갖는 사적성격과 불완전성이 온전히 무시되고 사회 전체가 시험지옥으로 치닫는 것이다.

무엇보다 먼저, 교육체제를 설계하고 운영함에 있어 선별(screening) 또는 선발(selection)의 기능과 인적자산축적(human capital building) 또는 도야(陶冶: Bildung) 기능 간의 선후에 대한 사회적 가치판단에 우리 사회 내의 합의가 필요할 것이다. 그리고 이 문제에 관한 선진국의 경험에서 우리가 참고할 바가 크다.

선별(screening) 또는 선발(selection)에 대하여 우리가 진짜로 진지하게 고민한다면 과연 어떠한 기준과 방법으로 우수한 인재를 선별할 수 있을까. 선진국들에 있어서 이에 대한 과거의 고민은 결국 생물학적 결정론이나 사회경제적 결정론 논쟁으로 이어졌다. 극우보수주의자들은 말한다: 우수하지 못한 사람은 경쟁을 통한 자연도태(selection)로 인해 걸러질 것이다. 결국 우수한 인재로 타고나는 유전적 소질과 가정적 요인을 보는 것이 가장 확실성이 높은 선발 방법이다라고. 급진좌파들은 말한다: 학교는 지배적 이념과 기준을 가지고 사람과 지식을 분류하며, 우수 인재란 지배적인 정치집단이 정하는 기준대로 교육되며 선발된다고. 이 두 집단은 서로 극단적으로 대립되는 주장으로 싸웠으며 결과적으로 모두 서구 선진국들의 민주주의 발전 과정에 있어 중대한 위협이 되었다. 민주주의를 크게 위협했던 이 두 집단이 가진 의견의 공통점은 단 두 가지이다. 하나는 인간에 대한 결정론적 시각이요 다른 하나는 교육체제는 선발기능을 수행한다는 것에 대한 집착이다.

지금 현재 우리나라에서 평준화의 유지 또는 철폐에 따른 고교입시 논쟁, 대학입시와 관련된 변별기준 문제들을 놓고 입씨름하는 사람들이 과거 선진국들의 민주주의를 위협했던 극우 보수파나 급진좌파들의 입장과 얼마나 크게 다를까. 선진국의 경험에 비추어 볼 때, 평준화 폐지와 우수인재의 조기선발을 강조하는 이들은 그 견해에 끝까지 충실하다 보면 생물학적 결정론자 더 나아가 우생학 예찬론자가 될 수밖에 없다. 그들은 마치 우수인재가 과연 누군지 미리 알고 있는 것처럼 말한다. 혹시라도 그들은 자신의 유전자를 가진 자신들의 자녀를 마음속에 두고 있는 것은 아닐까? 평준화를 끝까지 고집하는 사람들은 결국에는 사람을 오직 사회경제적 결정론의 시각에서만 바라보게 된다. 결국에는 그들이 우리 교육을 정치적 이념에 복속시키게 될 것이다.

선진국들은 어떻게 이들 생물학적 결정론자와 사회경제적 결정론자들로부터 교육을 구해내고 민주주의의 위기를 극복하였을까. 그것은 바로 교육은 학생선발이라는 잘못된 개념을 멀리함으로써 가능하였다. 오늘날 그 어느 선진국에서도 학생선발문제를 공개적인 정책적 논란의 대상으로 삼고 있지 않다. 독일의 헤르바르트(Johann Friedrich Herrbart, 1776-1841)로부터 비롯된 근대교육학은 그 시초부터 교육을 도야와 형성(Bildung)으로 정의함으로써 시작되었으며 바로 이 관점이 서구의 근대교육에 광범위하게 수용됨으로써 학생선발을 둘러싼 극우보수주의와 급진좌파의 정치적 이념으로부터 서구 민주주의를 지켜낸 것이다. 선진국들의 모임인 OECD가 교육을 선발이 아니라 인적자원개발 즉 형성의 관점에서 정의하고 있는 연원도 이러한 서구의 전통에 있는 것이다.

교육적 선발은 선진사회에서 사회적 현상 또는 사회적 행위, 시장 내 행동으로서는 존재해도 국가적 제도로는 이념적으로 부정된다. 선발을 사회적 제도화하면 필연적으로 우리나라가 그러한 것처럼 신성한 인간성을 놓고 인간에 대하여 제도적 공개적으로 〈변별력〉 운운하게 되는 사태가 일어나게 되며 다음의 표에서 보는 것처럼 생물학적 결정론이나 유물론적 결정론에 빠지는 것을 피할 수 없다.

〈표 6-1〉 정치이념과 인간관: 교육이론과 교육정책의 스펙트럼

인간관/교육관 정치이념	결정론적 인간관 "교육은 선발과정이다"	창조적 인간관 "교육은 형성이다"
평등주의	극좌 경제적 결정론, 헤게모니론 사회주의 교육론, 폭로적 교육론	온건 좌파(사회민주주의) 국민교육론, 공교육론
자유주의	극우 생물학적 결정론 학생선발의 자유와 그 보장	온건 우파(자유주의) 공교육기반 사학의 자유론, 학생/학부모의 학교선택론
혼합주의	제도사회학파 교육적/정책적 결정론 보상교육정책	제3의 길과 다원주의 진보주의교육론

지금 우리나라에서 평준화와 대학 입학전형을 둘러싸고 벌이는 모든 사회적 정책적 논쟁들은 민주주의 경험이 일천하고 의식이 야만적 사고의 수준을 벗어나지 못한 사회의 특징을 드러내고 있다. 교육문제를 둘러싼 자유와 평등의 이념적 갈등 더 나아가 신자유주의자와 사회평등론자 간의 갈등이 학교를 선발체제로 보는 관점과 결합되면 돌이킬 수 없는 대립으로 치닫게 되며 궁극에는 정치공동체와 민주주의를 동시에 위험에 빠뜨릴 것이다.

강조하는 바는 바로 이것이다. 우리나라의 정치경제적 자유주의자들은 더 많은 자유와 공정한 경쟁을 위해 학교 밖의 정치경제를 자유의 이념에

입각하여 혁신하는 일은 게을리 하면서 교육체제를 자유주의 이념에 따라 혁신하는 일에 더 많은 노력을 기울이고 있다. 반대로, 정치경제적 진보주의자들은 정치경제질서에서는 평등주의적 지향을 드러내면서도 공교육체제에는 자유주의적 집착을 강화 발전시키고자 한다. 교육문제에 관한 한 보수와 진보가 서로 전도(顚倒)되어 버리는 것이다.

교육문제를 둘러싼 진보와 보수의 바른 만남을 위해서는 우선, 학생선발에 경도된 교육정책논쟁을 지양해야 한다. 그런 의미에서 2001년 초 정부조직 개편을 통해 교육인적자원부가 인적자원개발 즉 선발이 아닌 도야와 형성을 중심으로 정책을 수행할 수 있게 된 것은 보수와 진보의 바른 만남을 통해 긍정적인 방향으로 교육정책을 돌려놓기 위한 초석이 될 것이다.

시험점수와 민주주의

모든 시험점수는 불완전하며 서로 다른 것을 측정하고 있다 시험방법과 학생들이 상호작용하여 산출된 시험점수는 개개 학생들의 특성을 드러내는 것 같지만 달리 보면 이는 시험 응시자 집단이 하나의 패널이 되어 여러 가지 시험 방법들의 특징과 성격을 시험을 통해 드러내는 것이기도 하다. 하나의 시험방법이 학생들마다 다른 점수를 부여하는 것처럼, 학생들은 자신의 시험응시를 통해 각 시험방법들마다 다른 점수를 나타냄으로써 각 시험의 특성을 수량화한다. 양자는 서로 동전의 양면처럼 동일한 것의 양 측면이다. 학생들의 시험점수가 근본적으로 사적인 것이라면 바로 이와 같은 이유로 각 시험방법들의 특징과 속성도 근본적으로 사적인 것이다. 바꾸어 말하여, 특정의 시험방법이라는 것은 그것이 인간의 사적인 속성을 측정하고자 하는 것인 한 절대로 공적인 것이 될 수 없다. 시험방법을 채택하고 이를 사용하는 것은 사적인 자율의 영역에 놓아두어야 하며, 국가는 원칙적으로 공개적인 시험제도를 운영하지 않아야 마땅하다는 것이다.

"원칙적으로"라고 말하는 것은 그것에 대한 예외가 사적인 자치에 대한 예외, 국가와 시민사회의 분리에 대한 예외이기 때문에 그러한 예외는 〈법률〉에 의해서만 설정되어야 함을 강조하기 위한 것이다. 즉, 공적인 성격을 지닌 모든 시험제도는 국민의 기본적인 인권과 자유에 대한 침해를 낳을 가능성이 있기 때문에 반드시 법률에 근거를 두고 법률에 규정에 부합하게 채택되어야 한다.

법률에 의거하여 공적인 시험제도가 운영되는 경우에도 그의 산출과 사용방법은 비밀로 유지되어야 하며 공개는 직접적인 이해관계자에 한정되어야 마땅하다. 사적 자치의 원리에 의해 보장되든 대학과 학교의 자율권과 자치에 의해 보장되든 〈선발의 자율권〉이란 시험점수조차도 무시할 권리를 포함하는 것이다. 왜냐 하면 시험이란 이미 지적한 것처럼 본질적으로 사적인 것이며 완전한 것과도 거리가 멀기 때문이며 다만 자율권에 입각한 의사결정의 참고 자료일 뿐이기 때문이다. 투명성이라는 이름 아래 시험점수를 이를 무차별하게 공개하고 거기에 실제 이상의 허구적 가치를 부여하여 모든 인재선발과정을 수량화 하는 것은 사회전체를 야만화하는 첩경이다. 우리나라가 선진국이 아닌 중요한 이유가 바로 여기에 있다.

참고 문헌

교육부(1998). 수행평가의 이해. 교육홍보자료.

교육부(1999). 학업생활기록부의 개선 및 보관 방안.

교육부(2000). 한국교육개혁의 흐름과 발전방향.

김명화(2000). 평가형태가 초인지에 미치는 영향, 교육평가연구 제
　　13권 제1호, 195-211.

김 영화(1993). 한국의 교육불평등. 서울: 교육과학사.

김회수, 천은영(1999). "직접교수에서 학습전략과 메타인지 및 단계
　　별 멀티미디어 활용이 학업성취에 미치는 영향" 교육공학연구
　　제15권 제1호.

남명호(1995). 수행평가의 타당성 연구. 고려대학교 박사학위논문. 미
　　간행.

백순근(1998, 편집). 수행평가의 이론과 실제. 서울: 원미사.

문용린(1997). EQ가 높으면 성공이 보인다. 서울: 글이랑.

성태제(1998). 학업성취도 평가를 위한 수행평가의 과제와 전망. 한
　　국응용언어학회 겨울학술 대회.

성수근(2000). 수행평가에 대한 이해 및 적용 실태연구. 홍익대학교
　　석사학위논문.

신명철(2000). 효율적인 수행평가를 위한 학급교육과정의 운영. 홍
　　익대학교 석사학위논문.

이광성(1997). 고급수준의 질문 정도가 사회과 고급사고력과 학업
　　성취에 미치는 효과연구.

이용숙(2000) 수행평가에서의 문화기술적 연구방법의 필요성과 적
　　용사례. 교육평가연구 제13권 제1호, 21-62.

이인효, 김정원, 최유림(1998). 열린교육을 위한 교육과정 개선 연
　　구, 교육개발원 연구보고서.

정충영, 최이규(1998). SPSSWIN을 이용한 통계분석. 서울: 무역경
　　영사.

차경수(1997). "내용에서 사고력과 가치로: 사회과 공통사회 과목
의 새로운 지도법으로서의 심층수업", 사회과학교육 제1집:
1-15.
차경수, (1996). 현대의 사회과 교육. 서울: 학문사
최귀숙(2000). 학습자변인과 자기주도학습과의 관계 연구. 홍익대학
교 석사학위논문.
한국교육과정평가원(1999). 고등학교 사회과 수행평가의 이론과 실
제. 교육과정평가원 연구보고서 RRE 99-1-4.
한국교육과정평가원(1999). 수행평가정책 시행실태 분석과 개선대
책 연구. 교육과정평가원 연구보고서 CRE 99-2.
한국교육과정평가원(1999). 국가교육과정에 근거한 평가기준 및 도
구 개발연구(총론). 교육과정평가원 연구보고서 RRE 98-3-1.
허만형(1994). SPSS와 통계분석. 서울: 교학사.

Australian Education Council and Ministers for Vocational Education,
Employment and training(1992). Putting General education To
Work: Key Competency Report.
Australian National Training Authority(1998). "Achieving Equitable
Outcomes." A Supporting Paper to Australia's National Strategy
for Vocational Education and Training, 1998-2003.
Baker, E. L. and H. F. O'Neil(1996). "Performance Assessment and
Equity". In: J. Baron & D. Wolfe Eds(1996), *Performance-Based
Student Assessment: Challenges and Possibilities*. Chicago: The
University of Chicago Press.
Baron, M. A. & Boschee, F. B. (1995). *Authentic assessment: The key
to unlocking student success*. Pennsylvania: Technomic inc..
Bobbett, Jacquline J.; Ellet, Chad D.(1997). Equity and Excellence in
America's Schools: The Case for "Learning Equity" and a
Proposed Model for Analyzing Statewide Education Reform
Initiatives. Paper presented at the Annual Meeting of the
American Educational Research Association (Chicago, IL, March

24-28, 1997).

Bono, E.(1991). "The Direct Teaching of Thinking in Education and the CoRT Method." In: Mclure, S. & Davis, P.. *Learning to Think: Thinking to Learn.* London: Pergamon Press. 3-14.

Capper, Colleen A.; Keyes, Maureen W.; Hafner, Madeline(1999). Toward a Pluralistic View of Accountability: Possibilities and Troublings. Paper presented at the Annual Meeting of the University Council of Educational Administration (Minneapolis, Minnesota, October 28-31, 1999).

Darling-Hammond, Linda(1994) "Performance-Based Assessment and Educational Equity." *Harvard Educational Review*; v64 n1 p5-30 Spr 1994.

Englwood, Jannette(1994). "Equity Issues in Performance Assessment. Undermining Gender Stereotypes: Examination Performance in the UK at 16" Paper presented at the Annual Meeting of the American Educational Research Association (New Orleans, LA, April 4-8, 1994).

Froese-Germain, Bernie(1999). "Standardized Testing: Undermining Equity in Education." Report Prepared for the National Issues in Education Initiative.

Gipps, Caroline(1994). What Do We Mean by Equity in Relation to Assessment? Paper presented at the Annual Meeting of the American Educational Research Association (New Orleans, LA, April 4-8, 1994)

Gosetti, Penny Poplin; Rusch, Edith A.(1994) "Diversity and Equity in Educational Administration: Missing in Theory and in Action." Paper presented at the Annual Meeting of the American Educational Research Association (New Orleans, LA, April 4-8, 1994).

Greaney, Vincent; Kellaghan, Thomas(1995). "Equity Issues in Public Examinations in Developing Countries." World Bank Technical

Paper Number 272. Asia Technical Series.

Hilgersom, Karin M.(1994) Achieving Equity and Excellence through Improved Assessment. OSSC Bulletin; v37 n8 Apr 1994.

Heubert, Jay P., Ed.(1999) Law & School Reform: Six Strategies for Promoting Educational Equity., New Haven: Yale University Press.

Lam, Tony C. M.(1995). "Fairness in Performance Assessment". ERIC Digest, ERIC_NO: ED391982.

Leventhal, Gerald S.(1976) "What Should Be Done with Equity Theory? New Approaches to the Study of Fairness in Social Relationships." in Gergen, K.J., Ed., And Others. "Social Exchange Theory," John Wiley, 1977.

Lokan, Jan(1999). "Equity Issues in Testing: The Case of TIMSS Performance Assessment". *Studies in Educational Evaluation*; v.25, n.3, p.297-314.

Marshall, Catherine(1990). "Educational Policy Dilemmas: Can We Have Control and Quality and Choice and Democracy and Equity?", In: Borman, Ed. *Contemporary Issues in Education.* Norwood, NJ, Ablex Publishing Corporation, 1990. Chapter 1.

Martin, Barbara L.(1988). The Ethics of Equity in Instructional Design. Symposium: Technological Equity: Issues in Ethics and Theory. In: *Proceedings of Selected Research Papers presented at the Annual Meeting of the Association for Educational Communications and Technology* (New Orleans, LA, January 14-19, 1988).

McCune, Shirley(1984). "Rethinking Educational Equity: Restructuring Education for an Information Society." In: *Educational and Societal Futures: Meeting the Technological Demands of the 1990s. Proceedings of a Conference* (Anaheim, California, April 28, 1983).

NCES. USA, Statistics Canada(1999). *Internatioanl Life Skills Survey: Over- arching Framework.* Working Draft for ILSS.

Nisbet, John(1994). "Relating Pupil Assessment and Evaluation to Teaching and Learning". Paper presented OECD Conference

"Curriculum Redefined" 1993 at Paris.

Newmann, Fred M. And Others(1995). "Authentic Pedagogy and Student Performance". Paper presented at the Annual Meeting of the American Educational Research Association (San Francisco, CA, April 18-22, 1995).

Organisation for Economic Cooperation and Development(1993). *Teacher Quality: New Ways of Teaching and Learning.* Paris: Unpublished meeting document.

Rawls, John(1971). A Theory of Justice. Cambridge: The Belknap Press of Harvard University Press.

Rawls, John(1993). *Political Liberalism.* New York: Columbia University Press.

Resnick, Lauren(1987). "Learning in School and OUT". *Educational Reseacher, vol. 16, no.9.*

Rothman, Robert(1994). Assessment Questions: Equity Answers. Proceedings o영 · 미 권the 1993 CRESST Conference (Los Angeles, California, September 12-14, 1993). Evaluation Comment.

Skilbeck, M(1994). *Curriculum Reform: An Overview of Trends. Paris:* OECD Publications.

Skilbeck, M(1994). "The Core Curriculum". *The Curriculum Redefined.* Unpublished OECD proceeding report.

Sternberg, R. J., Grigorenko, E., and Gil Guillermo(1999). "Measuring Every Situational-Judgements Skills." Working Paper for, OECD/ILSS.

Stephen(1986). "Academic and Non-academic Intelligence". *Practical intelligence,* edited by R. Sternberg and R. Wagner. London: Cambridge Univ. Press.

Thurlow, Martha(1995). "National and State Perspectives on Performance Assessment" ERIC Digest E532. ERIC_NO: ED381986.

Rooney, Charles; Schaeffer, Bob(1998) "Test Scores Do Not Equal Merit: Enhancing Equity & Excellence in College Admissions by

Deemphasizing SAT and ACT Results." National Center for Fair and Open Testing (Fair Test), Cambridge, MA.

부록 1. 연구조사방법

1. 조사도구

가. 표 본

상기 표본은 OECD/PISA 한국학생조사의 대상이 된 5200명의 원자료 파일에서 추출된 것으로, 원자료 중에서 우선 PISA의 읽기·수리 탐구 능력 검사 중 어느 하나라도 영점 처리된 표본을 제외하고, 남은 표본 중에서 소속 학교로부터 학교 교과성적으로서 지필 검사 성적과 수행평가 성적의 두 가지가 모두 수집된 학생을 최종 선정하여 구성되었다. 당초 구성된 원자료 표본은 15세 한국학생 전체를 모집 단으로 대표할 수 있도록 OECD/PISA 사업이 요구하는 표본추출 기준에 따라 표 집된 것이지만 본 연구 목적을 위해서는 학교 지필평가 성적과 학교 수행평가 성적 이 필수적이므로 이 두 가지가 모두 수집된 학생표본만을 선정한 것이다.

2. 주요 변인

본 조사연구에서의 종속변인은 3가지 형태의 학생성취도평가 즉, 전국적 수행평 가, 학교 수행평가, 학교 지필평가(중간고사와 기말고사)의 3가지로 구성된다. 이러 한 종속변인에 영향을 주는 배경변인으로서 학생의 부모 학력과 거주지역의 두 가 지를 채택하였다.

학습에 있어서의 자기주도성은 한편으로는 배경변인에 따라서 영향을 받을 수 있는 학생 특성에 대한 검사 결과라는 점에서 종속변인으로도 사용될 수 있고, 또 다른 편으로는 학생성취도를 결정하는 독립변인일 수도 있다. 본 연구에서는 학생 의 자기주도성을 양쪽으로 다 함께 검토하였다.

3. 주요 변인에 의한 표본의 개요

그런데 PISA 점수의 경우 부모의 학력이 높은 집단이 낮은 집단 보다, 그리고 도시학생 집단이 읍·면단위 학생집단 보다 더 낮은 평균점수를 보여 주고 있음이 눈에 띤다. 이 또한 PISA 점수의 경우 지필평가나 학교 수행평가와는 전혀 다른 양상을 보일 것이라는 당초 본 연구의 추정에 부합하는 특징이다. 이를 좀 더 살펴보기 위하여 본 연구에서 사용된 7개 변수 간의 상관관계를 검사하였다. 그 결과는 위 〈표 4-7〉과 같다.

위의 상관계수 행렬에서 주목되는 것은 학교 수행평가와 지필평가점수, 또 부의 학력과 모의 학력이 상호 비교적 보통 정도의 상관관계를 보여 주는 것 외에 다른 변인들 간에는 약한 상관관계들만을 보여주고 있는 것을 알 수 있다. 이는 7개의 변인들이 다양한 요인들에 의해 지배되고 있다는 것으로서 좀 더 심층적인 분석이 필요함을 시사한다.

한편 다른 변수들과 정도는 약하지만 음의 상관관계에 있는 변수, PISA 점수가 눈에 뜨인다. PISA 점수가 다른 변수들과 음의 상관 계수를 갖는 것은 PISA 점수가 지필평가와는 전혀 다른 측정목적을 가지고 있다는 본 연구의 추정에 부합하는 것이다.

4. 통계분석방법

수집된 데이터의 통계 처리에는 SPSSWIN (Ver 7.5)를 이용하였으며, 동원된 통계분석 방법은 신뢰도분석 및 요인분석, 회귀분석을 주로 하였고 보조적으로 편상관계수 분석과 다변량분산분석 등이 사용되었다.

가. 신뢰도 분석 및 요인분석

신뢰도 분석은 여러 개의 변인을 묶어 하나의 변인으로 표시할 경우 이 묶인 하나의 변인이 어느 정도 단일 척도로서 신뢰성이 있는지에 대한 분석을 하는 통계기법이다(허만형, 1994). 보통 하나의 설문지에 포함된 다수의 문항 즉 변인들이 전체적으로 신뢰성 있는 하나의 변인으로 묶여 이를 대표할 수 있는지를 검사하는 데 많이 사용된다.

나. 다중회귀분석과 다변량분산분석

다중회귀분석은 하나의 종속변수 값과 그를 예측하게 할 수 있는 다수의 변인 간의 관계를 $Y=a+bA+cB+\cdots\cdots$와 같은 1차 방정식의 형태로 표현한다. 본 연구에서는 추론 2, 3, 4의 실증을 위하여 동원되었다. 즉 부모 각각의 학력, 거주지역, 자기주도 점수의 변인들을 독립변수로 하여 세 종류의 점수를 얼마나 예측할 수 있는지를 검토하였다. 바꾸어 말하면 각각의 점수를 통계적으로 예측할 수 있는 독립변수들의 회귀조합이 가능한지를, 또 만약 가능하다면 어느 점수에 대해서 어느 변수의 영향이 어떤 방향으로 얼마나 있는지를 검토할 것이다.

회귀분석에서 검토의 초점은 독립변수들의 조합과 종속변수들 간의 다중상관계수 R의 값과 각 독립변수들의 계수 특히 표준화 점수로 표현된 독립변수들의 계수인 표준화계수β이다.

상관계수인 R의 값은 독립변수의 표본 값들이 회귀직선 주위에 모여 있는 정도를 나타내는 비율이다. R의 제곱 값은 성립된 회귀식에 의해 설명될 수 있는 표본 값들의 비율을 나타낸다. 본 연구에서는 부모의 각각의 학력과 학생의 거주지역을 독립변수로 하는 회귀식에 의해 각각의 점수가 얼마나 설명될 수 있는지를 분석하는데 이 R제곱 값을 사용하였다.

한편 표준화계수 β는 다른 독립변수 값이 고정되었을 때 표준화점수로 표현된 각각의 독립변수 값의 한 단위 변화에 따라 변화되는 종속변수 값의 변화 즉 종속변수 축에 대한 회귀직선의 기울기를 나타낸다. 이 β값은 결국 각각의 종속변수에 대한 독립변수 값의 탄력성 내지는 민감도를 표시해 주는 것이다. 본 연구에서는 각 독립변수의 β값을 비교함으로써 각 평가점수들이 개개의 배경변인들에 얼마나 민감한가를 비교하는 지표로 사용되었다.

다중회귀분석을 하는 경우 독립변수들 간의 지나치게 높은 상관관계는 회귀분석 모델의 타당성을 훼손하는 다중 공선성(multi-co-linearity)의 문제를 야기한다. 부의 학력과 모의 학력 간에 이러한 다중공선성의 문제가 있지 않을까 우려를 할 수 있지만 실제로 다중공선성 테스트를 해 본 결과 이러한 문제는 일어나지 않았다. 다중공선성의 검토 결과는 본 논문의 부록으로 별첨하였다.

한편 본 연구에서는 학교 수행평가와 지필평가 간에 학생의 배경변인에 의한 영향의 과다를 좀 더 알아보기 위하여 다변량 분산분석(multivariate analysis of variance: MANOVA)를 실시하였다.

다변량분산분석은 종속 변수가 둘 이상인 경우 독립변수가 어떤 종속변수에 더 많은 영향을 미치는지에 대해 분석할 수 있도록 개발된 통계 분석의 기법이다. 예를 들어 대학졸업 여부가 소득수준 향상에 더 많은 영향을 미치는지 행복의 수준에 더 많은 영향을 미치는지에 대해 분석하고자 할 경우와 같다(허만형, 1995). 본 연구에서는 부모의 학력수준, 학생의 거주지역, 학생의 자기주도성의 세 독립변인이 각각 지필평가점수에 더 많은 영향을 미치는지 아니면 학교 수행평가점수에 더 많은 영향을 미치는지를 경험적으로 분석하기 위해 사용하였다.

다변량분산분석은 분산분석의 경우처럼 배경변인에 의한 집단별 평균의 차이를 놓고 그것이 통계적으로 유의의한 차이인지를 F 통계량을 가지고 검증하는 방식을 근본으로 하고 있으며 종속변수들 간의 상관관계를 미리 가정하고 시작한다(허만형, 1995). 본 연구에서 학교 수행평가점수와 지필평가점수는 p<.000의 유의도하에 .549의 피어슨 상관계수를 보여주므로 이 조건을 만족한다고 볼 수 있다.

분석 절차는 두 단계를 거친다. 먼저 Pillai의 트레이스, Wilks의 람다, Hotelling의 트레이스, Roy의 최대근과 같은 통계량에 의해 유의도를 판정하여 MANOVA 모델 자체가 성립하는지를 검사한다. 다음 단계는 두 종속 변수의 F 값을 비교하여 본 연구의 추정을 입증한다. F 값이 큰 쪽이 독립변수의 영향을 더 많이 받는 것으로 판정한다(허만형, 1995).

5. 조사방법과 자료의 의의와 한계

가. 연구의 의의

본 연구의 의의는 이론적인 면과 실천적인 면의 양쪽에서 찾을 수 있다.

먼저 이론적으로는 국내에서는 처음으로 수행평가를 교육의 형평과 관련하여 논의하고 경험적 조사를 행하였다는 데서 의의를 찾을 수 있을 것이다.

실천적인 면에서 본 연구의 의의는 한국에서 야기되고 있는 수행평가를 둘러싼 혼란과 정책혼선을 개선하기 위한 논의의 기초 자료를 제공하는 데 있다.

이상과 같은 이론적 실천적 의의를 가진 본 연구는 현재 한국에서 진행되고 있는 교육개혁의 과정에서 교육과정 개혁과 평가방식의 전환이 갖는 비중을 고려할 때 매우 긴요하고도 시급한 연구 과제라고 할 것이다. 즉 수행평가가 단순한 평가방법의 기술적 변경이나 교실 수업운영의 개선차원을 넘어선 근본적인 정책변경이라는 점과 그에 따른 교육의 형평성의 문제를 실증적으로 인식하고, 이에 기초한 명확한 교육정책결정을 정치적 합의를 기초로 이끌어 내기 위한 논의의 출발점이 될 것이다. 특히, 수행평가의 도입과 확산에 따른 정책혼선과 교육현장의 혼란을 생각하면 수행평가의 정확한 개념 정립과 그 교육 형평상의 효과에 대한 이해는 더욱 중요하다고 할 것이다.

핵심적 연구 문제인 교육의 형평 문제는 사회과 교육의 중요한 탐구주제이기도 하며 다음과 같은 점에서 본 연구를 통해 사회과 교육의 발전에 중요한 시사점을 얻기 위한 것이다.

첫째로 수행평가의 도입은 궁극적으로 기존 교과구분을 벗어난 통합교과적 이상을 지향하고 있다. 사회과 교육은 소위 말하는 영어, 국어, 수학과 같은 도구과목 교과가 아니다. 사회과 교육은 이러한 각 교과통합의 중심교과로서 그 궁극적인 목표는 본 연구에서 조사한 OECD/PISA 학생성취도에서 측정하고자하는 핵심역량으로서의 생활기능(life skills)과 일치한다. 그 점에서 핵심역량 중심의 수행성취도 검사와 영어, 국어, 수학의 학교 성적을 비교 분석하는 본 연구는 바로 궁극적인 사회과 교육과 국어, 영어, 수학과 같은 도구 과목의 관계에 대한 연구로서의 의의를 동시에 갖는다.

둘째로 본 연구의 주요 소재를 제공하고 있는 OECD 국제 학생성취도 검사와 같은 전국단위의 수행성취도 조사는 명백히 기존의 교과 구분을 벗어나고 있다. 특히, 모든 검사문항에 반드시 상황적 맥락이 채택되는데 이들은 많은 경우 사회과 교육의 내용과 소재로 다루어지는 것들이다.

나. 연구의 제약과 한계

본 연구는 다음과 같은 몇 가지 제약 속에서 수행되었으며 그 결과의 해석과 일반화에 있어서도 그에 따른 한계를 가지고 있다.

첫째, 본 연구에서의 경험적 입증 방식은 기본적으로 사후적 자료분석(de post facto analyses)이다. 이러한 연구 방식은 온전히 확립되고 안정된 방법에 의해 수집된 데이터를 사용하는 것이 바람직하다. 그러나 본 연구에서 사용된 OECD 학생성취도 데이터나 한국 학교에서의 수행평가 결과 데이터는 아직까지 그 측정도구 자체의 안정성을 갖기에는 이른 시범적 단계의 조사에 의한 데이터들이다. 여기에서 오는 연구상의 제약이 있었으며 본 연구 결과도 그 한계를 벗어날 수 없음을 미리 밝힌다.

둘째, 본 연구에서 분석자료로 사용된 표본에서 유래하는 한계가 있다. 고등학교 1학년 450명이 분석의 대상이 되었으나 이는 한국의 15세 학생을 모집단으로 대표하게 OECD/PISA 성취도 검사를 위해 추출된 5200명의 표본자료 중에서 본 연구를 위한 추가조사자료인 학교에서 실행되어지는 지필평가와 수행평가 성적이 입수된 학생만을 추려낸 결과 448명의 자료만이 사용됨으로써 표본의 대표성에 대한 보장이 불확실해졌다는 문제점을 피할 수 없었다.

그 결과, 표본이 한국 학생 전체를 대표하는 표본이라고 말할 수는 없는 상황이며 현재 수행평가를 포함한 학교 성적을 본 조사를 위해 내놓은 학교의 학생들만이 대상이 된 것이다. 특히, 실업계 고등학교의 경우, 대도시의 학교에서만 수행평가 성적을 입수할 수 있었던 관계상 중소 도시와 읍·면 지역의 실업고교 학생이 표본에 포함될 수 없었다.

　본 연구에서는 이러한 형편조차도 한국교육에서의 수행평가 확산 과정의 실태를 반영하는 것이라는 점에서 일차적으로는 실업계학교를 포함한 표본을 그대로 사용하기로 결정하였다. 그러나 이러한 표본의 한계는 나중에 보는 것처럼 본 조사의 결과의 분석과 해석 과정에서 별도의 고려를 하지 않을 수 없게 만들었다.

부록 2

Ⅱ. 수행평가 관련 행정지침(관련 부분 발췌)

초등학교 · 중학교 · 고등학교
학교생활기록부전산처리및관리지침

(교육부훈령 제607호, 2000. 8. 7 개정)

제1장 총 칙

제2조(적용범위) 이 훈령은 초 · 중등교육법 제2조의 규정에 의한 초등학교 · 중학교 · 고등학교에 적용하되, 공민학교 · 고등공민학교 · 고등기술학교 · 특수학교 · 각종학교 및 기타학교에서는 당해 학교 교육과정에 알맞게 재구성하여 적용할 수 있다.

제18조(교과학습발달상황) ① 교과학습발달상황의 평가는 별지 제6호 '교과학습발달상황 평가 및 관리'에 의거 시행한다.
　② 제1항의 규정에 의하여 평가 시행한 결과에 따라 '교과 및 과목명', '단위수', '성취도', '석차 · 재적수'를 입력하되, 고등학교는 각 학기 말에, 중학교는 각 학년 말에 산출하여 입력한다.
　③ '세부능력 및 특기사항'란에는 교과와 관련된 세부능력, 특기할만한 사항, 교내 수상실적 등과 과목별 수행평가 결과를 간략하게 입력하되, 객관적인 자료가 있는 학생에 국한하며, 추상적, 형식적, 의례적인 내용은 배제한다.
　④ '비고'란에는 학적변동으로 인한 이수과목 상이 등에 관한 내용을 간략하게 입력한다.
　⑤ 초등학교의 교과학습발달상황은 각 교과의 학습활동 진보 정도, 수행평가 결과, 특징 등을 종합하여 '세부능력 및 특기사항'란에 문장으로 입력한다.
　⑥ 고등학교의 교양선택은 과목명, 이수단위수만 입력하고 평가결과는 '세부능력 및 특기사항'란에 간략한 문장으로 입력한다.

[별지 제6호]

교과학습발달상황 평가 및 관리

1. 방 침

가. 고등학교에서의 학업성적 평가 및 관리의 객관성·공정성·투명성과 신뢰도
등을 제고시켜, 「새 학교문화 창조」의 정착을 도모한다.
나. 학업성적 평가 및 관리의 객관성·공정성·투명성과 신뢰도를 높이기 위하여
학교별 각 교과협의회와 학업성적관리위원회를 구성하고, 그 기능을 강화한다.
다. 교과학습발달상황의 평가는 선택형 지필평가(이하 '지필평가'라 한다)와 수행
평가로 구분하여 실시한다.
라. 동 교과학습발달상황 평가 및 관리 내용을 준거로 하여 시·도교육청에서는
초·중·고등학교별 학업성적관리 시행 지침을 수립하고, 각급 학교에서는
시·도교육청 학업성적관리 시행 지침에 의거하여 학교별 세부적인 학업성
적관리규정을 제정하여 활용한다.

2. 학교 학업성적관리위원회 설치

가. 위원의 구성 및 임무

(1) 위원장은 학교장으로 하며, 성적관리위원회의 업무를 총괄한다.
(2) 부위원장은 교감으로 하며, 위원장을 보좌하고 위원장 유고시 위원장을 대행
한다.
(3) 위원의 수는 학교 규모에 따라 3~7명으로 하며, 교직원 중에서 교무분장 업
무를 고려하여 학교장이 임명하고, 위원은 당해 학교의 학업성적관리 관련
업무에 대하여 심의한다.
(4) 학부모의 의견 수렴과 성적관리의 투명성 등을 확보하기 위하여 학교장은
약간명의 학부모위원을 위촉할 수 있다.

나. 심의 내용

(1) 학교 학업성적관리규정 제·개정
(2) 각 교과협의회에서 제출된 지필평가 및 수행평가의 영역·방법·횟수·기

　　준·반영비율 등과 성적처리방법 및 결과의 활용
(3) 특별활동상황의 평가 기준 및 방법
(4) 행동발달상황의 평가 덕목 및 방법
(5) 학업성적 평가 및 관리의 객관성·공정성·투명성과 신뢰도 제고 방안(평가의 기준·방법·결과의 공개 및 홍보 등)
(6) 기타 학교 학업성적관리 관련 업무

3. 평가의 목표·내용 및 방법

가. 교과학습의 평가(지필평가 및 수행평가)는 모든 학생들이 교육목표를 성공적으로 달성할 수 있도록 돕기 위한 교육의 과정으로 실시하며, 학습 상황에 대한 평소의 평가와 계속 지도한 결과를 자료로 학생 개개인의 교과별 교수목표의 성취도와 학습 수행과정을 평가하는 방법을 적용한다.
나. 교수목표란 교육과정에 명기된 학년별 교과 목표를 단원별로 상세하게 세분한 지도 목표를 의미하며, 학년별·교과별 교수목표를 설정함에 있어서는 교과협의회를 통하여 교육과정 내용과 교과서 내용을 분석·활용한다.
다. 각 교과별 지필평가 및 수행평가의 영역·방법·횟수·기준·반영비율 등과 성적처리방법 및 결과의 활용 등은 각 학교·교과지도의 형편을 고려하여 교과협의회에서 정하고, 이를 학교 학업성적관리위원회의 심의를 거쳐 학교장이 최종 결정한다.

4. 지필평가

가. 평가문제는 타당도, 신뢰도, 객관도 및 변별도를 높이도록 출제하고 평가의 영역, 내용 등을 포함한 이원목적분류표 등을 작성하여 활용하되 동일 교과 담당 교사 간 공동출제로 학급 간의 성적차를 최소화한다.
나. 모든 출제 원안에는 정답 및 문항별 배점을 표시하되, 평가의 변별력을 최대한 높이기 위하여 동점자가 가능한 한 생기지 않도록 가급적 100점 만점으로 출제, 평가 문항수 증대, 문항당 배점 다양화에 유의하며, 특히 수준별 난이도의 배열에 유념한다.
다. 평가 문제는 출제·인쇄 및 평가의 전 과정에서 보안이 유지 되도록 철저히 관리하고, 고사감독을 엄정하게 하여 부정행위를 미연에 방지한다.
라. 채점 등 평가결과를 전산 처리할 경우, 교과 담당교사는 전산 처리 결과의 이상 유무를 철저히 대조·확인하고, 그 결과를 학생 본인에게 공개하여 확인 취하여야 한다.

마. 성적 처리가 끝난시키며, 이의신청이 있을 때에는 면밀히 검토하여 적절한
   조치를 답안지는 성적 산출의 증빙자료로 졸업 후 1년 이상 당해 학교에 보
   관한다.

5. 수행평가

가. 수행평가(遂行評價: Performance Assessment)는 평가자가, 학습자들의 학습
   과제 수행 과정 및 결과를 직접 관찰하고, 그 관찰 결과를 전문적으로 판단
   하는 평가방법 즉, 선택형 지필평가 이외 다른 모든 평가방법이라고 할 수
   있다.

○ 학습과제: 학습자들에게서 성취되기를 기대하는 교육과정상 각 교과 교육목
   표와 관련되는 것으로, 가능한 한 실제생활에서 보다 의미 있고, 중요하고,
   유용한 과제를 의미함.
○ 수행: 학생이 단순히 답을 선택하는 것이 아니라, 학생 스스로 답을 구성하는
   것, 산출물이나 작품을 만들어내는 것, 태도나 가치관을 행동으로 드러내는
   것 등을 모두 포함하는 의미임.
○ 관찰: 학습자가 수행하는 과정이나 그 결과를 평가자가 읽거나, 듣거나, 보거
   나, 느끼거나 하는 활동을 모두 포함하는 의미임.
○ 판단: 평가자가 관찰한 것을 객관성·합리성·타당성·신뢰성 등이 있는 기
   준을 준거로 하여 점수화하거나, 문장화하는 것을 의미함.

〈수행평가에 포함되는 평가방법의 '예'〉

지 필 평 가	수 행 평 가			
선택적 반응 요구	구성적 반응 요구	특정 산출물 요구	특정 활동 요구	과정을 밝힘
ㅇ선택형 문항 ㅇ진위형 문항 ㅇ배합형 문항	ㅇ논술형 문항 ㅇ완성형 문항(빈 칸 채우기) ㅇ단답형 문항 ㅇ도표나 그림에 제목 붙이기 ㅇ과제물 제시 ㅇ시각적 자료 만 들기 (개념도나 흐름도, 그래프 나 표, 도안 등)	ㅇ수필 ㅇ연구보고서 ㅇ과제일지 ㅇ실험보고서 ㅇ이야기·극본 ㅇ시(poem) ㅇ포트폴리오 ㅇ미술작품 전시 ㅇ과학 프로젝트 ㅇ모형(model)구성 ㅇ비디오·오디오 구성	ㅇ구두발표 ㅇ무용·동작발표 ㅇ과학실험 시연 ㅇ체육경기 ㅇ연극 ㅇ토론 ㅇ음악발표	ㅇ구두질문 ㅇ관찰 ㅇ면담 ㅇ회의 ㅇ과정(process)에 대한 기술 ㅇ생각하는 과정을 말로 표현(think aloud) ㅇ학습일지

※ '완성형'과 '단답형'의 문항이 단순 암기력만을 평가하기 위한 것이라면 수행평가에 해당되지 않음.

나. 교과협의회에서는 각 과목의 교육과정 및 학교·교과의 특성을 감안하여 수행평가의 영역·방법·횟수·세부기준(배점)·반영비율 등과 성적처리방법 및 결과의 활용 등에 관한 수행평가 계획을 수립하여 학교 학업성적관리위원회에 제출한다.

다. 평가자는 학교 학업성적관리위원회의 심의를 거쳐 확정된 각 교과별 수행평가 계획과 평가 후 결과를 학생 본인에게 공개하여야 하며, 이의신청이 있을 때에는 면밀히 검토하여 적절한 조치를 취하여야 한다.

라. 성적 처리가 끝난 수행평가의 중요한 자료는 성적 산출의 증빙자료로 졸업 후 1년 이상 당해학교에 보관하며, 상급학교 진학시 입학전형권자의 요청이 있을 경우 이를 전형자료로 제공할 수 있다.

6. 학업성적 결과 처리

가. 과목별 성적일람표는 매 학기 말 담당과목 지도교사가 작성하되, 지필평가(명칭, 반영비율 등 명기)와 수행평가(영역, 반영비율 등 명기)의 점수를 합산하고, 성취도와 석차를 산출한다. 단, 전산처리가 가능할 경우 전산 출력물로 대체할 수 있다.

〈과목별 성적일람표 작성 '예시'〉

---

o 본 예시자료는 A고등학교 국어과에서 선택형 지필평가 성적을 60%, 수행평가를 40% 반영하기로 하고,
o 지필평가는 학기당 2회(중간, 기말)로 하고 각 30% 반영, 수행평가 영역을 '말하기', '듣기', '읽기', '논술'로 하고 각 10% 반영하기로 정하였을 경우, 성적 산출 일람표를 작성한 '예시'임
o 석차 ( )속의 숫자는 동석차 인원수임

1999학년도 제1학기
국어과 성적 일람표

제1학년 ( )반   교과담당교사( )인

평가방법 (반영비율) 명칭, 영역 (반영비율) 번호, 성명	선택형 지필평가 (60%)			수 행 평 가 (40%)						합계 100%	성취도	석차/ 재적수
	1회 (30%)	2회 (30%)		말하기 (10%)	듣기 (10%)	읽기 (10%)	논술 (10%)					
1 김길동	28.5	29.4		8.8	9.6	8.8	10			95.1	수	4(15)/532
2 나갈길	25.5	19.2		6	8	7	5			70.7	미	273/532
3												

※ '김길동'의 지필평가 1회(중간) 환산점수 28.5는 100점 만점에서 95점을 받았을 때이며, 수행평가 말하기 환산점수 8.8은 50점 만점에서 44점을 받았을 때임.

나. 과목별 지필평가 및 수행평가에 참여하지 못한 학생(결시생)의 성적처리는 결시 이전·이후의 성적 또는 기타 성적의 일정비율을 환산한 성적(인정점)을 부여하되, 인정 사유 및 인정점의 비율 등은 시·도교육청의 시행 지침 또는 당해 학교의 학업성적관리규정으로 정한다.

다. 수행평가의 점수는 점수화가 가능한 영역의 점수만 반영하되, 기본점수의 부여 여부, 부여 점수의 범위 등은 시·도교육청의 시행지침 또는 당해학교의 학업성적관리규정으로 정하고, 점수화가 어려운 영역의 평가결과는 별도의 누가기록물 또는 전산입력하여 보관·관리한다.

라. 성취도는 지필평가 및 수행평가의 반영비율 환산 점수의 합계(성취율)에 따

라 다음과 같이 평정한다.

성취율(점수)	성취도
90% 이상	수
80% 이상~90% 미만	우
70% 이상~80% 미만	미
60% 이상~70% 미만	양
60% 미만	가

마. 석차는 매 학기별로 과목별 지필평가 및 수행평가의 반영비율 환산점수 합계에 의하여 다음과 같이 산출한다.

(1) 일반계 고등학교의 1학년은 각 학기 말 총 재적수에 대한 석차를, 2·3학년은 과정별 각 학기 말 재적수에 대한 석차를 산출하되, 선택 과목일 경우에는 선택한 각 학기 말 총 재적수에 대한 석차를 산출한다. 다만, 직업과정 위탁생은 위탁 교육기관의 성적산정을 인정하여 성취도만 산출하고 석차는 산출하지 않는다.
(2) 실업계 및 기타 계 고등학교는 과별 총 재적수에 대한 석차를 산출하되, 전문(공), 실기(습) 교과(과목)는 이수한 총 재적수에 대한 석차를 산출하며, 지필평가 없이 실기(습) 등 수행평가만 실시한 과목의 성적 또는 실습기관의 성적산정을 인정하여 성취도만 산출하고 석차는 산출하지 않을 수 있다.
(3) '2·1체제' 운영 공업계 고등학교에서의 잔류 학생에 대한 석차는 해당학과 잔류학생 수에 대한 석차를 산출한다.
(4) 과목별로 동점자가 발생할 경우에는 그 동점자 모두에게 해당 순위의 최 상위 석차를 부여하고 ( )안에 동점자 수를 병기한다.
(5) 남·여 공학인 고등학교에서는 학교 학업성적관리위원회의 심의를 거쳐 학교장의 재량에 의해 남학생과 여학생을 별개의 계열로 인정하여 과목별 석차를 산출할 수 있다.

바. 재적수는 과목별로 매 학기 말 석차를 산출하는 학년, 과정, 학과의 총 학생수를 말한다. 다만, 직업과정 위탁생은 당초 과정 학생수에 포함하고, 재·전·편입학생과 퇴학생(자퇴, 제적, 휴학 등) 및 전출 학생 중 모든 평가가 완료되어 당해 학교의 학업성적관리규정에 의거 성적을 처리할 수 있는 학생은 포함하고, 모든 평가가 완료되기 이전(학기 말 최종 성적처리 불가능)의

퇴학생(자퇴, 제적, 휴학 등)과 재·전·편입학생 중 원적교에서 성적(단위
수, 성취도, 석차)을 취득해 온 학생은 제외한다.

사. 모든 평가가 완료되기 이전 퇴학생(자퇴, 제적, 휴학 등)이 퇴학 이전에 취득
한 성적이 있을 경우, 이 학생의 재·전·편입학을 위하여 그 성적을 전산
입력하거나 별도로 보관하여야 한다.

아. 재·전·편입학생의 성적처리는 재·전·편입학 일자 이전 원적교의 성적과
재·전·편입학 이후의 취득한 성적을 합산하여 성취도와 석차를 산출하되,
원적교의 성적이 없을 경우에는 재·전·편입학 이후의 취득한 성적만으로
해당 학교의 학업성적관리규정에 의거 성취도와 석차를 산출한다. 원적교에
서는 전출학생이 전출 이전에 취득한 성적(지필평가 및 수행평가의 점수 및
기록 등)을 밀봉하여 원적교에 우송하고, 사본을 보관한다.

자. 해외에서 귀국한 학생, 외국인 학생, 북한 이탈주민의 자녀 등은 국내 학교에
전·편입학한 후 취득한 성적만으로 성취도와 석차를 산출한다.

차. 고등기술학교, 특성화고등학교, 자율학교, 대안학교, 특수학교, 각종학교 또는
기타 학교에서도 해당학교의 교육과정 특성에 따라 시·도교육청 시행 지침
또는 학교별 학업성적관리규정을 정하여 공정하고 합리적인 성적관리가 되도
록 한다.

카. 1999학년도 중·고등학교 2·3학년 학생도 학교별 학업성적관리규정이 정하
는 바에 따라 과목별 성적처리 과정에 수행평가점수를 반영할 수 있다.

【별지 제7호】

학교생활기록부 정정대장

일련번호	정정연월일	정정 대상자		정정 사항				결재 및 입력확인				
		학년·반·번호 (졸업대장번호)	성명	항목	오류 내용	정정 내용	정정 사유	담임 (담당)	정보 부장	교무 부장	교감	교장

※ 정정사항은 학년도 단위로 작성, 증빙서류와 함께 합철하며, 일련번호는 학년
   도 간 일련번호를 기재한다.

※ 정정대상자가 졸업생일 경우, 졸업대장번호를 병기한다.

※ 학급 담임(담당)교사 또는 전산담당자(보직교사)는 정정대상자의 학교생활기
   록부 정정 전 출력물과 정정 입력 후 출력물 및 정정사유 증빙서류(입력착오,
   성적산출 잘못, 보조부 기재 잘못 등)를 첨부하여 학교장이 정정내용 및 입력
   상황을 확인할 수 있도록 하여야 한다.

※ 각종 보조부의 내용에 오류가 있는 경우는 당해 학교의 규정에 따라 보조부
   의 정정 결재부터 시행한 후 학교생활기록부를 정정한다.

· 저자 ·

정기오 **· 약 력 ·**
(鄭冀五) 서울대학교 사범대학 사회과교육학과 졸업
　　　　　서울대학교 대학원 문학석사(사회과교육)
　　　　　서울대학교 대학원 교육학 박사(사회과교육)
　　　　　교육인적자원부 인적자원정책국장
　　　　　현) 한국교원대학교 교육정책대학원 교수

　　　　　· 주요논저 ·
　　　　　「지방대학위기의 현상과 원인」
　　　　　「서비스경제시대를 위한 교육과정혁신」
　　　　　「양식화된 의사소통과 정책과정의 민주화」
　　　　　『지식경제를 위한 교육혁명』(공저)
　　　　　『학교를 위한 협상론』(공저)
　　　　　외 다수

시험성적과 민주주의

· 초판 인쇄	2006년 8월 31일
· 초판 발행	2006년 8월 31일
· 지 은 이	정기오
· 펴 낸 이	채종준
· 펴 낸 곳	한국학술정보㈜
	경기도 파주시 교하읍 문발리 526-2
	파주출판문화정보산업단지
	전화　031) 908-3181(대표) · 팩스　031) 908-3189
	홈페이지　http://www.kstudy.com
	e-mail(e-Book사업부)　ebook@kstudy.com
· 등　　록	제일산-115호(2000. 6. 19)
· 가　　격	25,000원

ISBN　89-534-5532-4 93370 (Paper Book)
　　　　89-534-5533-2 98370 (e-Book)